Défense et Sécurité nationale

Le Livre blanc

Défense et Sécurité nationale

LE LIVRE BLANC

préface de

Nicolas Sarkozy

Président de la République

Odile Jacob

La **documentation** Française

© Odile Jacob/La Documentation française
juin 2008
15, rue Soufflot, 75005 Paris

www.odilejacob.fr

ISBN : 978-2-7381-2185-1

SOMMAIRE

PRÉFACE
DU PRÉSIDENT DE LA RÉPUBLIQUE

La politique de défense et de sécurité de la France est, à nouveau, à la croisée des chemins.

Quatorze années après le précédent Livre blanc, la mondialisation a profondément modifié la vie économique comme la vie quotidienne et les relations internationales. De nouvelles puissances ont émergé et de nouvelles vulnérabilités se sont révélées. Le clivage traditionnel entre la sécurité intérieure et la sécurité extérieure s'est encore davantage effacé.

Dans le même temps, la France a remporté le défi de la professionnalisation de ses forces. Pour construire l'armée dont elle avait besoin, elle a consenti un effort important, mais elle a aussi rencontré des difficultés indéniables. Le modèle d'armée 2015, qui guidait sa transformation, s'est révélé à la fois inadapté et inaccessible.

Aujourd'hui, chef des armées, garant de la défense des intérêts vitaux et stratégiques de notre pays, je porte la responsabilité du choix de la stratégie et des moyens dont la France a besoin pour aborder, lucidement et sereinement, les enjeux de sécurité de ce début de XXIe siècle. À ce titre, j'ai deux objectifs : celui que notre pays reste une puissance militaire et diplomatique majeure, prête à relever les défis que nous confèrent nos obligations internationales, et celui que l'État assure l'indépendance de la France et la protection de tous les Français.

Pour donner corps à cette ambition, c'est ensemble que nous devons entreprendre les efforts nécessaires.

C'est pourquoi j'ai voulu une réflexion très large qui ne limite pas les questions de défense aux seules armées, pas plus que les questions de sécurité aux seules forces de sécurité intérieure.

C'est aussi pourquoi j'en ai confié la responsabilité à une commission pluraliste, réunissant des personnalités de tous horizons professionnels et politiques, y compris des armées et des administrations de la défense et de la sécurité. Des personnalités de toutes disciplines et de toutes origines ont été entendues, qu'il s'agisse des partis politiques, de chercheurs, de syndicats, de philosophes et, bien sûr, de membres de la communauté militaire et de sécurité.

C'est pour cette raison également que le Parlement a été associé de façon inédite aux travaux. Pour la première fois, des parlementaires ont été membres de la Commission du Livre blanc. Pour la première fois, les commissions parlementaires ont été consultées en amont sur les choix stratégiques. Pour la première fois, le Livre blanc sera présenté au Parlement, et un débat aura lieu sur notre politique de défense et de sécurité.

De ce travail émerge un nouveau concept ; celui d'une stratégie de sécurité nationale qui associe, sans les confondre, la politique de défense, la politique de sécurité intérieure, la politique étrangère et la politique économique. Cette stratégie porte une ambition européenne et internationale qui est au cœur de la vocation de la France dans le monde. J'ai la conviction que cette nouvelle doctrine et les moyens qui lui sont dévolus garantiront la sécurité des Français et notre capacité à assumer nos responsabilités internationales.

Pour faire vivre cette stratégie, des réformes profondes sont aujourd'hui nécessaires. Elles vont décloisonner les pouvoirs publics, accélérer les processus de décision et de réaction aux crises, créer de nouvelles marges de manœuvre. Celles-ci seront toutes réinvesties dans l'outil de défense, c'est à ce prix que nous pourrons moderniser nos équipements et renforcer les capacités opérationnelles de nos armées.

L'objectif que je fixe à toute la communauté de défense et de sécurité nationale, aux militaires, aux civils, aux ingénieurs, aux ouvriers, l'objectif que j'assigne à l'ensemble de la collectivité nationale, est de mener à bien l'adaptation de cet outil aux enjeux du XXIe siècle. Cette étape sera exigeante pour tous les Français, qui continueront à consentir un effort budgétaire majeur pour leur défense et leur sécurité. Elle sera exigeante pour tous les personnels dont je suis sûr qu'ils sauront s'engager pleinement dans la réforme que je propose. Mais elle est nécessaire pour que la France soit à la hauteur de ses ambitions, que l'État ait les moyens de garantir l'indépendance nationale et que les armées comme les moyens de la sécurité intérieure et de la sécurité civile assurent sa liberté d'action et son autonomie de décision.

Le monde de l'après-guerre froide cède très vite la place à un monde plus mobile, plus incertain et imprévisible, exposé à des vulnérabilités nouvelles. Dans ce monde qui vient, la sécurité de la nation sera assurée et la France jouera tout son rôle pour la défense de la paix et de ses valeurs.

Nicolas SARKOZY

INTRODUCTION

En 1994, après la fin de la division forcée de l'Europe par le « rideau de fer », la France a entrepris une adaptation majeure de sa stratégie et de son appareil de défense. Elle a décidé, en 1996, de professionnaliser entièrement ses forces armées, de démanteler ses armes nucléaires sol-sol et de constituer une capacité d'intervention extérieure (de « projection ») adaptée à la nouvelle donne stratégique. Près de quinze ans plus tard, en 2008, le monde a radicalement changé. Alors que la période de l'après-guerre froide est terminée, que la mondialisation structure désormais l'ensemble des relations internationales, il est devenu nécessaire d'adopter une nouvelle stratégie.

Un environnement toujours plus instable

La mondialisation transforme en profondeur les fondements mêmes du système international. La distribution de la puissance mondiale se modifie au bénéfice de l'Asie. Les États sont concurrencés, dans leurs stratégies, par de nouveaux acteurs puissants. La typologie des menaces et des risques oblige à redéfinir les conditions de la sécurité nationale et internationale. Le rôle et la place des instruments militaires sont modifiés.

La complexité et l'incertitude s'imposent comme des caractéristiques majeures de ce nouvel environnement. *Aucune grille d'analyse unique* ne permet d'appréhender, dans l'ensemble de leurs dimensions, les dynamiques économiques, stratégiques, politiques et culturelles de la mondialisation.

Les exemples de cette complexité abondent. L'enrichissement spectaculaire d'une partie naguère déshéritée de la planète va de pair avec la paupérisation de pays ou de régions entières. Le nombre de conflits entre États est en diminution, mais le niveau de la violence peut être extrême, et de nouveaux risques, sanitaires ou écologiques, ont des conséquences pour la sécurité collective. Des ruptures stratégiques majeures sont possibles à tout moment, comme le montrent le changement d'échelle du terrorisme et ses suites. L'interdépendance économique crée des solidarités qui peuvent renforcer la stabilité planétaire, mais, simultanément, les rapports de forces entre États ont repris toute leur place dans les relations internationales. La codification de nouvelles règles de gouvernance mondiale apparaît aussi nécessaire que difficile à élaborer et à faire respecter.

Cette liste n'épuise pas l'incertitude du monde dans lequel nous sommes entrés, *un monde qui n'est pas nécessairement devenu plus dangereux, mais certainement plus imprévisible, plus instable, plus contradictoire que celui qui se dessinait en 1994*, lors de l'élaboration du précédent Livre blanc. Dans un tel environnement, *des vulnérabilités nouvelles* affectent le territoire national et la population française. Elles s'imposent comme des éléments déterminants pour l'adaptation de notre défense et de notre sécurité. Elles résultent aussi bien de phénomènes globaux, tels les atteintes à la biosphère ou les risques pandémiques, que des menaces directes que font peser sur la France les réseaux terroristes, les conséquences à terme de la prolifération balistique autour du continent européen et les attaques visant les systèmes d'information et de communication.

L'ambition française est de ne pas subir les effets de l'incertitude, mais d'être capable d'anticiper, de réagir et de peser sur les évolutions internationales. Cette ambition conduit à la définition d'une stratégie nouvelle de sécurité nationale. Il nous faut tirer parti des révolutions de la connaissance et de l'information, prévenir ou dissuader le risque de guerre, garantir la sécurité des citoyens, sur le territoire et au loin, là où peuvent se jouer la sécurité de la France, la défense de l'Europe et la paix internationale.

Une méthode nouvelle

En installant, le 23 août 2007, la Commission chargée de l'élaboration du Livre blanc sur la défense et la sécurité nationale, le Président de la République a souhaité que la réflexion soit conduite sans préjugé et qu'elle permette d'aborder de façon pluraliste et transparente les choix auxquels la France pourrait être confrontée. La Commission a pleinement utilisé cette liberté d'action. Sa composition était délibérément ouverte : outre des représentants des administrations et des forces armées, elle comportait des parlementaires issus de la majorité et de l'opposition, des personnalités qualifiées venues du monde universitaire et des instituts de recherche stratégique, des représentants de l'industrie, ainsi que des experts indépendants (*cf*. p. 321).

La Commission a pris des initiatives, sans précédent pour un tel exercice. Elle a tenu quarante *auditions publiques*, retransmises par les chaînes parlementaires, et entendu à cette occasion cinquante-deux personnalités françaises et internationales, représentant quatorze nationalités venues des cinq continents : responsables politiques, officiers généraux, acteurs de terrain, experts, représentants de la société civile. De nombreuses consultations ont été organisées dans un cadre plus restreint, compte tenu de la confidentialité requise pour certains échanges : représentants des administrations concernées, français et étrangers, experts civils et militaires, membres des conseils représentatifs des personnels de la défense et de la sécurité, chefs d'entreprise, représentants des organisations syndicales, représentants d'associations, universitaires, journalistes.

Le dialogue avec la représentation nationale a comporté des échanges réguliers avec les commissions des deux assemblées, puis une série d'auditions à huis clos avec les ministres du gouvernement, sur le projet de Livre blanc, avant même que le texte ne soit arrêté par le Président de la République. Cette démarche représente une novation radicale.

Un *site Internet* a été créé, qui a suscité plus de 250 000 visites depuis son ouverture, signe de l'intérêt de l'opinion pour l'évolution de la politique de sécurité et de défense de la France. Dans un souci de dialogue, la Commission a également organisé, sur son site, une série de forums sur la plupart des sujets traités par le Livre blanc : la place de la France dans le monde, la dissuasion nucléaire, l'Europe de la défense, la notion de sécurité nationale, le lien armée-nation, les relations avec l'OTAN, les réservistes, les interventions extérieures, etc.

Les membres de la Commission sont bien entendu allés à la rencontre des professionnels qui œuvrent au service de la défense et de la sécurité du pays. De nombreux déplacements dans les forces ou sur des théâtres d'opération ont permis de prendre la mesure des espoirs, des attentes et des difficultés, notamment en ce qui concerne la qualité et la disponibilité des matériels. Ces visites ont comporté systématiquement des tables rondes entre les membres de la Commission et les personnels de toutes catégories. Au niveau européen, des échanges avec nos principaux partenaires, ainsi qu'avec des personnalités de l'Union européenne et de l'Alliance Atlantique, ont permis de présenter la démarche de la Commission et de recueillir les analyses de nos partenaires.

Une stratégie renouvelée

Au terme de ces travaux, ce Livre blanc introduit *une innovation majeure dans la définition de la stratégie de la France*. Il expose *une stratégie non seulement de défense, mais aussi de sécurité nationale.*

Son objet est de parer aux risques et aux menaces susceptibles de porter atteinte à la vie de la nation. Les menaces peuvent provenir d'États et de groupes non étatiques transnationaux. Les risques peuvent résulter de catastrophes naturelles ou sanitaires qui appellent des réponses à l'échelle mondiale. Les atteintes possibles à la vie du pays peuvent être la conséquence soit d'intentions hostiles, soit de ruptures accidentelles. Dans tous les cas, la possibilité d'une atteinte à la sécurité nationale appelle un effort d'anticipation, de prévention et de réponse rapide, mobilisant l'ensemble des moyens des pouvoirs publics et la mise en œuvre de coopérations européennes et internationales. Cette stratégie inclut donc aussi bien la sécurité extérieure que la sécurité intérieure, les moyens militaires comme les moyens civils, la politique de défense proprement dite et la politique de sécurité intérieure et de sécurité civile, la politique étrangère et la politique économique.

La définition d'une stratégie d'ensemble en matière de sécurité correspond à une nécessité nouvelle, qui s'impose à la France comme à l'ensemble de ses alliés et partenaires : s'adapter aux bouleversements engendrés par la mondialisation.

Première partie

DE LA MONDIALISATION À LA STRATÉGIE DE SÉCURITÉ NATIONALE

CHAPITRE 1

L'INCERTITUDE STRATÉGIQUE

La mondialisation est une situation nouvelle dans laquelle la diffusion de l'information et de la connaissance, la transformation des échanges économiques et la modification des rapports de forces internationaux ont, d'emblée, un impact mondial. Elle crée une interaction et une interdépendance généralisées et non maîtrisées entre tous les États. Elle permet à une multitude nouvelle d'acteurs non étatiques et d'individus de tirer le parti maximum des possibilités de circulation internationale accélérée des hommes comme des données et des biens, matériels et immatériels.

La mondialisation structure donc profondément l'évolution de la sécurité internationale. Elle constitue l'un des changements les plus importants intervenus depuis la fin de la guerre froide, événement qui servait de toile de fond au Livre blanc sur la défense de 1994. Nous sommes entrés dans une ère nouvelle, animée par des mouvements très différents, contradictoires, et ne répondant plus aux logiques institutionnelles, sociales, culturelles, militaires qui ont façonné notre vision de l'après-guerre froide.

Des développements positifs depuis 1994

Depuis vingt ans, *le nombre de démocraties a progressé*. Elles représentaient en 2007 63 % des États contre 40 % en 1987[1]. Certes, cette tendance n'est ni globale ni irréversible ; elle concerne essentiellement l'Europe. Des régimes autoritaires dominent encore plus

1. Source : Freedom House, 2007.

de la moitié de la population mondiale, et certains États n'ont de démocratique que le nom. Mais la fin de la logique d'affrontement entre deux systèmes politiques et économiques antagonistes, l'universalisation du modèle d'économie libérale porté par les démocraties et la réduction relative de la pauvreté dans les zones de croissance forte, en dépit de grandes disparités entre États ou au sein d'un même pays, ont contribué à desserrer des tensions qui avaient marqué la période précédente.

En chiffres absolus, depuis le milieu des années 1990, une réduction de la pauvreté sans précédent a permis à près de 400 millions de personnes, essentiellement en Chine, de passer au-dessus du seuil de l'extrême pauvreté, symbolisé par un revenu inférieur à 1 dollar par jour.

L'interdépendance accrue des marchés et des économies mondiales tempère les risques de confrontation aiguë entre États. On observe, lors d'accidents majeurs d'ordre climatique ou sanitaire, comme à l'occasion du tsunami du 26 décembre 2004, de l'épidémie du SRAS en 2002-2003, ou cette année en Birmanie et en Chine, une capacité croissante de mobilisation et de coopération internationales. La conscience d'une responsabilité commune face à des risques planétaires progresse, même si l'adoption de solutions globales demeure difficile à obtenir.

L'essor du réseau *Internet* a bouleversé les modes de communication, de formation, d'accès à la connaissance. Utilisé par 16 millions de personnes environ en 1996, Internet comptait 1,1 milliard d'utilisateurs en 2006, et la courbe de croissance reste exponentielle. Cette révolution crée un monde plus transparent, sans frontières, même si l'Internet est étroitement surveillé dans certains États, et fondé sur l'échange. Le temps s'en trouve compressé de manière inédite. Appuyée sur une chute impressionnante des coûts des télécommunications, cette mutation offre des potentialités sans précédent, aussi bien aux puissances économiques qu'aux pays en développement, à des groupes ou à des individus.

Dans ce contexte favorable, on constate une *diminution du nombre de conflits armés*. La décroissance a été régulière de 1990 à 2006. Il en est ainsi en Europe, avec la fin des conflits armés qui ont ensanglanté les Balkans dans les années 1990. C'est aussi le cas en Afrique, en Angola, au Liberia, au Rwanda. D'autres exemples sont venus illustrer cette tendance en Asie, avec la solution trouvée à des conflits armés qui pesaient sur l'Indonésie, à Aceh, à la suite de la catastrophe du tsunami et de la médiation européenne, ainsi qu'au Timor-Oriental.

La *capacité de mobilisation de la société internationale* progresse, grâce à l'aspiration d'un nombre croissant d'États à jouer un rôle régional ou mondial, et à assumer plus de responsabilités pour se voir reconnaître un statut international supérieur. La volonté d'empêcher, de limiter ou d'arrêter les guerres doit être mise à l'actif des nouveaux

Évolution du nombre d'internautes 1991-2008

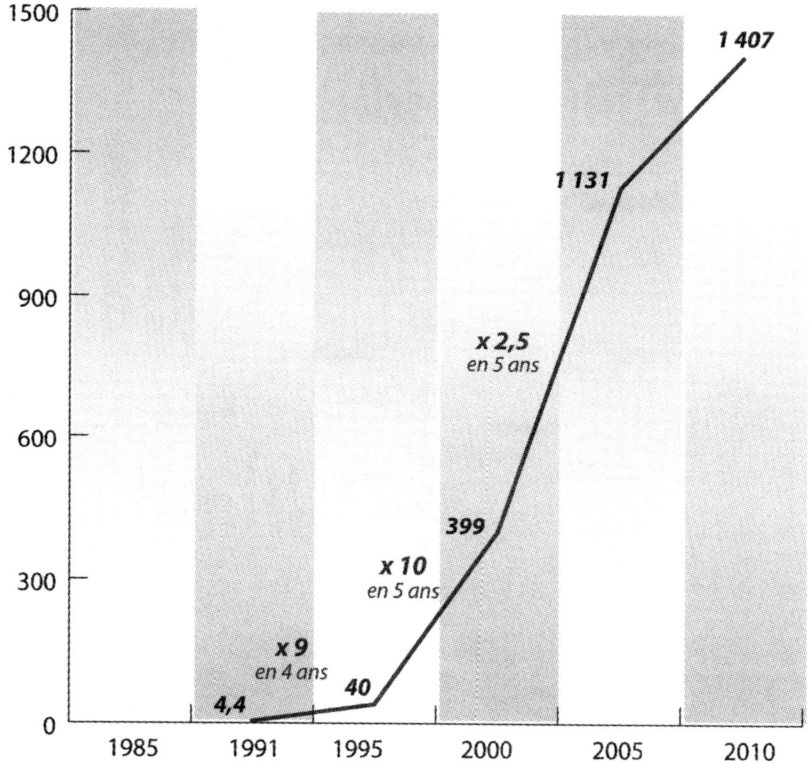

Source : ministère de la Défense (d'après des sources ouvertes).

instruments de prévention que peut procurer la mondialisation. La coopération internationale pour la gestion ou la prévention des crises a pris une ampleur spectaculaire : les Nations unies déploient en 2008 près de 90 000 hommes dans des opérations de maintien de la paix. Toute opération de stabilisation ou de soutien à la paix fait appel à plusieurs dizaines d'États ou d'organisations.

Dans le même temps, des États importants, comme ceux qui sont issus de l'éclatement de l'Union soviétique, l'Afrique du Sud ou la Libye ont renoncé, selon les cas, à leur statut, à leurs armes et à leurs ambitions nucléaires.

L'Europe est en voie de parachever son unité. L'élargissement historique de l'Union européenne est déjà un atout considérable. Elle est désormais la première puissance économique et commerciale du

Contribution des États aux opérations de l'ONU en 2008

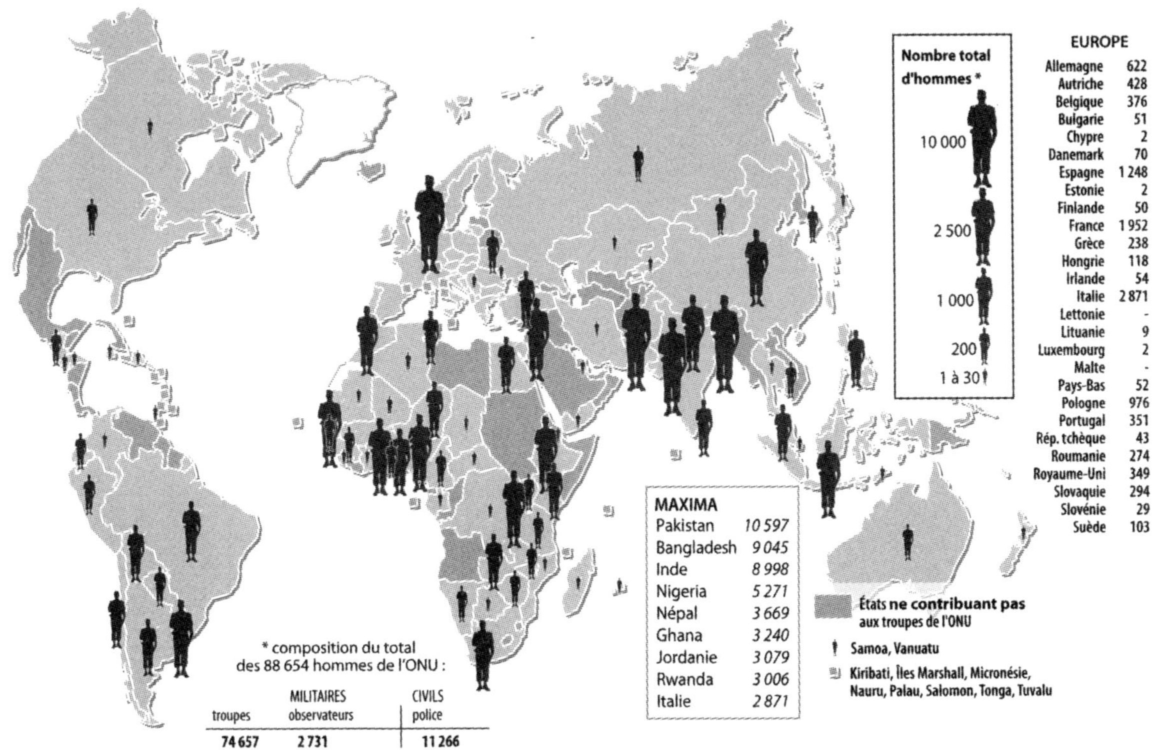

Source : ONU, avril 2008.

monde, et le plus important contributeur en matière d'aide au développement. Elle dispose de moyens diplomatiques, financiers, économiques et militaires essentiels pour la stabilisation du système international. Pour les États membres, c'est à l'échelle européenne qu'un grand nombre de questions de sécurité trouvent désormais leur solution : tel est le cas de la sécurité sanitaire ou environnementale, de la reconstruction des zones de crise après un conflit ou de la lutte contre la grande criminalité organisée.

L'élargissement de l'Union a été conforté, sur le plan de la sécurité, par celui de l'Alliance Atlantique. Celle-ci a évolué d'une structure militaire destinée à faire face à un pacte de Varsovie qui la menaçait directement, vers une organisation de sécurité capable d'offrir aux Nations unies des capacités militaires multinationales, fondées sur une relation et une coordination étroites entre les moyens américains et les moyens européens.

Des tendances inquiétantes

LES REVERS DE LA MONDIALISATION

La mondialisation, qui démultiplie les échanges dans tous les domaines, présente aussi un versant négatif. La rapidité des moyens de transport n'augmente pas seulement les risques de contamination sanitaire et Internet ne permet pas uniquement la propagation des virus informatiques. Les moyens de communication font émerger un monde de plus en plus transparent, mais l'immédiateté qu'ils engendrent entraîne *la diffusion rapide de toutes les formes de crises*, politiques, économiques et financières.

Les internautes devraient représenter en 2011 environ 22 % de la population mondiale. L'instantanéité de la communication se mesure aussi au volume de messages échangés chaque jour par voie électronique, évalué entre 100 et 200 milliards. *L'accélération foudroyante de la circulation de l'information*, et avec elle du rythme de l'action dans tous les domaines, rend infiniment plus complexe la gestion de ces crises. Elle fragilise la capacité régulatrice des États et augmente, dans la même proportion, la capacité d'intervention autonome d'entreprises, d'organisations ou de réseaux sur la scène planétaire.

Les stratégies de défense et de sécurité doivent, dès lors, répondre à des problèmes nouveaux : non plus seulement la défense ou le contrôle d'espaces délimités, mais la prise en compte de l'explosion de flux non maîtrisés de personnes, de biens ou d'idées. Les réponses ne peuvent elles-mêmes qu'être globales, associant tous les moyens

Le rôle croissant des acteurs non étatiques

L'ouverture des frontières, l'immédiateté de l'information, la fluidité des échanges, l'extraordinaire croissance des flux financiers à travers le monde relativisent le rôle et le poids des États dans la gestion des relations internationales. Leur capacité à contrôler les flux financiers internationaux, à réguler les transactions économiques, à veiller à ce que le flot d'informations diffusées par Internet ne comporte pas d'éléments criminels ou illégaux est désormais très diminuée.
Les *organisations non gouvernementales* sont devenues des acteurs de premier plan : leur capacité de mobilisation des opinions publiques leur donne des moyens d'action, le cas échéant de pression, considérables sur les politiques des États et les organisations internationales.
Les *grands médias de diffusion de l'information*, notamment la télévision, jouent un rôle essentiel dans la perception des opinions publiques et le jugement porté sur la légitimité des interventions militaires. L'effet CNN et l'effet Al-Jazira dans la formation de l'opinion internationale sont des corollaires de cette puissance alternative des médias.
Certaines fonctions régaliennes sont désormais assurées par des groupes privés. Des *sociétés militaires privées* se développent en marge des forces régulières.
Les *organisations criminelles* se structurent à l'échelle mondiale, avec des moyens tels qu'elles acquièrent et dépassent la puissance de certains États. Les réseaux terroristes ont modifié leurs modes opératoires et résistent aux appareils de sécurité étatiques les plus performants. Les réseaux impliqués dans le trafic de drogue, notamment en Afghanistan, ou encore en Amérique latine, et les collusions qu'ils entretiennent, constituent une menace croissante.

de la puissance publique et de la société civile, et tous les niveaux de mobilisation, national, européen et international.

La communication à l'échelle mondiale rend également plus sensible la diffusion des modèles économiques, politiques ou culturels, perçue comme une tentative pour réduire la diversité du monde. Dès lors, *le refus de l'homogénéisation* engendre des réactions identitaires multiples, parfois violentes, et porteuses de nouvelles fractures à l'échelle planétaire.

La mondialisation va ainsi de pair, paradoxalement, avec une montée des nationalismes, du fanatisme religieux, ou des réactions de reprise en main autoritaires. Les uns exploitent les possibilités de diffusion de leurs idées par le truchement d'Internet et des autres moyens d'information et de communication. Les autres s'attachent à mettre en place des moyens de cloisonnement de l'espace virtuel, de contrôle et d'interdiction, ou même de manipulation de la communication.

La mondialisation nourrit aussi des inégalités économiques et sociales flagrantes. *Des régions entières demeurent à l'écart des bénéfices de la croissance mondiale* et, au lieu de diminuer, les écarts se sont creusés entre les plus riches et les plus pauvres. Une telle situation, au moment où la diffusion de l'information rend ces inégalités plus visibles, est lourde de *menaces pour la stabilité internationale*. Elle peut engendrer révoltes et extrémismes. Une grande partie du *continent africain, de l'Asie et même de l'Amérique latine* est restée en marge des effets positifs de la mondialisation.

La croissance économique des nouvelles puissances va de pair avec celle de la *consommation d'énergie*, ainsi qu'un *besoin accru en ressources naturelles et en matières premières stratégiques*, ce qui contribue à *deux types de désordres*.

Le premier concerne les atteintes à la biosphère, dont le *réchauffement climatique*, qui exercera d'ici 2025 des effets encore difficiles à mesurer sur l'équilibre des zones polaires, le niveau des océans, la géographie des migrations humaines, la sécurité alimentaire, et l'extension des aires de répartition de certaines maladies. La propagation des agents microbiens semble devoir s'accélérer. Ces nouveaux risques ne peuvent être abordés et traités qu'à l'échelle mondiale, selon des organisations et des modes d'action nouveaux. Leur impact sur la sécurité doit être mesuré longtemps à l'avance.

Le second est la *tension accrue sur les approvisionnements stratégiques*. La consommation mondiale d'énergie pourrait doubler d'ici 2030. Les pays de l'Union européenne dépendent aujourd'hui à plus de 75 %, pour leur consommation de pétrole, de zones de production situées au Moyen-Orient, en Afrique ou en Russie. Les chiffres sont comparables pour le gaz. Les pays en forte croissance économique, comme l'Inde et surtout la Chine, cherchent de nouvelles sources d'approvisionnement sur l'ensemble de la planète. Concurrence et peut-être conflits pourraient résulter de tensions trop fortes et non régulées.

La surexploitation des ressources naturelles est susceptible de relancer à l'échelle mondiale *des tensions inconnues jusqu'à présent à ce degré pour satisfaire les besoins en énergie, en eau, en nourriture et en matières premières*. Ces questions relèvent de stratégies de régulation elles-mêmes mondiales.

En accélérant les échanges de toute nature, la mondialisation facilite *les programmes de prolifération d'armes prohibées ou régulées* par les traités internationaux. Ces développements sont le fait non plus seulement de la volonté de certains États, mais aussi des initiatives prises par des réseaux privés et clandestins. La prolifération des *armes nucléaires* revêt une nouvelle dimension, avec les essais nucléaires de l'Inde et du Pakistan en 1998, de la Corée du Nord en 2006, et les

Environnement et changement climatique : conséquences sur la sécurité, 2008

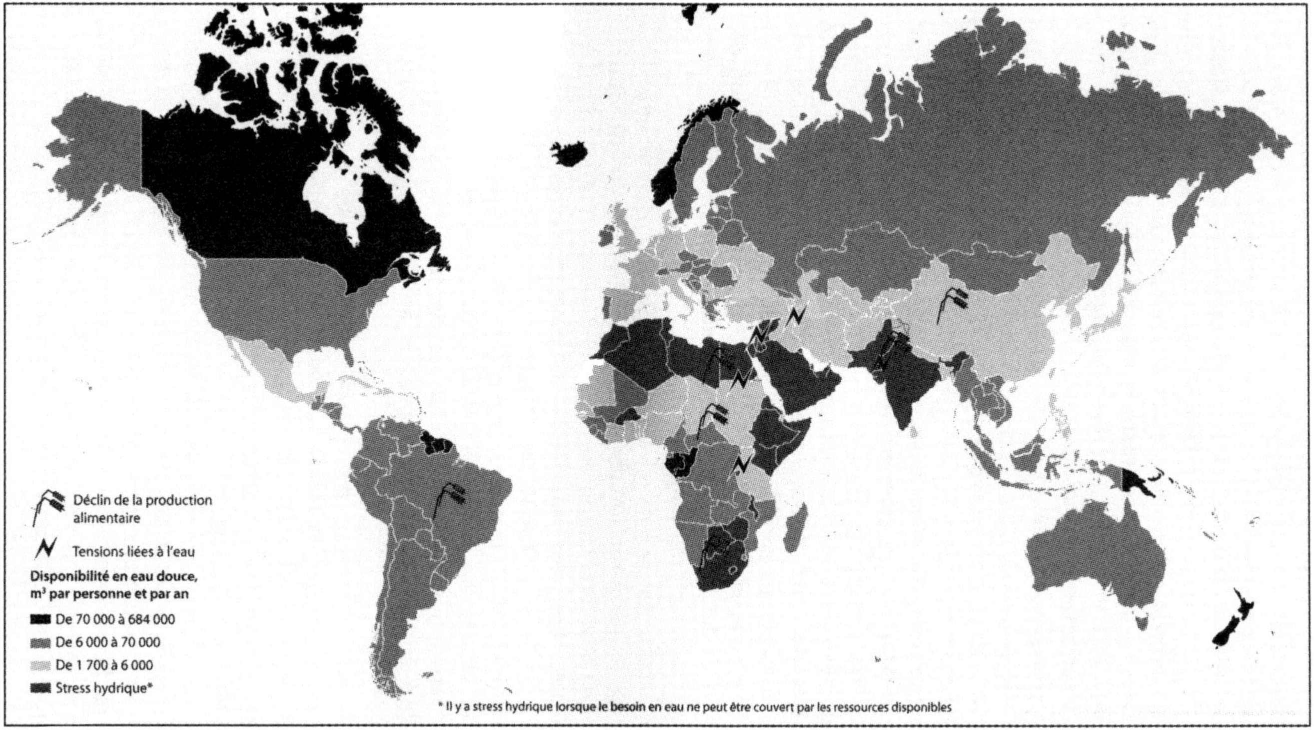

Source : ministère de la Défense (d'après des sources ouvertes).

graves soupçons qui pèsent sur le programme nucléaire de l'Iran. Cette dynamique représente une menace majeure, susceptible de bouleverser la sécurité internationale dans les années à venir.

Simultanément, les technologies permettant la fabrication de *missiles* balistiques, de missiles de croisière ou encore de drones se sont largement diffusées. Depuis 1994, plusieurs pays ont franchi le seuil de 1 000 kilomètres de portée (Iran, Pakistan) ou ont accédé à des portées nettement supérieures (Inde, Corée du Nord).

Dans le domaine *chimique*, la mise en œuvre de la convention d'interdiction des armes chimiques de 1993 n'est pas satisfaisante : aucune inspection inopinée de sites (inspections « par défi » prévues dans la convention internationale) n'a été conduite. Dans le domaine *biologique* – le plus difficile à contrôler et qui bénéficie des progrès spectaculaires des sciences du vivant –, aucun instrument de contrôle de la convention d'interdiction signée en 1972 n'existe.

L'ÉVOLUTION DES FORMES DE VIOLENCE

Le *terrorisme* a franchi un seuil historique et changé d'échelle le 11 septembre 2001. Il a provoqué un traumatisme aux États-Unis, l'opération militaire en Afghanistan qui a renversé le régime des Talibans, la fragilisation du Pakistan et, indirectement, la guerre en Irak. Les attentats de 2001 et ceux qui ont suivi, en Europe notamment (Madrid 2004, Londres 2005), ont marqué un tournant dans l'ampleur, la diffusion, les modes opératoires et l'efficacité des réseaux terroristes. Le terrorisme est devenu capable de frapper au cœur de tous les pays, à une échelle de violence sans précédent, avec un degré de préparation internationale et d'intensité dans l'action jamais atteint auparavant par des groupes terroristes.

Djihadisme, islamisme, terrorisme

En Europe, *djihad* est souvent traduit par « guerre sainte ». Mais étymologiquement, *djihad* signifie « effort vers un but déterminé », c'est-à-dire, d'une part, l'effort pour défendre ou propager l'islam et, d'autre part, l'effort du croyant pour se conformer aux règles du Coran. On retrouve cette référence dans divers versets du Coran, sous des formes différentes : répandre l'islam par la persuasion, combattre pour repousser une attaque contre l'islam, etc.

De même que l'on distingue l'islam de son exploitation politique (l'*islamisme*), il faut différencier la notion religieuse de djihad du *djihadisme*, qui en est le dévoiement par l'action terroriste.

Cette radicalisation de la violence à l'échelle mondiale en fait l'une des menaces majeures pour les années à venir. Elle impose une transformation des stratégies de défense et de sécurité.

Les *guerres* en Afghanistan puis en Irak, celles qui ont ensanglanté l'Afrique ont dominé la scène internationale. Les deux premières, après des phases d'action militaire de haute intensité, utilisant tous les moyens des technologies de pointe, se prolongent en guérillas et se développent au sein des populations civiles. En Irak, un nouveau point de focalisation de la violence terroriste internationale visant les populations civiles s'est installé. En Afrique, la guerre reste une réalité ou une menace potentielle dans de trop nombreuses régions. Dans certains pays africains, la part des dépenses militaires dans les budgets nationaux demeure excessivement élevée et freine le développement. Dans d'autres, le contrôle du territoire est devenu, pour longtemps, un problème aigu.

La privatisation de la violence armée se développe. Parallèlement à la généralisation du phénomène des milices dans les États plus fragiles, des sociétés militaires privées se créent en marge ou aux côtés des forces régulières. Ces sociétés assurent la sécurité d'entreprises installées dans des régions instables, comme en Afrique. Mais elles jouent aussi un rôle direct de plus en plus manifeste dans les phases de stabilisation suivant les interventions militaires internationales. Cette évolution va à l'encontre du principe de légitimité du monopole étatique de la force armée. Le soldat en uniforme n'est plus immédiatement assimilable à un combattant qui agit dans un cadre multinational. À la confusion qui résulte de la multiplication des milices s'ajoute alors le brouillage de l'identité des forces disposant d'un mandat international.

L'augmentation des dépenses militaires dans le monde

Les *dépenses militaires dans le monde*, qui avaient nettement baissé dans les années 1990, se sont accrues depuis lors de façon continue. Ainsi, l'effort de défense mondial, qui était, en dollars constants de 2007, de *867 milliards* de dollars en 1998, a atteint *1 204 milliards* de dollars en 2006 : il est remonté au niveau du début des années 1990.

Cet accroissement résulte d'abord des dépenses de l'Amérique du Nord. Les États-Unis ont en effet vivement augmenté en 2002 un effort qui a connu, depuis, une croissance plus rapide que leur produit intérieur brut (PIB). Ils sont le principal déterminant de la tendance mondiale à la hausse. Leurs dépenses et, en Europe, celles du Royaume-Uni, ont aussi augmenté significativement en raison de l'effort de guerre en Afghanistan et en Irak.

Les principaux attentats dans le monde depuis septembre 2001

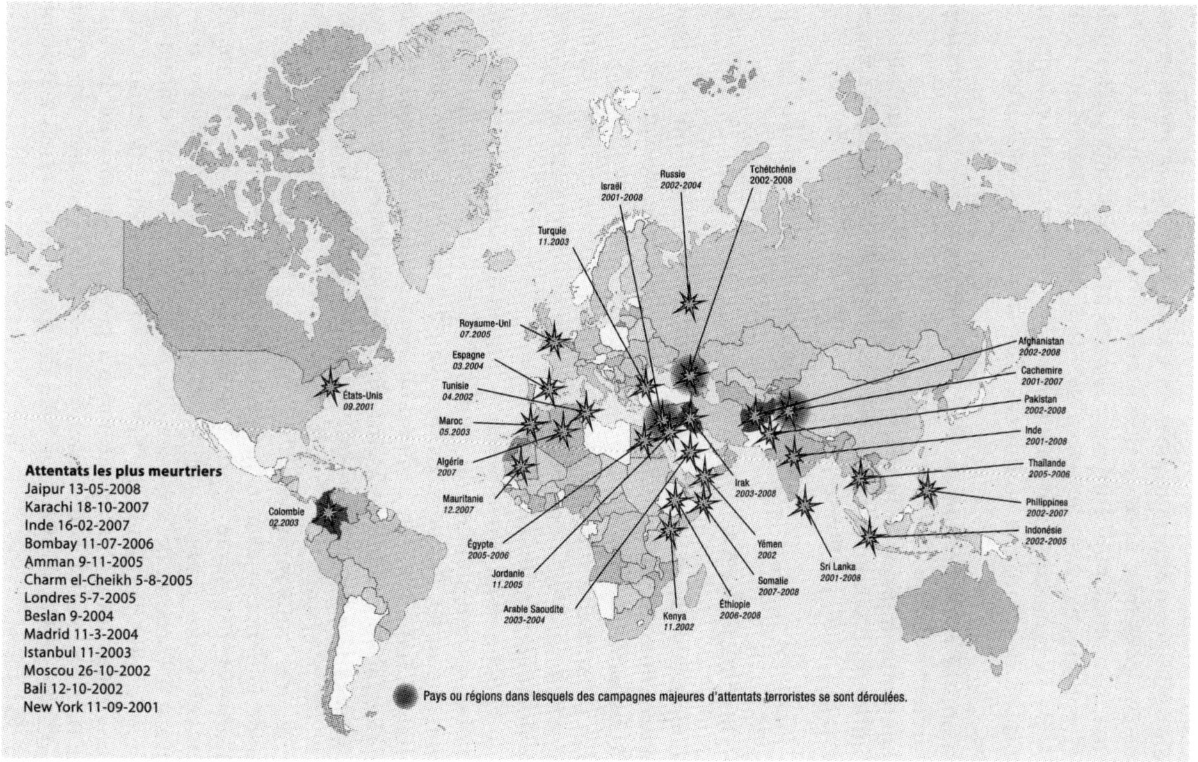

Source : ministère de la Défense.

Cependant, même hors de ces deux pays, la dépense mondiale a augmenté depuis 1998 (*cf.* graphique, p. 31). L'Asie du Sud et de l'Est, avec 40 milliards de dollars supplémentaires depuis cette date, connaît une évolution marquée. La Chine poursuit la modernisation de ses équipements, avec de nombreux achats à la Russie (avions de combat, sous-marins) et un accroissement de ses capacités nucléaires et balistiques. Les dépenses de l'Inde ont augmenté au rythme, élevé, de la croissance de son PIB. Il en résulte un développement important des moyens militaires des deux pays et surtout de la Chine.

L'Europe et l'Amérique du Sud ont le moins augmenté leurs dépenses militaires depuis 1998, en proportion.

Les comparaisons officielles doivent en outre être utilisées avec précaution car la transparence des dépenses de certains pays majeurs, comme la Chine, est limitée.

Les grandes crises non résolues

Il convient de mettre à part le cas des *Balkans*, où la situation demeure cependant fragile. Mais la guerre qui avait marqué les pays de l'ex-Yougoslavie tout au long des années 1990 s'est éteinte.

En revanche, à rebours des espoirs nés durant ces mêmes années 1990, *une géographie conflictuelle majeure se dessine, depuis la Méditerranée orientale jusqu'à l'Inde.*

Au Proche et au Moyen-Orient, la paix est sans cesse menacée par au moins quatre sources de conflit. L'impasse du processus de paix entre Israël et les Palestiniens qui avait été lancé en 1993 nourrit une logique de radicalisation inséparablement sociale, religieuse et sécuritaire. Le Liban demeure victime de crises répétées, en grande partie manipulées par des acteurs extérieurs, notamment depuis la Syrie et l'Iran. La poursuite des hostilités en Irak fait redouter une montée générale de l'antagonisme entre chiites et sunnites, et entretient un foyer de violences qui affecte l'ensemble de la région. Le programme nucléaire et balistique ainsi que les activités extérieures de l'Iran s'ajoutent à des menaces ouvertes contre l'existence même d'Israël. Relevant à l'origine de logiques distinctes, ces crises présentent néanmoins de plus en plus de liens directs et indirects et un risque d'enchaînement qu'alimentent, jusqu'à présent, l'incapacité des institutions internationales et des grandes puissances à engager une dynamique de règlement pacifique et celle des pays de la région à surmonter leurs divisions.

Dans le même temps, les opérations de stabilisation en Afghanistan se prolongent, créant le sentiment que la puissance occidentale

Évolutions de l'effort mondial de défense (en milliards de dollars, 2007)

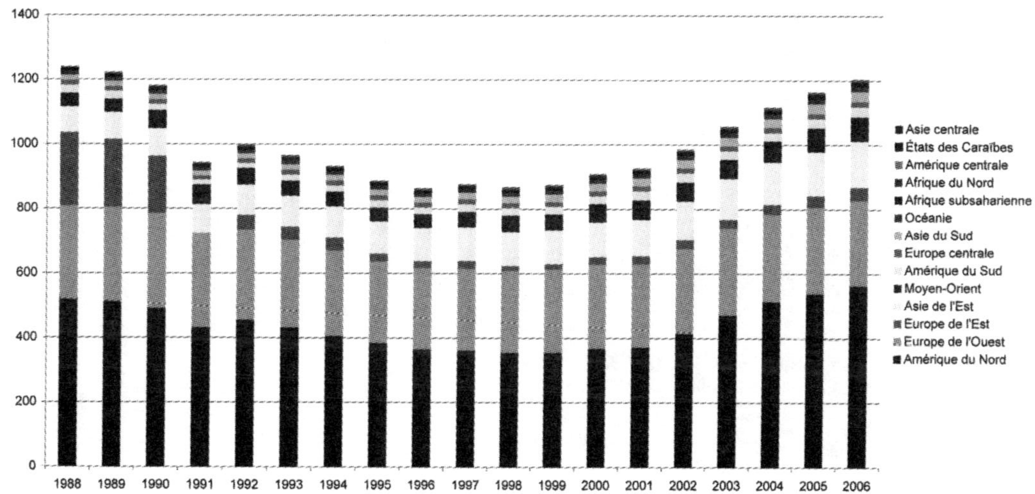

Source : Stockholm International Peace Research Institute (SIPRI), www.sipri.org.

Évolutions de l'effort mondial de défense
(en milliards de dollars, 2007 – hors Europe de l'Ouest et Amérique du Nord)

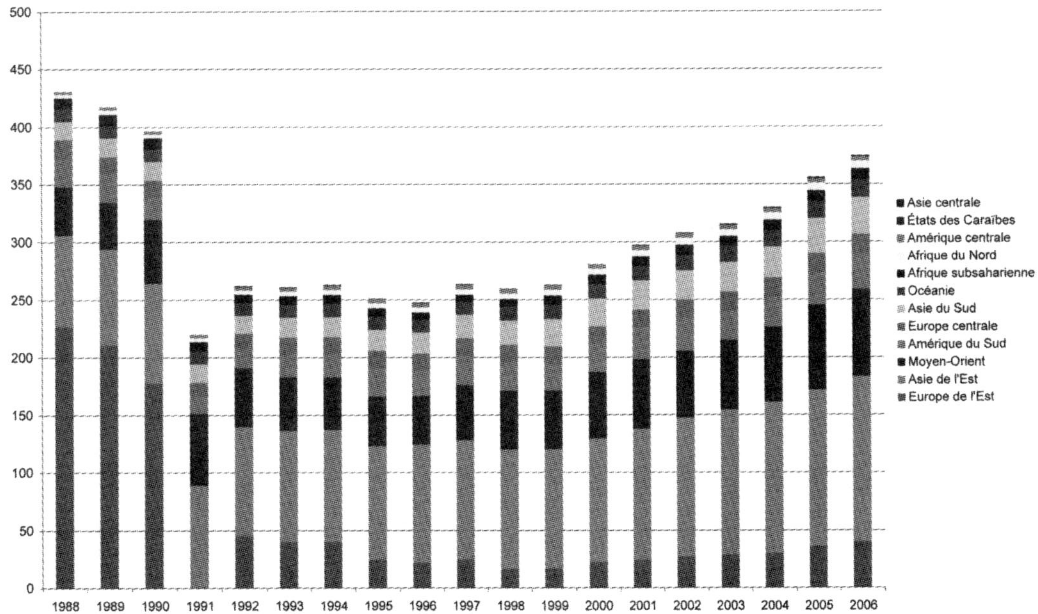

Source : Stockholm International Peace Research Institute (SIPRI), www.sipri.org.

Nota : « Europe de l'Ouest » : Allemagne, Autriche, Belgique, Chypre, Danemark, Espagne, Finlande, France, Grèce, Islande, Irlande, Italie, Luxembourg, Malte, Norvège, Pays-Bas, Portugal, Suède, Suisse, Royaume-Uni, Turquie.

« Europe centrale » : Albanie, pays baltes (à partir de 1991), Bulgarie, Hongrie, Pologne, RDA (jusqu'en 1990), Roumanie, Tchécoslovaquie (puis ses successeurs à partir de 1992), Yougoslavie (puis ses successeurs à partir de 1992).

« Europe de l'Est » : URSS jusqu'en 1990 ; données 1991 indisponibles, compte tenu de la fin de l'Union soviétique ; à partir de 1992, Arménie, Azerbaïdjan, Biélorussie, Géorgie, Moldavie, Russie, Ukraine.

est exposée et vulnérable. La situation au Pakistan apparaît de plus en plus fragile : les zones frontalières avec l'Afghanistan sont déstabilisées, non contrôlées et utilisées comme des sanctuaires par Al-Qaida et les groupes qui lui sont affiliés. Ces derniers sont susceptibles de menacer la sécurité du Pakistan et des forces internationales en Afghanistan, comme de préparer des actions terroristes dans les pays occidentaux. La question du Cachemire n'est pas réglée, en dépit d'un dialogue renouvelé avec l'Inde. Cette situation s'inscrit dans un contexte de renforcement des capacités balistiques et nucléaires du Pakistan.

La détresse des populations de ces régions prépare des générations nouvelles n'ayant comme horizon que la violence armée.

Les résistances à la présence de forces étrangères, même sous mandat international, se durcissent, alors que le recours à la force militaire seule apparaît inadapté.

D'autres crises, sans solution actuelle, pèsent sur la sécurité internationale.

Sur le *continent africain* subsistent de nombreux conflits et des situations de guérilla. Ils deviennent de plus en plus complexes, en raison de la multiplication des acteurs et des phénomènes d'extension de ces conflits au niveau régional. Telle est la situation dans la corne de l'Afrique, dans la région des Grands Lacs ou dans l'espace sahélien.

En *Asie*, des risques de conflits non résolus, liés à l'Histoire, sont susceptibles de porter atteinte à grande échelle, s'ils ne sont pas prévenus, à la sécurité internationale : ainsi la question coréenne, celles de Taiwan et du Cachemire. Avec au moins trois puissances nucléaires déclarées, la Chine, l'Inde et le Pakistan, et la présence de deux autres puissances majeures en Extrême-Orient, la Russie et les États-Unis, ces risques sont préoccupants.

La nouvelle donne stratégique et l'instabilité

La mondialisation ne crée un monde ni meilleur ni plus dangereux qu'il y a deux décennies. Elle dessine en revanche les contours d'un système international nettement plus instable, moins contrôlé, et donc plus inquiétant, qui appelle des réponses à la fois globales et très spécifiques.

Le déplacement progressif du centre de gravité stratégique vers l'Asie

À l'horizon 2025, l'Asie sera devenue l'un des pôles majeurs de la vie internationale, avec l'Europe et l'Amérique. De nouvelles puissances auront émergé, la Chine et l'Inde se situant aux premiers rangs.

Plus de la moitié de la population mondiale sera d'origine asiatique à cette date, soit environ 4,7 milliards d'habitants. La Chine devrait devenir le premier importateur et exportateur mondial. Sauf rupture majeure sur le plan interne ou international, le produit intérieur brut (PIB) de la Chine et celui de l'Inde pourraient être multipliés par trois d'ici deux décennies, et l'Asie devrait alors représenter la moitié de la consommation mondiale de pétrole.

Cette montée en puissance, conjuguée avec celle d'autres pays émergents, dessine les contours d'un système économique et géopolitique mondial restructuré. Le poids des nouvelles puissances, l'ampleur des intérêts en jeu, la concurrence pour l'accès aux marchés et aux ressources modifient l'équation stratégique globale.

L'essor de l'Asie n'est pas exempt de fragilités, comme en témoignent les risques de surchauffe économique, le sous-développement persistant de pans entiers de la population, l'exposition à des risques naturels majeurs ou à des catastrophes écologiques. Il n'est pas non plus irréversible, si l'une des causes de conflits potentiels débouche sur une guerre qui, dans les conditions de la région, pourrait être dévastatrice. L'Asie est aussi, en effet, l'une des zones principales où pourraient s'exprimer des rivalités ou des conflits susceptibles de déstabiliser le système de sécurité internationale.

Toutefois, l'affirmation de ces nouvelles puissances est, sans conteste, l'un des traits les plus importants du futur paysage stratégique.

Le déclin relatif des puissances occidentales

Le monde occidental, soit essentiellement l'Europe et l'Amérique, n'est plus le seul détenteur de l'initiative économique et stratégique au sens où il l'était encore en 1994.

Sur le plan économique, les pays européens et nord-américains ne produiront plus, dans vingt ans, qu'environ 40 % de la richesse mondiale. Ils seront à cet égard rattrapés par l'Asie.

Sur le plan démographique, les projections mettent en évidence le recul de la part relative des pays occidentaux. En 2025, les États-Unis et l'Europe ne représenteront plus que 9 % de la population mondiale.

Les modèles de gouvernance et les valeurs promus par ces États, s'ils sont parfois enviés, suscitent de plus en plus souvent une contes-

Questions stratégiques en Asie

L'Asie est d'ores et déjà la partie du monde la plus dynamique, où la croissance est la plus forte, la population la plus nombreuse, et les mutations les plus impressionnantes. C'est aussi une région qui comprend de nombreux conflits non résolus (Cachemire, péninsule coréenne, question de Taiwan), des tensions interétatiques (Inde-Pakistan, Inde-Chine, Chine-Japon), et où trois des principaux pays du monde ont des intérêts stratégiques et une présence militaire (Russie, Chine, États-Unis). C'est la seule région où trois puissances nucléaires ont des frontières communes, qui ne sont pas internationalement reconnues (Inde-Pakistan-Chine), tandis que la Corée du Nord, qui a effectué un essai nucléaire en octobre 2006 et qui continue de développer ses technologies balistiques, inquiète ses voisins, tout particulièrement le Japon. Son implication dans la prolifération dans le monde est déstabilisante.

Dans ce contexte, la forte augmentation de l'effort militaire, notamment en Chine (avec des taux annoncés pour le budget de 10 % par an en moyenne de 1989 à 2007, et de 17 % pour les deux années 2007 et 2008), est un élément de préoccupation d'autant plus sérieux que les données de cet effort manquent de transparence s'agissant de la Chine, que la région ne connaît aucun système de sécurité collective et que les mesures de confiance entre États y sont limitées.

tation radicale, idéologique, religieuse, entretenue par la diffusion du djihadisme *via* Internet et les moyens d'information publique. La puissance occidentale, l'obsession de sécurité qui l'anime depuis 2001, la façon dont elle s'exprime, sont souvent perçues comme agressives. La mondialisation économique a donc bien engendré un mouvement d'ouverture et d'unification sans précédent de la société internationale, mais elle ne crée pas encore une adhésion universelle à une vision commune du monde. Au contraire, la contestation des ambitions occidentales nourrit de nouvelles tensions et des violences.

La supériorité technologique et militaire américaine et européenne restera réelle, mais elle sera concurrencée. Le développement des moyens militaires des nouvelles puissances leur permettra une présence plus forte et plus étendue dans leurs zones d'intérêt. Nombreux sont ceux, notamment en Asie, qui accèdent à des niveaux technologiques équivalents dans certains domaines clés, tels que les technologies de communication, de l'information ou de l'espace.

Les conséquences de ces tendances de fond ne doivent toutefois pas être surestimées, ni dramatisées.

Les pays occidentaux portent eux-mêmes des visions diversifiées du monde et ne sauraient être réduits à un seul « modèle », ni se laisser entraîner dans une vision binaire des rapports internationaux. Leur différentiel technologique restera favorable, surtout lorsqu'ils investissent dans les sciences et les technologies de pointe.

À cet égard, les États-Unis demeureront la référence. Ils conserveront pour leur part, dans les quinze prochaines années, les avantages qui en font la puissance économique, technologique et militaire de premier rang dans le monde : démographie vigoureuse, secteur privé dynamique, avance décisive dans l'économie de la connaissance et des communications, prééminence technologique et militaire. Quatre-vingts pour cent du total mondial des serveurs informatiques sont américains.

C'est la volonté de rester ouverts, de s'organiser ensemble, d'investir dans la connaissance et de porter leurs valeurs, qui permettra aux autres pays occidentaux de jouer leur rôle dans la sécurité internationale, dans un monde où les équilibres de puissances et la gouvernance mondiale vont de toute façon évoluer.

Les États-Unis, puissance majeure en 2025

Les États-Unis disposent pour longtemps des principaux attributs de la puissance. Outre ceux déjà cités, ils peuvent compter sur leur forte capacité d'innovation nourrie par des investissements importants dans la recherche et le développement (70 milliards de dollars), leur domination militaire sur les espaces communs (air, mer, espace), et un réseau d'alliances sans équivalent, à commencer par l'alliance avec les pays européens, dont la France.

Les États-Unis sont cependant confrontés à des facteurs de fragilisation tant sur le plan économique (endettement, dépendance économique et financière à l'égard de l'Asie, risque de crise monétaire), que militaire (difficultés en Irak et en Afghanistan, mise en œuvre de stratégies asymétriques par des adversaires de plus en plus nombreux) et diplomatique (Moyen-Orient). Leur politique est devenue depuis quelques années la cible de toutes les contestations. La volonté de la Russie de réaffirmer sa place et l'essor de la Chine dans tous les domaines pourraient conduire à relativiser la place de l'Amérique. Une des conséquences possibles de cette situation est une crise de confiance des alliés des États-Unis dans les deux régions les plus volatiles : le Moyen-Orient et l'Extrême-Orient. Le retour sur soi est aussi une tentation qui peut guetter une partie de la société américaine.

Cependant, la sous-estimation du dynamisme des États-Unis est une donnée permanente et, d'ici 2025, il est peu plausible que les fondements de leur puissance soient mis en péril.

LES FRAGILITÉS DU SYSTÈME DE SÉCURITÉ COLLECTIVE

Le système de sécurité collective apparaît fragilisé. La plupart des instruments et des institutions de la société internationale (ONU, OMC, FMI, etc.) et des instruments multilatéraux de maîtrise des armements traversent une double crise de légitimité et d'efficacité.

La crise de légitimité résulte d'abord de l'absence d'accord sur la réforme du Conseil de sécurité des Nations unies. L'organe chargé par excellence du maintien de la paix et de la sécurité internationale reste la clé de voûte des relations internationales. Mais sa représentativité désormais insuffisante est une cause de fragilité croissante, au fur et à mesure que se dessinent de nouveaux équilibres internationaux.

En outre, les instruments de maîtrise des armements et de lutte contre la prolifération, malgré de nouveaux développements, subissent des mises en cause résultant soit des échecs de la lutte contre la prolifération, soit de la non-participation d'États importants, soit de la contestation ou du retrait de certains d'entre eux de traités qui ont longtemps organisé la maîtrise des armements, le désarmement et la non-prolifération (ainsi du retrait américain du traité antimissiles balistiques – ABM – de 1972, annoncé en décembre 2001 ; de la prise de distance de la Russie par rapport au Traité sur les forces conventionnelles en Europe de 1990 ; ou du retrait de la Corée du Nord du Traité de non-prolifération en 2003).

Contrairement aux espoirs nés de la fin de la guerre froide, les *logiques de puissance* n'ont pas régressé. La mondialisation économique n'a pas permis l'émergence d'un nouvel ordre mondial démocratisé et pacifié. Les États qui sont exposés à la violence du terrorisme inspiré d'Al-Qaida sont tentés de s'affranchir du cadre multilatéral qui régit l'emploi de la force, ou des normes juridiques du droit international. Les rapports de forces entre États et leurs divergences d'intérêts structurent autant les relations internationales que ne le font les nouvelles interdépendances économiques et financières.

Ainsi la Russie cherche-t-elle à conforter son retour sur la scène internationale et son statut de puissance majeure, avec un discours offensif à l'égard de certains pays européens, notamment dans son voisinage. Elle semble éprouver une certaine difficulté à prendre en compte les évolutions politiques intervenues depuis la fin du pacte de Varsovie et à assumer la plénitude du processus démocratique engagé dans les années 1990. Elle est tentée de tester les effets d'une pression, au moins économique, sur ses voisins.

La Russie : le retour d'une politique de puissance

Un des changements les plus remarquables par rapport à 1994 est l'évolution des relations entre la Russie et le monde occidental, qu'il s'agisse des États-Unis ou de l'Europe.

La politique de rapprochement engagée à la fin de la guerre froide a fait place à une série d'initiatives contraires à cet objectif : utilisation de l'arme énergétique dans les rapports internationaux, tentatives de contrôle des régions ou des pays de « l'étranger proche », remise en cause du traité sur les forces conventionnelles en Europe.

Forte de ses capacités économiques liées au prix de l'énergie, la Russie reprend une politique de puissance, qui bénéficie aussi d'un accroissement de ses dépenses militaires. Elle a augmenté l'ampleur de ses exercices militaires, qui se sont déroulés depuis 2007 en mer Baltique, dans l'Atlantique Nord, dans la Méditerranée, et dans l'océan Pacifique. La politique conduite à l'égard de voisins appartenant à l'Union européenne et à l'OTAN, ou qui y posent leur candidature, est plus préoccupante encore.

Les faiblesses auxquelles la Russie doit faire face, reconnues par les autorités russes elles-mêmes, ne sont pas moins évidentes : bas niveau d'investissements y compris dans le secteur énergétique, décroissance démographique, problèmes de santé publique, par exemple.

Une démarche commune des pays européens pour proposer à la Russie une coopération à la fois ambitieuse et équilibrée est nécessaire. Une telle démarche permettra également d'inciter la Russie à un exercice responsable de sa puissance retrouvée, élément indispensable d'un partenariat pour faire face efficacement aux défis internationaux. La volonté annoncée par la Russie d'être associée aux opérations de l'Union européenne constitue un signal encourageant. Nous avons des intérêts de sécurité communs majeurs : stabilisation de l'Afghanistan, lutte contre le terrorisme, interruption du programme nucléaire iranien.

États fragiles et zones de non-droit

À l'inverse du phénomène précédent, un nombre croissant d'États ne disposent pas de tous les attributs de la souveraineté, ou les perdent progressivement. Ils se trouvent dans l'incapacité d'assumer leurs fonctions régaliennes sur le plan de la sécurité du territoire et de la population, pour la distribution des ressources, ou la préparation de l'avenir. Ces États fragiles, très vulnérables à des crises intérieures ou à des chocs extérieurs, sont souvent dans l'incapacité de lutter contre les trafics, les rébellions, ou les activités de groupes terroristes qui utilisent leur territoire. Des zones de non-droit se constituent ainsi dans plusieurs régions du monde, particulièrement en Afrique (zone saharo-sahélienne) et en Asie (par exemple au nord du Pakistan).

Prévenir l'apparition de crises ou de guerres dans ces États est devenu l'un des grands défis posés au système de sécurité internationale.

SURPRISES ET RUPTURES STRATÉGIQUES

Ceux qui contestent l'influence des pays occidentaux chercheront à *contourner* l'avantage technologique et la puissance militaire de ces pays, en même temps que leur puissance économique sera fortement concurrencée. La recherche de stratégies évitant de prendre de front nos capacités les plus efficaces et cherchant à tester les vulnérabilités de nos sociétés ira en s'intensifiant.

Dès lors, nous devons nous attendre à des surprises stratégiques, matérialisées par l'ampleur des violences ou des tentatives de blocage du fonctionnement normal de nos sociétés, là où nos moyens militaires ou de sécurité ne les attendent pas habituellement. *L'interruption des flux* de biens, de personnes, de richesses, ou encore d'informations, qui innervent aujourd'hui la vie nationale et internationale, peut prendre des formes imprévues et provoquer *des retours en arrière inattendus* dans telle ou telle partie du monde, y compris en Europe.

L'hypothèse la plus grave actuellement identifiée est celle d'une attaque terroriste majeure sur le territoire européen, utilisant des moyens non conventionnels, de type nucléaire, chimique ou biologique, couplée à une situation de guerre dans l'une des zones d'intérêt stratégique pour l'Europe. À cet égard, les hypothèses de déclenchement de *conflits majeurs* au Moyen-Orient et en Asie doivent être prises en compte dans notre stratégie.

Mais d'autres formes de ruptures peuvent surgir.

La rupture du *tabou nucléaire* elle-même n'est plus improbable. Les circonstances ont changé depuis l'équilibre dissuasif atteint dans les années 1960. De nouvelles puissances nucléaires sont apparues, dont les doctrines, lorsqu'elles existent, sont mal connues. L'arme nucléaire est présente dans plusieurs régions sensibles où subsistent des contentieux territoriaux. Par ailleurs, il est établi que certains groupes terroristes cherchent à accéder à des matières ou à des engins radiologiques ou nucléaires.

Le contexte international dans son ensemble appelle *la prise en compte de l'incertitude stratégique comme fondement de la pensée et de la politique de défense et de sécurité de la France*.
Cet accent sur l'incertitude n'est le signe ni d'une carence d'informations ni d'une lacune intellectuelle. *Il pose la capacité d'anticipation et de protection de la nation comme fondement d'une nouvelle stratégie axée sur l'autonomie de décision*.
Une telle stratégie s'appuie sur *une ambition et une politique internationale cohérentes* : la promotion de l'Union européenne comme acteur de sécurité globale, d'une part, l'édification d'un système de gouvernance mondiale légitime et efficace, d'autre part, sont les points d'appui nécessaires de la défense des intérêts de sécurité majeurs de la nation.

Conflits et zones de tension en 2008

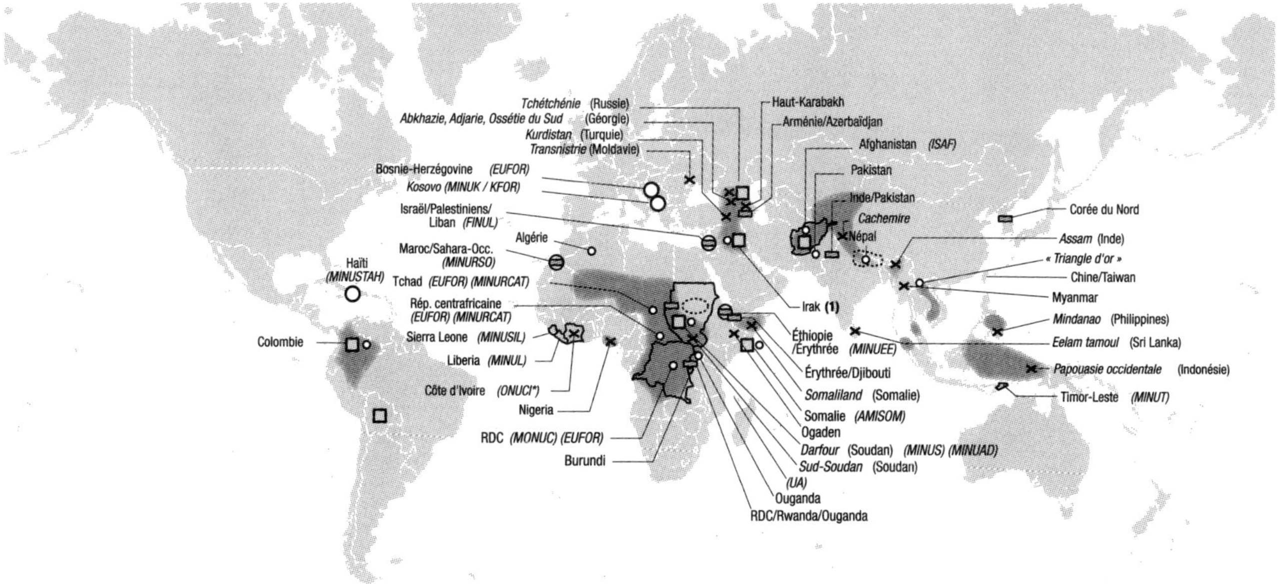

Paix :
- principales interventions multinationales
  * Opérations de paix terminées début 2007
- pourparlers de paix internes

Zone de tensions :
- territoires où l'autorité régalienne est remise en cause
- zone de tensions

(1) : intervention internationale de guerre en Irak

Conflits :
- principaux conflits où la population civile est directement prise pour cible
- × mouvements sécessionnistes armés
- ○ présence de groupes armés contestant l'autorité du pouvoir en place

Source : Ministère de la défense (d'après des sources ouvertes)

Source : ministère de la Défense (d'après des sources ouvertes).

CHAPITRE 2

LES CONSÉQUENCES POUR LA FRANCE ET L'EUROPE

La France et l'Europe appartiennent à un ensemble de démocraties qui se trouvent aujourd'hui en situation de plus grande vulnérabilité qu'au moment de la sortie de la guerre froide.

Quatre zones critiques

L'ARC DE CRISE, DE L'ATLANTIQUE À L'OCÉAN INDIEN

Cette région ne constitue pas un ensemble homogène. Chaque pays y a son identité et son histoire, ses ressorts politiques, sociaux, économiques et humains. Les sous-ensembles régionaux ont chacun sa logique : celle de la zone sahélienne, de la Mauritanie jusqu'à la Somalie, se distingue nettement des bordures de la Méditerranée, du Proche-Orient, du golfe Arabo-Persique, ou de l'Afghanistan et du Pakistan.

Mais, dans cette partie du monde, au voisinage de l'Europe, au cœur d'intérêts stratégiques pour la sécurité mondiale, des évolutions essentielles modifient les données de la sécurité de la France et de l'Europe. La poussée de l'islam radical, les antagonismes entre sunnites et chiites, la question kurde et la fragilité des régimes politiques constituent un mélange explosif. L'implantation et la mise en réseau de groupes terroristes sont devenues une donnée permanente. Les programmes nucléaires et balistiques de l'Iran risquent, à eux seuls, de déséquilibrer tout le Moyen-Orient et au-delà. Les ressources en hydrocarbures qui s'y trouvent demeurent centrales pour l'approvisionnement énergétique des pays du continent européen.

Le risque, nouveau, d'une connexion des conflits se dessine, entre le Proche et le Moyen-Orient, et la région du Pakistan et de l'Afghanistan. L'existence de programmes en général clandestins d'armes nucléaires, chimiques et biologiques aggrave ce danger, alors que les pays de ces régions acquièrent en grand nombre, ouvertement ou non, des capacités militaires appuyées sur des vecteurs aériens et des missiles. La déstabilisation de l'Irak, divisé en communautés rivales, risque de s'étendre au Moyen-Orient.

L'instabilité dans cet arc géographique peut affecter directement ou indirectement nos intérêts. Les pays européens sont présents militairement à des titres divers, au Tchad, en Palestine, au Liban, en Irak et en Afghanistan. Dans ces conditions, l'Europe et la France sont probablement appelées à s'engager davantage encore à l'avenir dans l'ensemble de la zone, pour aider à la prévention et au règlement des crises.

La sécurité en Afrique subsaharienne

La France et l'Europe ne peuvent se désintéresser du continent qui leur est le plus proche. L'Afrique, riche de nombreux atouts, dispose d'un potentiel humain et économique considérable. À long terme, ces capacités pourraient lui permettre de figurer parmi les acteurs de premier plan de la croissance économique et de la sécurité mondiales. Néanmoins, la poursuite de l'essor démographique, la faiblesse des structures étatiques et la mauvaise gouvernance risquent de freiner encore longtemps le développement et une répartition équitable de ses gains.

La sécurité en Afrique pâtira d'abord des conditions de vie liées à l'urbanisation croissante, à l'absence de structures sanitaires appropriées, à la raréfaction des ressources alimentaires locales. Le réchauffement climatique aggrave cette situation. La France et l'Europe doivent contribuer à la lutte contre la dégradation de ces conditions, afin de juguler les mouvements migratoires poussés par la détresse économique et sociale. Dans le même temps, l'éradication des conditions permettant à des trafics de plus en plus importants de transiter vers l'Europe par ce continent est un objectif de premier plan, rendu plus sensible encore par la croissance spectaculaire des flux de stupéfiants en provenance d'Amérique latine.

L'Afrique subsaharienne reste marquée par des guerres endémiques. Certains conflits (Somalie, République démocratique du Congo, Darfour), du fait de leur dimension régionale, peuvent même affecter la sécurité du continent. L'Afrique aspire à disposer de ses propres capacités de règlement des différends, de prévention des crises et de maintien de la paix. La France et l'Europe ont un intérêt majeur à contribuer à l'établissement de ces moyens. À cette fin, elles doivent

La montée des tensions de l'Atlantique à l'océan Indien

La zone qui s'étend de la Mauritanie au Pakistan restera cruciale pour l'Europe à l'horizon 2025. Les prévisions démographiques postulent un doublement de la population d'ici 2030, tandis que les perspectives économiques demeurent limitées, les taux de chômage élevés, les systèmes d'éducation peu adaptés, et les régimes politiques contestés. Les richesses naturelles sont essentiellement constituées d'hydrocarbures (deux tiers des réserves mondiales). L'hydrologie est très défavorable et la région devrait connaître des problèmes sévères d'accès à l'eau potable, renforcés par les changements climatiques et les poussées migratoires.

Dans ce contexte, la radicalisation des sociétés, l'opposition entre chiites et sunnites, les tentatives d'Al-Qaida pour s'approprier les luttes nationales sont autant de risques de déstabilisation supplémentaires. En outre, l'enlisement des processus de paix, la persistance des conflits (Liban, Irak, Afghanistan) ou des menaces de déstabilisation (Pakistan) ne laissent pas prévoir de solutions dans les prochaines années.

L'interconnexion des réseaux d'influence dans l'ensemble de la région constitue un autre facteur d'instabilité. Les ambitions régionales de l'Iran, servies par des programmes balistiques et nucléaires, inquiètent suffisamment certains de ses voisins pour que l'on ne puisse exclure totalement, à l'horizon de quinze ans, une révision de leurs engagements à l'égard du TNP. Les équilibres régionaux, déjà fragiles, en seraient durablement affectés, et tout conflit se produirait désormais dans un contexte où le risque nucléaire devrait être pris en compte.

Enfin, les coopérations militaires nouées avec plusieurs pays de la région par la Corée du Nord dans le domaine balistique, voire nucléaire, constituent une autre source importante de risque, compte tenu des portées croissantes des missiles. On note aussi que la percée chinoise et russe dans les pays du Golfe et en Afrique s'accompagne de ventes d'armes importantes.

continuer d'accompagner les efforts de l'Union africaine, des organisations régionales et des pays africains eux-mêmes.

L'abondance de matières premières stratégiques et de ressources énergétiques appelle une valorisation, d'abord au bénéfice des populations africaines elles-mêmes. Elles constituent une ressource essentielle pour l'Afrique. Par ailleurs, elles peuvent contribuer à favoriser les technologies européennes. Une stratégie européenne organisant un partenariat équilibré avec les pays concernés, pour un accès équitable à ces ressources, doit donc être mise en œuvre.

L'Afrique, encore pauvre mais de plus en plus convoitée

L'Afrique subsaharienne est *une des seules régions du monde où la pauvreté a augmenté en dépit d'une croissance économique soutenue depuis le début des années 2000*. À l'horizon 2030, la Banque mondiale estime à 3,3 % par an le taux de croissance réelle du PIB de cette partie du continent. Compte tenu du taux d'accroissement démographique annuel de 2,5 %, la population sera de 1,04 milliard d'habitants en 2025. Le risque d'une évolution relativement faible du PIB par habitant demeurera très élevé.

Certaines conséquences de cette situation sont d'ores et déjà identifiées : augmentation du nombre et de la taille des mégalopoles ; rareté alimentaire aggravée par les atteintes à la biosphère, le réchauffement climatique et l'augmentation de la demande ; risques épidémiques et absence de structures sanitaires adéquates (sida et paludisme notamment) ; croissance de la population dont plus de la moitié aura moins de 25 ans en 2025, avec d'importants taux de chômage ; fortes poussées migratoires, y compris en direction de l'Europe.

La carence fréquente des structures étatiques et l'extension des zones de non-droit, les économies de rente au profit d'une minorité et l'existence de réseaux criminels disposant de moyens militaires importants constituent autant de facteurs d'inquiétude. Les problèmes de l'Afrique ont des incidences directes sur nos intérêts : immigration clandestine, radicalisation religieuse en terrain musulman et développement de sectes fondamentalistes en terrain chrétien, implantation des groupes terroristes se réclamant d'Al-Qaida, apparition de nouvelles routes de la drogue, trafics d'armes illicites, réseaux de prolifération, blanchiment d'argent et risques sanitaires. La bande sahélienne, de l'Atlantique à la Somalie, apparaît comme le lieu géométrique de ces menaces imbriquées et, à ce titre, appelle une vigilance et un investissement spécifiques dans la durée.

Pourtant, contrairement à ce que cette liste laisserait présager, le tableau est loin d'être entièrement négatif et *l'Afrique possède de nombreux atouts, qu'elle fait valoir de plus en plus* : la zone subsaharienne comprend des richesses vitales pour l'économie mondiale ; sa jeunesse est une chance ; de nouvelles générations, qu'il faut encourager, accèdent aux responsabilités économiques et politiques.

Il est vrai qu'en l'absence de progrès significatifs en matière de gouvernance, les richesses du continent demeureront des facteurs de corruption, de conflits intra- et interétatiques, et d'accroissement des inégalités plutôt que de développement.

Enfin, l'expansion et l'influence croissantes des *pays du Moyen-Orient et de l'Asie* en Afrique, attirés par les ressources et le potentiel africains, sont un des faits marquants des dix dernières années. Elles se font parfois au détriment de l'action du FMI et de la Banque mondiale, qui tentent de lier l'aide à la gouvernance. En mars 2008, la Chine a ouvert la ligne de crédit la plus importante à un pays africain : 50 milliards de dollars au profit du Nigeria, tandis que la République démocratique du Congo a récemment signé avec Pékin des accords qui portent sur des investissements de 12 milliards de dollars.

Le continent européen

L'évolution de la Russie et de sa politique avec ses voisins immédiats, anciens États membres de l'Union soviétique, ou adjacents, ainsi que son partenariat avec les Européens et l'Alliance Atlantique resteront des facteurs importants pour la sécurité du continent et la paix dans le monde. La Russie n'est pas encore allée jusqu'au bout de l'évolution amorcée pendant les années 1990. Son attitude vis-à-vis de certains de ses voisins inquiète. La construction de relations équilibrées restera donc un objectif majeur dans les années à venir.

Par ailleurs, la stabilisation des Balkans doit appeler non une prise de distance, mais, au contraire, un redoublement d'attention. Il s'agit d'accompagner un processus de réconciliation et une intégration dans l'ensemble européen et transatlantique. Les fragilités qui marquent encore la zone, liées à l'histoire et aux ressorts du nationalisme, appellent à la vigilance. Tous les pays européens ont un intérêt direct à conserver un engagement important dans cette région.

Le Maghreb : coopération, risques et espoirs

La région du Maghreb présente une importance particulière pour la France (histoire, communautés maghrébines, langue, énergie, coopération économique), ainsi que pour l'ensemble du sud de l'Europe. Elle connaît une situation contrastée, avec des facteurs potentiellement positifs, qu'il faut encourager, et des facteurs plus préoccupants dont il s'agit de limiter le développement. En outre, il faut compter dans cette région avec la présence de nouveaux acteurs étatiques (notamment les États-Unis et la Chine) ou non étatiques (Al-Qaida).

Les facteurs les plus positifs portent notamment sur les points suivants :

– la transition démographique,
– le potentiel économique,
– la coopération entre les deux rives méditerranéennes,
– l'abandon des programmes d'armes non conventionnelles en Libye.

Les facteurs plus préoccupants sont :
– les déséquilibres sociaux (taux de chômage parmi les plus élevés du monde, développement très inégalement réparti),
– les insuffisances des systèmes d'éducation,
– la dégradation environnementale et l'urbanisation non maîtrisée. Ce facteur sera aggravé par l'évolution climatique qui va augmenter la rareté des ressources en eau dans une région déjà proche de la pénurie (5 à 6 fois moins qu'en France),
– l'augmentation de l'émigration clandestine,
– l'exposition des États du Maghreb au transit, voire à l'immigration de migrants d'Afrique subsaharienne en nombre toujours plus élevé (plusieurs millions dans la zone du Maroc à la Libye),
– les blocages politiques qui nourrissent l'extrémisme,
– l'implantation de la mouvance d'Al-Qaida en Afrique du Nord.

Les *scénarios* fondés sur la poursuite des tendances négatives actuelles conduiraient en 2025 à des situations de tension et d'instabilité préoccupantes pour l'Europe et la France. Une démarche politique globale des Européens est nécessaire. Une *action européenne* volontariste doit être conduite dans les domaines de l'éducation, de l'ouverture économique – pour assurer le développement, encourager l'intégration régionale et rapprocher les économies maghrébines des économies européennes –, enfin dans le domaine de la coopération en matière d'immigration et de sécurité.

Cela suppose, de la part de la France et de l'Europe, une vision, des moyens et un engagement politique durable.

Les *risques de conflits interétatiques* de haute intensité semblent limités, mais imposent une vigilance internationale. En revanche, le risque de déstablisation découlant des facteurs internes (successions politiques, mouvements sociaux, chômage, terrorisme, etc.) est réel. D'ici quinze ans, et au-delà, seul le développement économique, politique et social peut prémunir la région contre de tels risques.

L'effet de conflits majeurs en Asie

Des conflits majeurs en Asie affecteraient sans aucun doute les intérêts de la France et de l'Europe. Les sources de conflits hérités de la seconde moitié du XXe siècle et toujours non résolus créent un risque d'autant plus grave que trois grands États nucléaires disposent de frontières communes, non reconnues internationalement (ligne de contrôle entre l'Inde et le Pakistan, et ligne de contrôle « actuelle » entre l'Inde et la Chine) et que l'Asie ne bénéficie pas encore d'institutions multilatérales de prévention ou de règlement des conflits. La constitution en juin 2001 de l'organisation de coopération de Shanghai, réunissant les chefs d'État des six pays membres (Chine, Russie, États d'Asie centrale) et d'États observateurs (Inde, Iran, Mongolie, Pakistan), ou encore les développements de l'ASEAN témoignent d'une conscience accrue de la nécessité d'une concertation collective des pays de la région sur les problèmes de sécurité. Mais ces efforts demeurent, de l'aveu même des responsables asiatiques, en deçà des besoins.

La prévention de conflits majeurs en Asie est donc un objectif central pour l'ensemble des acteurs internationaux. Les Européens devront prendre en compte les principales données suivantes : l'impact d'une guerre sur les routes maritimes à caractère stratégique ; les effets économiques et financiers d'un conflit majeur sur un continent qui joue un rôle croissant dans l'économie mondiale ; l'impact de toute guerre dans les régions où les puissances asiatiques s'approvisionnent en énergie ou en matières premières stratégiques ; nos liens avec les États-Unis, garants de la sécurité de plusieurs États de la région. L'importance des enjeux asiatiques est de mieux en mieux perçue en Europe et en France. Mais l'éloignement s'ajoute à une grande méconnaissance de l'Asie. La démarche des pays européens devra donc s'appuyer sur un effort d'explication et de familiarisation des opinions publiques, des administrations et de leurs cadres avec ces enjeux.

Des vulnérabilités nouvelles pour le territoire et les citoyens européens

La population et le territoire européens sont aujourd'hui plus vulnérables que dans les années 1990, c'est-à-dire davantage exposés à des menaces directes.

Le terrorisme

La France et l'Europe sont directement visées par le djihadisme et ceux qui s'en réclament. Cette source de terrorisme demeurera pour de longues années l'une des principales menaces physiques dirigées contre l'Europe et ses ressortissants dans le monde. La menace terroriste a conduit la France à adopter, en juin 2006, *le Livre blanc du gouvernement sur la sécurité intérieure face au terrorisme*. Il en ressort que le mode opératoire des groupes terroristes se modifiera en fonction de leur perception des vulnérabilités européennes. Les armes du terrorisme reposent aujourd'hui essentiellement sur des moyens conventionnels utilisant les explosifs. Elles ont pris une forme extrême, malheureusement de plus en plus répandue, avec les attentats-suicides.

Mais l'utilisation d'armes non conventionnelles, même rudimentaires, est recherchée par plusieurs groupes. Si cette recherche aboutissait, elle ferait franchir un seuil dramatique dans la déstabilisation de la communauté nationale, européenne et internationale.

Compte tenu de l'ampleur des attaques possibles, une action d'urgence est nécessaire pour mettre un terme à l'insuffisance des capacités de détection, d'analyse et de réaction, comme des moyens de protection de nos forces de sécurité intérieure, de sécurité civile et des forces armées dans un contexte d'emploi d'armes radiologiques, biologiques ou chimiques.

Les infrastructures vitales pour le fonctionnement de l'économie, de la société ou des institutions, sur le territoire comme à l'extérieur, sont également des cibles potentielles, comme la chaîne de production et de transport des hydrocarbures, les autres modes de production d'énergie, la chaîne alimentaire, de même que les systèmes d'information, devenus essentiels pour l'ensemble des activités humaines.

Dans les années à venir, des actions terroristes soutenues par un État ne peuvent pas être davantage écartées que celles des groupes d'inspiration djihadiste. La France a déjà eu à en subir les effets dans le passé. Le territoire et la population pourraient de nouveau y être exposés.

Le terrorisme fera, dès lors, l'objet d'une attention et d'un suivi constants. Le renforcement des capacités de renseignement et de prévention vise, en relevant le seuil de nos défenses, à en empêcher la survenance et à en limiter les effets.

La menace des missiles

La menace représentée par les missiles balistiques et de croisière à l'encontre du continent européen s'accroît. D'ici 2025, la France et plusieurs pays européens se trouveront à portée de nouvelles capacités balistiques. Cette exposition directe, quelles que soient les intentions des gouvernements qui se dotent de ces capacités, constitue une donnée nouvelle à laquelle la France et l'Europe doivent être préparées.

Les attaques majeures contre les systèmes d'information

Les systèmes d'information, qui innervent la vie économique et sociale comme l'action des pouvoirs publics, celle des grands opérateurs d'énergie, de transports ou d'alimentation, ou encore l'organisation de notre défense, rendent nos sociétés et leur défense vulnérables à des ruptures accidentelles ou à des attaques intentionnelles contre les réseaux informatiques.

1994-2015 : capacités balistiques et arc de crise*

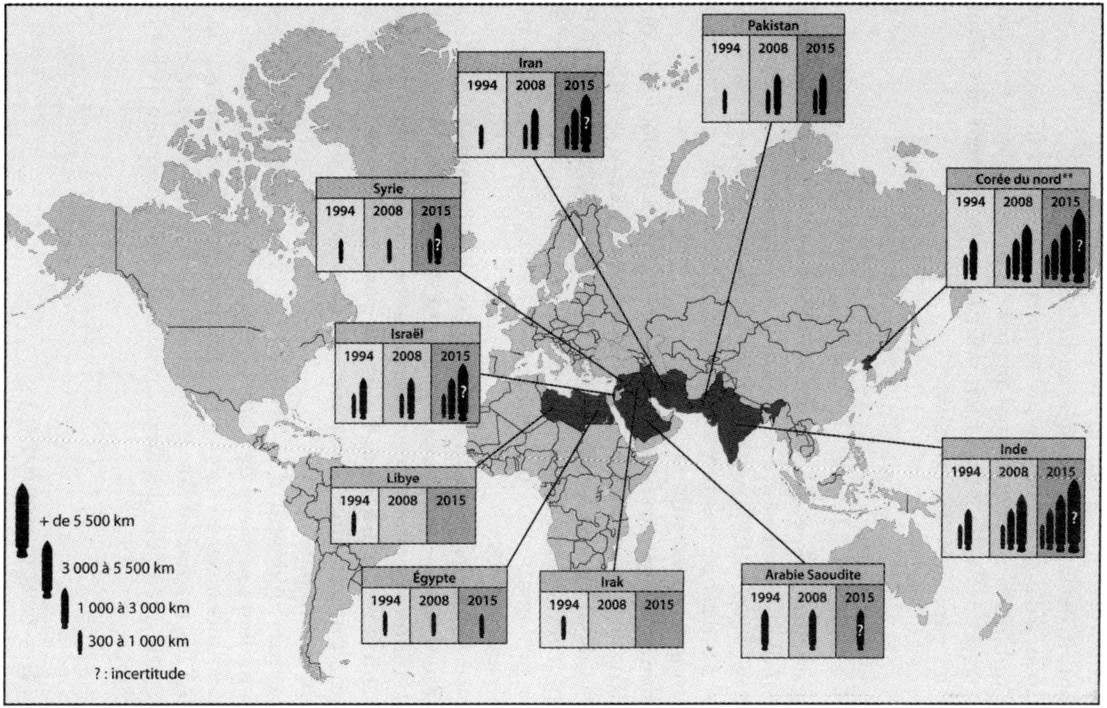

Source : ministère de la Défense.
* Hors Chine, États-Unis, France, Royaume-Uni, Russie (membres permanents du Conseil de sécurité des Nations unies)
** Exportatrice de technologies

Le niveau quotidien actuel des agressions contre les systèmes d'information, qu'elles soient d'origine étatique ou non, laisse présager un potentiel très élevé de déstabilisation de la vie courante, de paralysie de réseaux critiques pour la vie de la nation, ou de déni de fonctionnement de certaines capacités militaires.

Les risques d'attaque de grande ampleur, auxquels la société et les pouvoirs publics sont encore mal préparés, doivent donc faire l'objet d'une attention nouvelle, aussi bien pour le renforcement des défenses que pour les capacités de rétorsion.

L'espionnage et les stratégies d'influence

La poursuite des échanges mondialisés et le développement de nouveaux pôles de puissance sont propices à des *activités de renseignement offensif visant la France et l'Europe,* comme au développement de stratégies d'influence destinées à amoindrir notre rôle dans le monde et sur le marché international.

Les éléments qui garantissent la supériorité technologique comme notre patrimoine scientifique, économique et militaire continueront à faire l'objet de manœuvres extérieures. Ces manœuvres viseront à obtenir des informations protégées ou secrètes sur notre stratégie de sécurité, notre diplomatie, nos technologies civiles et militaires et la stratégie de nos entreprises.

Dans certains cas, les actions étrangères privilégieront les attaques informatiques. Dans d'autres, elles peuvent viser l'affaiblissement d'une entreprise ou une personne, par une désinformation générale propagée sur les médias et *via* Internet. Pourront aussi être visées par de telles actions les communautés françaises à l'étranger et les communautés étrangères en France.

Ces risques imposent à la France et à l'Europe de développer les capacités de leurs services de contre-ingérence, mais aussi les moyens de la « puissance douce » (*soft power*), reposant notamment sur la présence dans les médias et sur Internet, la culture d'entreprise et sur la sensibilisation préalable des hauts responsables du secteur privé et du secteur public.

Les grands trafics criminels

Les grands réseaux du crime organisé, notamment dans le domaine du trafic de stupéfiants, sont susceptibles de porter une grave atteinte à la sécurité nationale et européenne. La consommation de drogues de synthèse à base de cocaïne et d'ecstasy a doublé en France

Attaques informatiques majeures

Les moyens d'information et de communication sont devenus les systèmes nerveux de nos sociétés, sans lesquels elles ne peuvent plus fonctionner. Or le « cyberespace », constitué par le maillage de l'ensemble des réseaux, est radicalement différent de l'espace physique : sans frontière, évolutif, anonyme, l'identification certaine d'un agresseur y est délicate.

La menace est multiforme : blocage malveillant, destruction matérielle (par exemple, de satellites ou d'infrastructures de réseau névralgiques), neutralisation informatique, vol ou altération de données, voire prise de contrôle d'un dispositif à des fins hostiles.

Dans les quinze ans à venir, la multiplication des tentatives d'attaques menées par des acteurs non étatiques, pirates informatiques, activistes ou organisations criminelles, est une *certitude*. Certaines d'entre elles pourront être de grande ampleur.

S'agissant des *attaques d'origine étatique*, plusieurs pays ont déjà défini des stratégies de lutte informatique offensive et se dotent effectivement de capacités techniques relayées par des pirates informatiques. Dans ce contexte, les tentatives d'attaques dissimulées sont hautement probables. Des actions massives, menées ouvertement, sont également plausibles.

L'évolution des technologies et l'interconnexion des réseaux rendent les seules stratégies de défense passive et périmétrique (de « ligne ») de moins en moins efficaces, même si elles restent nécessaires. *Le passage d'une stratégie de défense passive à une stratégie de défense active en profondeur, combinant protection intrinsèque des systèmes, surveillance permanente, réaction rapide et action offensive, impose une forte impulsion gouvernementale et un changement des mentalités.*

L'expertise de l'État en sécurité des systèmes d'information doit être fortement développée, entretenue et diffusée auprès des acteurs économiques et notamment des opérateurs de réseaux.

La nature immédiate, quasi imprévisible, des attaques exige aussi de se doter d'une capacité de gestion de crise et d'après-crise, assurant la continuité des activités et permettant la poursuite et la répression des agresseurs.

En outre, dans la mesure où le cyberespace est devenu un nouveau champ d'action dans lequel se déroulent déjà des opérations militaires, la France devra développer *une capacité de lutte dans cet espace*. Des règles d'engagement appropriées, tenant compte des considérations juridiques liées à ce nouveau milieu, devront être élaborées.

L'accès à Internet en 2008

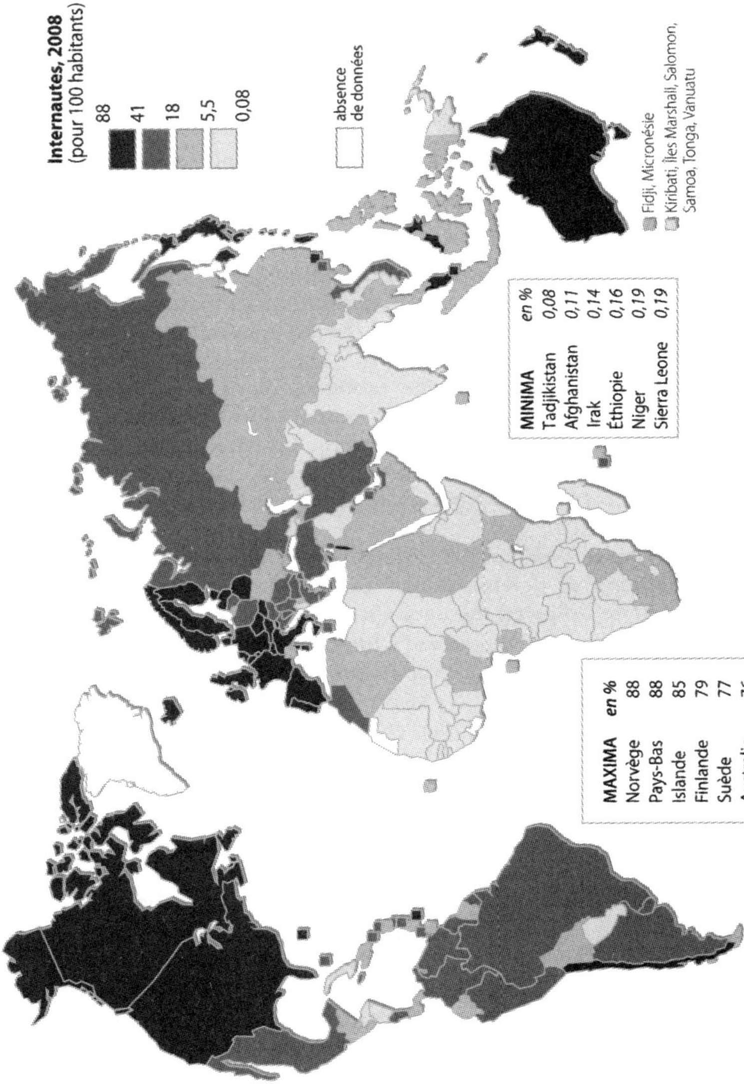

Source : ministère de la Défense (d'après des sources ouvertes).

depuis 2002. La cocaïne transite de plus en plus de l'Amérique latine à l'Europe par le continent africain.

Les organisations criminelles telles que les cartels de la drogue disposent désormais de moyens financiers et logistiques comparables à ceux de certains États (700 à 1 000 milliards de dollars par an selon le FMI). Les mafias représentent, en Europe même, des puissances redoutables. Les organisations criminelles investissent également les trafics de contrefaçons, en maîtrisant la chaîne de production (exploitation des enfants, travail illégal, non-respect des règles de protection de la santé et de la sécurité), les moyens d'acheminement (importations en contrebande) et les circuits de distribution (ventes par Internet, utilisation de circuits parallèles, pénétration des circuits de la grande distribution). En 2007, le chiffre d'affaires estimé du commerce des contrefaçons s'élevait, selon l'OCDE, à 200 milliards de dollars, représentant 5 à 7 % du commerce mondial.

L'essor de ces groupes constitue une menace tant pour la sécurité intérieure que pour la stabilité internationale.

Les nouveaux risques naturels et sanitaires

Les risques d'origine naturelle ou sanitaire sont devenus des facteurs de déstabilisation massive pour la population et les pouvoirs publics.

Les *risques sanitaires* sont susceptibles d'engendrer une désorganisation des échanges économiques. Ils présentent des coûts de prévention et de protection très importants. La propagation de nouvelles souches virales ou bactériennes ou la réapparition sur le continent européen de souches anciennes résultent de l'ouverture des frontières, de la fluidité des transports et de la rapidité des échanges internationaux.

De façon similaire, le territoire et la population sont exposés à *la possibilité de catastrophes naturelles dont les effets changent progressivement d'échelle*. Les départements et collectivités d'outre-mer sont particulièrement vulnérables à ce type d'événements. Mais le territoire métropolitain n'en est pas exempt, comme le montrent les tempêtes de 1999 ou l'exposition aux risques sismiques de la région méditerranéenne.

Les désorganisations sociales majeures que peuvent provoquer les nouveaux types d'épidémies ou les accidents climatiques violents font partie des risques d'ampleur nouvelle qui pèsent sur la collectivité nationale.

Des risques technologiques accrus

Il en est de même des risques technologiques et industriels. L'impact d'une catastrophe serait d'autant plus profond que l'évolution démographique a entraîné des concentrations de population dans les zones urbaines, avec pour conséquences un risque d'augmentation du nombre de victimes et des difficultés majeures pour évacuer et porter assistance aux blessés.

L'exposition des ressortissants à l'étranger

Un million et demi de Français sont recensés comme vivant à l'étranger. Leur nombre diminue sur le continent africain et augmente sur tous les autres. L'évolution des communautés françaises et européennes à l'étranger, leur nouvelle répartition géographique et l'instabilité de certains pays hôtes les rendent plus vulnérables aux risques, notamment sanitaires, et aux agressions.

Ils peuvent être exposés à des attaques et à des prises d'otages par des groupes terroristes ou par des forces combattantes engagées dans des conflits régionaux, ou être victimes de catastrophes naturelles ou de crises sanitaires.

La sensibilité extrême de ce problème implique une planification particulière au niveau national et une concertation et une solidarité accrues entre Européens.

Les nouveaux paramètres de la sécurité

Compte tenu des analyses qui précèdent, plusieurs facteurs nouveaux doivent inspirer notre stratégie de défense et de sécurité.

L'interconnexion croissante des menaces et des risques

Cette interconnexion est un effet direct de la mondialisation, qui décloisonne les conflits comme elle accélère les échanges.

Dès lors, sous l'influence d'Al-Qaida et de ceux qui s'en inspirent, les groupes terroristes, naguère segmentés et obéissant à des logiques nationales ou régionales, préparent des actions de guerre à partir de plusieurs points du globe. Ils définissent des stratégies reposant sur des appuis disséminés dans plusieurs pays. Ils conduisent à l'échelle mondiale une guerre idéologique et tentent de lier entre eux des conflits dont les racines sont profondément différentes.

Dans de nombreuses zones géographiques, les risques de contagion de la guerre réapparaissent, au Moyen-Orient, de l'Afghanistan au Pakistan, et dans plusieurs régions d'Afrique centrale, d'Afrique orientale ou autour du Soudan.

Ce risque d'interconnexion géopolitique ne doit cependant pas être surestimé et sera d'abord combattu par les politiques de prévention.

Mais les brusques montées de fièvre, alimentées par la vitesse de déplacement de l'information, des images et des idées, comme on l'a vu ces dernières années dans le domaine religieux, créent un environnement particulièrement instable et propice aux flambées de violence.

Les tensions à venir sur les ressources stratégiques, comme l'énergie, l'eau, les matières premières stratégiques, notamment alimentaires ou énergétiques, peuvent aussi engendrer directement des crises majeures à l'échelle d'une ou plusieurs régions du monde. Il en est de même des effets à long terme du réchauffement climatique, s'ils ne sont pas prévenus à temps.

Ces risques d'interconnexion et d'enchaînement des crises appellent des réponses de grande ampleur, associant étroitement des politiques économiques, sociales, écologiques et de sécurité.

La continuité entre sécurité intérieure et sécurité extérieure

La distinction traditionnelle entre sécurité intérieure et sécurité extérieure n'est plus pertinente. Le terrorisme agit sur les territoires des pays européens à partir d'implantations multiples, tout en cherchant à infiltrer les sociétés française et européennes. La criminalité organisée exploite les avantages de la mondialisation et l'effacement des frontières. La sécurité énergétique ne peut se concevoir qu'à l'échelle globale. La vulnérabilité des systèmes d'information n'a ni territoire ni frontière. Il en va de même pour les risques naturels ou sanitaires.

Une telle continuité revêt désormais une dimension stratégique dont il est urgent que la France et l'Europe tirent toutes les conséquences.

Elle implique la définition de stratégies d'ensemble, intégrant les différentes dimensions de la sécurité dans une même approche.

La possibilité de ruptures stratégiques brutales

L'incertitude et l'instabilité des évolutions internationales rendent plausibles des scénarios de rupture par rapport aux risques auxquels nos systèmes de défense et de sécurité publique et civile sont préparés.

Outre le terrorisme, la prolifération et la guerre informatique, l'apparition de nouvelles armes liées à des développements technologiques ou scientifiques accélérés, ou encore une utilisation de l'espace extra-atmosphérique pour y déployer des armes, sont au cœur de tels scénarios.

L'exploitation des révolutions de la biotechnologie, des nanosciences et du calcul informatique intensif, ou une vulnérabilité imprévue des systèmes spatiaux pourront aussi entraîner des modifications brusques dans la définition de défenses efficaces.

Les modifications qui affectent les opérations militaires

Les fondements classiques des actions militaires et de sécurité du XXe siècle (larges espaces d'affrontement entre armées, guerre aérienne, aéronavale, aéroterrestre) se sont rapidement transformés. Les interventions internationales de stabilisation et de maintien de la paix sont conduites dans des environnements souvent urbains. Cette situation pourrait se généraliser au vu des données de la croissance démographique dans le monde.

En matière de gestion des crises, les révolutions attendues, dans les années 1980 et 1990, fondées sur une haute sophistication technologique, n'ont pas apporté les garanties de succès espérées. Le facteur humain demeure et demeurera déterminant. La complexité des crises internationales oblige à définir des stratégies réunissant l'ensemble des instruments, diplomatiques, financiers, civils, culturels et militaires, aussi bien dans les phases de prévention et de gestion des crises proprement dites, que dans les séquences de stabilisation et de reconstruction après un conflit.

> *L'évolution de la situation internationale modifie certains des fondements traditionnels des politiques de défense et de sécurité*, tout en renforçant les incertitudes qui pèsent sur la sécurité de la France et l'Europe. Une nouvelle approche de la sécurité de la nation est devenue nécessaire.

Hiérarchisation des risques et des menaces sur le territoire national en 2008

– Attentats terroristes (simultanés et/ou majeurs) : probabilité forte, ampleur moyenne à sévère ; risque NRBC réel.
– Attaques informatiques : probabilité forte ; ampleur faible à forte.
– Menace balistique : en provenance de puissances majeures, ou désormais de nouvelles puissances dotées, compte tenu des portées prévisibles des missiles à l'horizon 2025 ; dans ce second cas, probabilité faible à moyenne ; ampleur potentiellement sévère.
– Pandémie : probabilité moyenne ; ampleur moyenne à sévère.
– Catastrophes naturelles (notamment inondations en métropole) ou industrielles : probabilité moyenne à forte ; ampleur moyenne à sévère.
– Criminalité organisée (accroissement des trafics de drogue, de contrefaçons, d'armes, activités de blanchiment) ; probabilité élevée.
– Dom-Com :
  - zone Caraïbes (séismes et cyclones) : probabilité forte ;
  - menaces sur Guyane et zone Océanie ; probabilité faible.

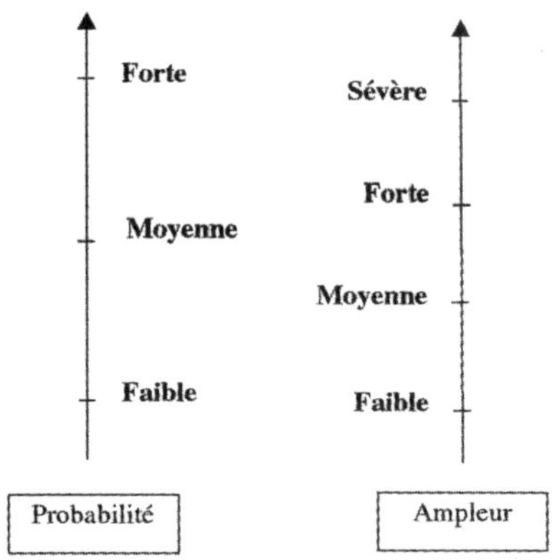

CHAPITRE 3

LA STRATÉGIE DE SÉCURITÉ NATIONALE

La place et les responsabilités de la France

La défense et la sécurité de la France s'enracinent dans une histoire longue, qui marque encore un territoire plusieurs fois envahi, et dans une géographie exigeante, à la pointe du continent européen, en bordure de trois mers et aux carrefours de la plupart des routes aériennes qui relient l'Europe à l'Amérique, à l'Afrique et au Moyen-Orient.

Par ses départements et collectivités d'outre-mer, la France dispose d'une surface mondiale et d'une présence en plusieurs points stratégiques du globe. Avec 11 millions de kilomètres carrés de zone économique exclusive, elle se situe au deuxième rang international après les États-Unis.

Sa stratégie doit tenir compte des particularités de son statut international. Membre permanent du Conseil de sécurité des Nations unies depuis la création de l'organisation en 1945, elle est engagée à ce titre dans l'exercice, confié à cette instance, de la « responsabilité principale du maintien de la paix et de la sécurité internationales ». Membre fondateur de l'Alliance Atlantique en 1949 et de l'Union européenne depuis l'origine des communautés européennes nées du traité de Rome de 1957, elle joue un rôle essentiel dans la construction et le maintien de la paix, et dans l'unification progressive de l'Europe, le continent où naquirent deux guerres mondiales.

Puissance nucléaire reconnue par le traité de non-prolifération de 1968, puissance spatiale, elle dispose de l'une des meilleures capacités scientifiques et technologiques dans le monde.

Avec 64 millions d'habitants aujourd'hui, 66 millions en 2025, sa vitalité démographique est l'une des plus élevées en Europe.

La qualité de ses armées est reconnue, et leur professionnalisation, engagée en 1996, a été conduite avec succès. Ses moyens de sécurité intérieure et de sécurité civile agissent au bénéfice de la population et s'adaptent en permanence à des missions nouvelles.

Ces atouts, cette histoire, ces capacités doivent être mis au service de la protection des citoyens, des intérêts et des responsabilités du pays dans un cadre transformé, adapté aux mutations, aux espoirs et aux inquiétudes qu'engendre la mondialisation.

La stratégie de sécurité nationale : définition et objectifs

La stratégie de sécurité nationale a pour objectif de parer aux risques ou menaces susceptibles de porter atteinte à la vie de la nation.

Sa première finalité est de défendre la population et le territoire, car il s'agit du devoir et de la responsabilité de premier rang de l'État. La deuxième est d'assurer la contribution de la France à la sécurité européenne et internationale : elle correspond à la fois aux nécessités de sa sécurité propre, qui se joue aussi à l'extérieur de ses frontières, et aux responsabilités que la France assume, dans le cadre des Nations unies et des alliances et traités auxquels elle a souscrit. La troisième finalité est de défendre les valeurs du pacte républicain qui lie tous les Français à l'État : les principes de la démocratie, en particulier les libertés individuelles et collectives, le respect de la dignité humaine, la solidarité et la justice.

À ces objectifs concourent :

– la politique de défense, en totalité. Il lui revient d'assurer la sécurité de la nation face aux risques d'agression armée, le respect de nos engagements internationaux en matière de défense, la contribution de la France au maintien de la paix et de la sécurité internationales, la participation à la protection de la population sur le territoire en appui des dispositifs de sécurité intérieure et de sécurité civile, et à l'étranger ;

– la politique de sécurité intérieure, pour tout ce qui ne relève pas de la sécurité quotidienne et individuelle des personnes et des biens, et la politique de sécurité civile. Au titre de la sécurité nationale, la politique de sécurité intérieure et la politique de sécurité civile doivent assurer de façon permanente la protection de la population, garantir le fonctionnement régulier des pouvoirs publics et le maintien de la vie normale du pays en cas de crise, et défendre les intérêts de sécurité de la nation contre toute menace non militaire susceptible d'y porter atteinte ;

– d'autres politiques publiques, en premier lieu la politique étrangère et la politique économique, qui contribuent directement à la sécurité nationale.

La sécurité de la France peut être mise en péril par l'action d'États ou de groupes qui se jouent des frontières et utilisent toutes les ressources de la mondialisation. Elle peut être touchée par des catastrophes naturelles ou sanitaires qui appellent des réponses à l'échelle mondiale.

La sécurité de la France, comme celle de l'Europe, doit donc être pensée de façon plus globale. La stratégie de sécurité nationale embrasse aussi bien la sécurité extérieure que la sécurité intérieure, les moyens militaires comme les moyens civils, économiques ou diplomatiques. Elle doit prendre en compte tous les phénomènes, risques et menaces susceptibles de porter atteinte à la vie de la nation.

Une différence de nature demeure entre les atteintes à la sécurité résultant d'initiatives hostiles, et celles que ne sous-tend aucune intention malveillante, comme les catastrophes naturelles. Mais l'exigence d'anticipation, de préparation et de rapidité dans la réaction est la même pour nos concitoyens dans les deux cas.

Plusieurs principes devront dès lors guider la stratégie de sécurité nationale.

Anticipation-réactivité

Les incertitudes qui pèsent sur l'évolution de notre environnement international et son haut degré d'imprévisibilité obligent à prendre en compte le risque de surprises ou de ruptures stratégiques. Les *surprises* stratégiques sont des évolutions ou des événements inattendus par leur nature ou leur ampleur, qui modifient ou infléchissent les données de la sécurité internationale. Certains événements peuvent constituer de véritables *ruptures*, entraînant, lorsqu'elles surviennent, une transformation radicale des fondements de la sécurité des États qui y sont exposés. La prise en compte de ce risque impose de développer d'une part des capacités d'anticipation et de connaissance, d'autre part des capacités d'adaptation et de réaction rapides. Les unes comme les autres doivent être à la base de notre stratégie et recevoir une très haute priorité dans l'effort que la nation consent pour sa défense et sa sécurité.

Les mêmes impératifs impliquent de développer la *polyvalence* des forces armées comme celle des dispositifs de sécurité intérieure et de sécurité civile. Les moyens militaires ou de sécurité doivent en effet pouvoir être employés dans des contextes très différents et être capables de faire face, à bref délai, à des changements dans l'intensité des risques auxquels ils peuvent être exposés à l'occasion de leurs engagements.

Résilience

La résilience se définit comme *la volonté et la capacité d'un pays, de la société et des pouvoirs publics à résister aux conséquences d'une agression ou d'une catastrophe majeures, puis à rétablir rapidement leur capacité de fonctionner normalement*, ou à tout le moins dans un mode socialement acceptable. Elle concerne non seulement les pouvoirs publics, mais encore les acteurs économiques et la société civile tout entière.

La nature des crises possibles dans les prochaines années appelle la prise en compte, dans la stratégie de sécurité nationale, de l'objectif de résilience. C'est en effet un devoir pour l'État de se préparer à répondre aux situations dans lesquelles pourraient être mis en cause la vie de la population ou le fonctionnement régulier de la vie économique, sociale ou institutionnelle du pays.

Cela suppose une *organisation des pouvoirs publics* conçue dès le temps de paix pour prendre en compte les hypothèses du temps de crise, et l'établissement de priorités dans les capacités de renseignement, d'analyse et de décision. La résilience suppose aussi d'organiser la *coopération entre l'État et les collectivités territoriales*, pour la complémentarité des moyens, et entre l'État et *les entreprises privées* dans les secteurs stratégiques (énergie, communication, santé, alimentation).

Accroître la résilience des institutions démocratiques, de la société et de la vie économique constituera donc un objectif fondamental de la stratégie de sécurité nationale, mise en œuvre par l'État et l'ensemble des collectivités publiques.

Capacité de montée en puissance

La perspective de conflits majeurs de haute intensité, donc de guerres, impliquant la France, si elle n'est pas la plus probable, reste plausible. Une dégradation des relations internationales, conjuguée à des ruptures politiques ou stratégiques, peut faire réémerger une menace globale, notamment militaire, sur l'Europe et la France.

Nos choix stratégiques doivent donc préserver la capacité du pays à faire monter en puissance et adapter ses forces militaires et civiles, ses capacités industrielles et ses moyens de formation, en fonction de ce type d'évolution.

Une redéfinition des grandes fonctions stratégiques

Le Livre blanc sur la défense de 1972 fut celui de la dissuasion. Le Livre blanc de 1994 fut celui de la projection et de l'action à distance du territoire national. Le présent Livre blanc définit une stratégie de sécurité nationale, adaptée à l'ère de la mondialisation, qui repose sur un équilibre nouveau entre cinq grandes fonctions.

Face aux incertitudes qui pèsent sur les quinze ans à venir, la fonction de *connaissance et anticipation* vient au premier plan. Les citoyens attendent de l'État qu'il soit en mesure de comprendre les évolutions internationales, de préparer et d'orienter les moyens de la défense et de la sécurité intérieure et, autant que nécessaire, d'aider la société française à s'y adapter. Les capacités correspondant à la fonction connaissance et anticipation sont utiles à toutes les missions, tant des armées que du dispositif de sécurité intérieure et de sécurité civile.

La *prévention* et la *dissuasion* doivent permettre, la première d'empêcher ou de limiter l'apparition de menaces ou de guerres susceptibles de viser la France directement ou par enchaînement, la seconde d'empêcher tout État de croire qu'il pourrait porter atteinte aux intérêts vitaux de la nation sans s'exposer à des risques pour lui inacceptables.

La *protection* et l'*intervention* doivent permettre à l'État, la première, d'assurer sur le territoire national la sécurité des citoyens, de la société et de la vie économique, la seconde, de donner à la sécurité nationale, en étroite coordination avec nos partenaires européens et nos Alliés, la profondeur, la capacité d'adaptation et la mobilité nécessaires à toute stratégie de défense dans le monde du XXIe siècle.

C'est la combinaison de ces différentes fonctions qui permet d'assurer la sécurité nationale. Leur agencement doit demeurer souple. Ainsi la connaissance et l'anticipation sont-elles des facteurs de prévention, mais aussi d'aide à la dissuasion, à la protection ou à l'intervention. De même les interventions, notamment dans le cadre d'actions humanitaires, peuvent-elles viser à prévenir des conflits de plus grande ampleur. Dans le même esprit, la protection du territoire et de la population, la préparation à la gestion des crises, la surveillance des approches constituent des actions de prévention et peuvent contribuer à la dissuasion. Au demeurant, d'une façon générale, l'ensemble des capacités et des ressources, humaines et technologiques, militaires et civiles, contribue à dissuader des adversaires potentiels de s'en prendre à la sécurité de la France.

Connaissance-anticipation

Le développement de la connaissance et des capacités d'anticipation est notre première ligne de défense. Il doit faire l'objet d'un effort significatif et prioritaire, qui irrigue l'ensemble des actions des pouvoirs publics, civils et militaires. La bataille du XXIe siècle se jouera d'abord sur le terrain de la connaissance et de l'information, des hommes comme des sociétés. C'est aussi un domaine d'excellence de nos capacités scientifiques, technologiques et industrielles.

Cette fonction couvre cinq domaines majeurs :

- le renseignement ;
- la connaissance des zones d'opérations ;
- l'action diplomatique ;
- la démarche prospective ;
- la maîtrise de l'information.

L'importance de cette fonction est aussi forte au niveau politique et stratégique que sur les théâtres d'action extérieurs et intérieurs. Les responsables politiques doivent pouvoir disposer de l'ensemble des données qui permettront d'éclairer leurs décisions et d'apprécier les situations en toute souveraineté. La connaissance et l'anticipation sont l'une des clés de l'autonomie stratégique de la France. Les responsables militaires doivent pouvoir bénéficier d'une part de l'ensemble des informations nécessaires à la définition et à l'adaptation de la stratégie militaire, d'autre part de l'ensemble des moyens qui leur permettent d'orienter en connaissance de cause la manœuvre requise sur un théâtre d'opération et au niveau tactique.

Enfin, c'est toute la société qui peut bénéficier de cet effort et renforcer sa résilience, s'il est clair que les pouvoirs publics font le maximum pour éclairer l'avenir, analyser les risques, tenter de les éviter, et préparer les moyens d'y faire face.

Prévention

L'une des meilleures façons de garantir notre sécurité face aux risques de conflit ou de crise est de prévenir leur avènement, en agissant au plus tôt sur leurs causes. La sécurité nationale doit donc s'appuyer sur une stratégie de prévention qui repose sur des moyens diplomatiques, économiques, financiers, militaires, juridiques et culturels. L'Union européenne et les Nations unies y jouent, pour la France, un rôle central.

La stratégie de prévention se développe autour de trois orientations principales :

– avant les crises, en améliorant le système international de sécurité afin de réduire les risques de conflit ou de crise, qu'ils soient militaires, humanitaires, technologiques ou naturels ; cela implique d'agir sur les origines de ces risques et de régler pacifiquement, au plus vite, un différend, avant qu'il ne dégénère en conflit armé ;

– pendant la crise, en s'efforçant d'en limiter les effets, le cas échéant par des moyens militaires ; cela peut aussi conduire, y compris s'agissant des risques naturels, à empêcher qu'ils ne s'étendent ou ne s'aggravent ;

– à l'issue de la crise, en accompagnant le processus de stabilisation ou de réconciliation par les moyens économiques, diplomatiques et de coopération.

L'amélioration du système international passe par une meilleure corrélation entre l'aide au développement et les stratégies de sécurité internationale et nationale. L'aide au développement participe de la prévention. Il appartient aussi aux institutions internationales de créer un environnement favorable à la maîtrise des tensions et des différends. Dans cet esprit, la France doit contribuer à rendre le système international plus équilibré et plus légitime. Elle doit en renforcer la crédibilité, notamment en ce qui concerne les instruments de sécurité internationale et, au premier chef, les Nations unies, l'Union européenne et l'Alliance Atlantique. La mise en place de la justice pénale internationale peut contribuer à dissuader sinon l'éclatement des conflits armés, du moins les crimes les plus graves.

Des mesures de désarmement nucléaire et conventionnel, comme la lutte contre la prolifération des armes chimiques, biologiques et nucléaires, et des vecteurs susceptibles de les emporter, ou encore le contrôle du commerce des armes et l'interdiction de la fabrication, de l'emploi et du commerce de certaines armes, font partie de la stratégie de prévention.

À l'issue d'une crise, la stratégie de prévention retrouve ses droits pour éviter que la guerre ne renaisse. L'expérience enseigne en effet que la moitié des pays qui sortent d'une guerre risquent d'y retomber dans les cinq années qui suivent.

La coopération entre États est un facteur de réduction des tensions et de construction de relations plus équilibrées et transparentes entre les puissances. Elle contribue à ce titre à la stratégie de prévention, que la coopération porte sur des questions militaires ou de sécurité, ou qu'elle touche des domaines intéressant la sécurité internationale, comme les ressources naturelles ou l'environnement.

L'objectif de prévention doit, dès lors, conduire les pouvoirs publics à s'impliquer directement dans la sécurité internationale, à travers une *diplomatie préventive* qui vise à :

– réduire les sources de tension ; leur identification est aujourd'hui rendue beaucoup plus aisée par la diffusion extrêmement rapide de masses considérables d'informations ;

– intégrer les préoccupations de sécurité dans notre politique de développement ;

– assurer un suivi au plus près des situations fragiles dans le monde et promouvoir des mesures de confiance entre les États. À cet égard, les capacités de connaissance des situations locales et des risques de crise seront développées ;

– renforcer les capacités locales de prévention des crises ;

– poursuivre les efforts de la France en faveur de la réforme des secteurs de sécurité, démarche qui inclut dans un ensemble cohérent la restructuration des forces armées, de police et des douanes des pays concernés, leurs services de renseignement, la justice et l'administration pénitentiaire. Cette action doit être complétée par un appui aux sociétés civiles locales. Ce sont en effet les acteurs locaux qui sont en première ligne, que ce soit dans des conflits ou lors des catastrophes naturelles.

La mondialisation et l'affirmation des puissances émergentes

La construction de la paix ne doit pas être laissée aux seuls rapports de forces entre grandes puissances (*cf.* chapitre 6). La stratégie de la France et de l'Europe a tout à gagner du développement de rapports étroits avec les nombreux États qui bénéficient de plus en plus, désormais, d'un poids dans la géopolitique mondiale : États asiatiques portés par le développement général du continent, pays clés situés au confluent de zones de crise et de prospérité, pays riches en énergie dont la croissance va se diversifier, nouvelles puissances en quête de stratégies autonomes et exerçant une influence par leur dynamisme, leur potentiel économique et technologique, ou leur poids dans un ensemble régional.

Au Moyen-Orient, en Asie, en Amérique latine, en Afrique, la France, par son action propre et avec l'Europe, peut trouver des partenaires abordant de façon proche de la sienne les enjeux de prévention et de sécurité et l'équilibre nécessaire des rapports internationaux. Sa politique de sécurité doit rechercher avec eux des liens substantiels et nouveaux.

Dissuasion

La dissuasion nucléaire demeure un fondement essentiel de la stratégie de la France. Elle est la garantie ultime de la sécurité et de l'indépendance nationale. Elle est l'une des conditions de notre autonomie stratégique, comme de la liberté d'appréciation, de décision et d'action du chef de l'État.

Pour les quinze ans à venir, il ne semble plus que la France coure le risque d'une invasion, risque qui était l'une des causes de la constitution de la force de frappe au début de la Ve République.

Mais d'autres menaces pèsent sur notre sécurité. Des arsenaux nucléaires considérables subsistent, d'autres continuent de s'accroître, notamment en Asie. La prolifération des armes nucléaires, biologiques, chimiques ainsi que celle des missiles balistiques et de croisière s'amplifient. Demain, les progrès technologiques peuvent créer de nouvelles menaces. Il appartient au chef de l'État de veiller à ce qu'en toutes circonstances, la France, son territoire, son peuple, ses institutions républicaines soient à l'abri d'une agression ou de chantages les mettant directement en péril.

La dissuasion nucléaire est strictement défensive. Elle a pour seul objet d'empêcher une agression d'origine étatique contre les intérêts vitaux du pays, d'où qu'elle vienne et quelle qu'en soit la forme. Ces intérêts vitaux comprennent, en particulier, les éléments constitutifs de notre identité et de notre existence en tant qu'État-nation, notamment le territoire, la population, ainsi que le libre exercice de notre souveraineté. Il appartient au chef de l'État d'apprécier la limite de ces intérêts vitaux, dans un monde qui ne cesse de changer et où les tentatives de contournement de nos moyens de défense et de sécurité seront multiples.

Sur ces bases, la stratégie de dissuasion consiste à faire redouter à tout État qui menacerait de s'en prendre à nos intérêts vitaux une riposte de la France, entraînant des dommages inacceptables pour lui, hors de proportion avec l'objectif d'une agression. Ses centres de pouvoir politiques, économiques et militaires seraient alors visés en priorité.

L'emploi de l'arme nucléaire ne serait concevable que dans des circonstances extrêmes de légitime défense, au sens où celle-ci est consacrée par la charte des Nations unies.

La France ne peut exclure qu'un adversaire se méprenne sur la délimitation de ses intérêts vitaux ou sur sa détermination à les sauvegarder. Dans le cadre de l'exercice de la dissuasion, elle dispose de la capacité de procéder à un avertissement nucléaire.

Face à la diversité des situations auxquelles la France pourrait se trouver confrontée, la crédibilité de notre dissuasion reposera sur *la possibilité pour le chef de l'État de disposer, de façon indépendante, d'une gamme d'options suffisamment large et d'un ensemble de moyens diversifiés.* Nos forces nucléaires continueront d'être adaptées en conséquence. Elles seront articulées en composantes différenciées et complémentaires. La France disposera des moyens de pérenniser ces capacités aussi longtemps que les armes nucléaires seront nécessaires à sa sécurité.

La stratégie de dissuasion tient aussi compte de nos alliances et de l'évolution de la construction européenne.

Avec l'autre puissance nucléaire européenne, le Royaume-Uni, la France constate qu'il n'existe pas de situation dans laquelle les intérêts vitaux de l'un seraient menacés sans que les intérêts de l'autre le soient également.

Au sein de l'Alliance Atlantique, les forces nucléaires britannique et française contribuent à la dissuasion globale, cette contribution ayant été reconnue depuis 1974. Elle a été rappelée dans le concept stratégique de l'OTAN de 1999.

La dissuasion nucléaire française contribue aussi, par sa seule existence, à la sécurité de l'Europe. Un agresseur qui songerait à s'en prendre à l'Europe doit en être conscient. Notre engagement pour la sécurité de nos partenaires européens est l'expression d'une union toujours plus étroite, consacrée par le traité signé à Lisbonne. *C'est pourquoi la France propose à ses partenaires européens qui le souhaiteraient un dialogue sur le rôle de la dissuasion et sa contribution à la sécurité commune.*

PROTECTION

Les vulnérabilités nouvelles apparues depuis les années 1990 conduisent à mettre au centre de la stratégie de sécurité nationale la protection de la population et du territoire. Ceux-ci apparaissent en effet davantage et directement exposés à des événements portant gravement atteinte à la vie normale de la nation. Ces événements diffèrent, par leur nature et par leur ampleur, de ceux qui ont été pris en compte par nos moyens de défense et de sécurité jusqu'à une date récente.

La protection doit s'exercer face à deux types de risques : les agressions *intentionnelles*, telles que les actes de terrorisme, les attaques informatiques majeures, la menace de frappe par de nouvelles armes en particulier balistiques, les différents types de contournement possibles de nos défenses qui pourraient se manifester dans les prochaines années ; les risques *non intentionnels*, tels que les crises sanitaires à forte létalité, les catastrophes naturelles d'intensité nouvelle du fait des évolutions de l'environnement et du climat, enfin les catastrophes technologiques.

L'accent mis sur la protection de la population complète naturellement la dissuasion et les interventions, et n'est pas une forme de repli sur le territoire national. La sécurité de la population doit être conçue d'emblée dans un ensemble européen et bénéficier de tous les atouts d'une stratégie internationale.

Les défis majeurs auxquels pourront être confrontés les pouvoirs publics appellent une nouvelle organisation, de nouveaux dispositifs et de nouveaux moyens.

L'État doit se réorganiser pour garantir la meilleure coordination possible entre d'une part le dispositif de sécurité intérieure et de sécurité civile, qui se situe au premier rang face à ces risques, et d'autre part les forces armées, dont les missions, les capacités et la réactivité doivent être employées, le moment venu, en appui de ce dispositif et selon le cadre d'emploi défini par l'autorité politique.

Simultanément, l'État doit organiser sa relation avec les opérateurs publics et privés ainsi qu'avec la société civile dans ce type de situation. Il ne dispose plus directement de tous les leviers qu'il serait indispensable de pouvoir actionner, notamment dans les domaines de l'énergie, des transports, ou de la santé publique. Il convient donc d'amplifier la préparation et les capacités de réaction de l'ensemble des intervenants qui pourraient être utilisés, mobilisés ou requis au bénéfice de la population.

Plus particulièrement, cette organisation nouvelle doit être préparée, plus que ce n'est le cas aujourd'hui, à réagir à des chocs de grande ampleur, inattendus et susceptibles d'être meurtriers ou de paralyser les réseaux ou infrastructures essentiels pour la vie du pays.

Cette fonction stratégique inclut, en tant que volets essentiels, la formation des hommes, la préparation des entreprises et la communication publique, qui doivent accroître la résilience globale de la société française.

Intervention

L'intervention, particulièrement à l'extérieur du territoire national, demeurera un mode d'action essentiel de nos forces armées. La capacité d'intervention doit permettre de garantir nos intérêts stratégiques et d'assumer nos responsabilités internationales. Il convient d'en prévoir la possibilité sur tout l'éventail possible des actions à distance du territoire national.

Le plus souvent, l'intervention se déroulera dans un cadre multinational. *Les seules hypothèses dans lesquelles une intervention à titre purement national demeure plausible* sont la protection de nos ressortissants à l'étranger, la mise en œuvre des accords de défense bilatéraux qui nous lient à certains États et, enfin, la réponse nationale que pourraient appeler, en riposte, des actions ponctuelles dirigées contre nos intérêts.

Dans tous les autres cas, la stratégie d'intervention de la France s'inscrira dans un cadre multinational, qu'il s'agisse de celui des Nations unies, de l'Union européenne, de l'Alliance Atlantique, ou d'un ensemble approprié, bénéficiant de la légitimité conférée par le droit international.

Les moyens militaires de la France doivent éviter la dispersion[1], pour pouvoir agir de façon ramassée et concentrée sur les lieux où nos intérêts peuvent être mis en cause. Nos capacités d'intervention doivent donc entrer dans une *logique de concentration sur des axes géographiques prioritaires*, couvrant de manière réaliste les hypothèses de déploiement ou d'emploi des forces. Ce *principe de concentration* constitue une orientation fondamentale du volet militaire de la stratégie de sécurité nationale.

L'axe principal épouse les contours des risques les plus lourds, de l'Atlantique jusqu'à la mer d'Oman et à l'océan Indien, à partir duquel des extensions de présence vers l'Asie sont possibles.

Il est également essentiel de développer nos capacités de lutte contre les trafics qui menacent la sécurité intérieure, ce qui implique une présence suffisante en Méditerranée, à l'ouest du continent africain et dans les Antilles.

Enfin, la poursuite de l'adaptation de notre dispositif militaire et de sécurité en Afrique s'impose, un demi-siècle après la décolonisation.

La conversion progressive de notre système prépositionné sera donc entreprise, en partenariat étroit avec les pays africains qui le souhaitent. L'objectif est de contribuer à la montée en puissance des moyens de sécurité collective et régionale des Africains et de faciliter la lutte contre les formes d'insécurité qui menacent aussi bien le continent africain que l'Europe et la France, en particulier les grands trafics d'origine criminelle et l'action des groupes terroristes.

La sécurité européenne sera garantie par nos capacités d'action dans le cadre de l'Union européenne et de l'Alliance Atlantique.

Le choix de ces axes prioritaires implique une rationalisation des moyens militaires stationnés en dehors de la métropole, afin de grouper nos capacités d'intervention à partir du territoire national ou sur ces axes. À cette fin, notre dispositif devra comprendre, à terme, une

---

1. Au cours de l'année 2006, environ 58 000 militaires ont effectué au moins un déploiement temporaire de quatre mois hors du territoire métropolitain dans le cadre d'une opération extérieure ou d'une mission de courte durée dans une collectivité d'outre-mer ou une base à l'étranger (rapport 2008 du Haut Comité d'évaluation de la condition militaire).

présence sur la façade atlantique du continent africain, une sur sa façade orientale, un ou deux points d'appui dans le golfe Arabo-Persique et un dans l'océan Indien.

Dans le même temps, les forces de souveraineté stationnées dans les départements et collectivités d'outre-mer devront être définies au niveau strictement nécessaire aux missions des armées proprement dites. Les moyens de la gendarmerie nationale et de la sécurité civile seront adaptés en conséquence et la coordination entre les capacités d'action civiles et militaires sera renforcée.

L'incertitude de l'environnement international montre que l'engagement de la France dans une guerre entre États doit encore être envisagé. Cette perspective demeurera donc un facteur déterminant pour notre effort de défense, pour les objectifs assignés aux armées et pour la nature de nos capacités et équipements.

Néanmoins, les missions de *stabilisation* constitueront sans doute l'un des cadres d'emploi privilégiés de nos forces armées dans les années à venir. L'adaptation de nos forces aux nouvelles caractéristiques de ce type d'opération (*cf.* chapitre 12), leur doctrine, leur entraînement et leur équipement doivent donc recevoir une attention particulière.

La définition et le dimensionnement de nos capacités d'intervention prendront dès lors en compte aussi bien l'hypothèse d'un engagement lourd que les missions de stabilisation et de gestion de crise pour les quinze ans à venir. Cet objectif conduit à écarter une organisation des armées qui aurait été ordonnée autour des seules missions de stabilisation.

Pour autant, toutes nos interventions extérieures devront répondre à une nécessité claire, être légitimes et efficaces. L'engagement des forces françaises s'effectuera donc en fonction de *plusieurs principes directeurs* :

– l'évaluation des menaces à la paix et à la sécurité sera le facteur déterminant dans la décision d'engagement, que l'appréciation soit collective ou nationale. Le recours à la force militaire n'est envisageable que dans le cas d'un risque ou d'une menace suffisamment graves et sérieux. La mise en jeu directe des intérêts nationaux n'est pas la seule justification d'une intervention : la question doit être aussi considérée de façon plus large, du point de vue du maintien de la paix et de la sécurité internationales au sens de la charte des Nations unies. Ainsi, la France, en raison de ses responsabilités internationales et sur le fondement d'une vision collective de ses propres intérêts de sécurité, peut être conduite à s'engager dans une intervention, sans que ses seuls intérêts directs soient visés ;

– avant le recours à la force armée, toutes les autres mesures doivent avoir été explorées activement et ne doivent être écartées que s'il existe de fortes raisons de penser qu'elles échoueraient. Ce principe s'applique sans préjudice des décisions nécessitées par l'urgence, en raison de la légitime défense ou dans des situations relevant de la responsabilité de protéger ;

– toute intervention doit s'inscrire dans le respect de la légalité internationale : droit de légitime défense individuelle ou collective consacré par l'article 51 de la charte des Nations unies, décision du Conseil de sécurité, mise en œuvre de nos engagements internationaux au titre de nos accords de défense, de nos alliances, ou du droit international ;

– la décision de recourir aux forces armées dépendra, à chaque fois, de circonstances particulières qu'il appartient à l'autorité politique française d'apprécier en toute souveraineté. Celle-ci doit donc disposer de la liberté d'action et des moyens d'évaluer la situation en permanence, tout au long d'une crise où nos forces seraient engagées. La préservation de cette liberté d'appréciation nationale est compatible avec les engagements de solidarité souscrits par la France ;

– la légitimité d'une intervention militaire ne se limite pas à sa légalité au regard du droit international. Tout aussi importante est sa légitimité démocratique. Elle sera d'autant plus forte que, pour chaque engagement, les objectifs poursuivis seront transparents et que le soutien de la collectivité nationale sera exprimé, notamment par ses représentants au Parlement ;

– toute décision d'engagement militaire doit reposer sur une capacité d'engagement d'un niveau suffisant, sur la maîtrise nationale de l'emploi de nos forces et sur une stratégie politique qui vise le règlement durable de la crise et pas seulement la définition des conditions permettant le désengagement de nos forces ;

– l'opportunité de l'engagement français devra enfin être considérée en tenant compte des autres opérations en cours et des forces disponibles. Cet examen doit conduire à des décisions d'engagement définies dans l'espace et autant que possible dans le temps, avec une évaluation précise de leur coût.

Les cinq fonctions stratégiques forment un cadre souple, susceptible de s'adapter à la variété des circonstances auxquelles notre défense et notre sécurité pourraient avoir à faire face. L'accent sur l'une ou plusieurs d'entre elles peut évoluer en fonction des situations et leur combinaison doit s'adapter à l'évolution permanente des données déterminantes de la stratégie de sécurité nationale.

À cet égard, *l'équilibre proposé devra être régulièrement réexaminé* par le chef de l'État, le gouvernement et le Parlement, à l'occasion de *l'actualisation du Livre blanc* et de la doctrine stratégique de la France qui précédera chaque nouvelle loi de programmation.

La réforme de l'ordonnance du 7 janvier 1959

La stratégie de sécurité nationale, appuyée sur la politique de défense, la politique de sécurité intérieure et de sécurité civile et les autres politiques publiques, trouvera à s'exprimer dans un cadre législatif nouveau. Les orientations qui précèdent appellent une adaptation de l'ordonnance du 7 janvier 1959 portant organisation générale de la défense, désormais codifiée dans le code de la défense, ainsi que du futur code de la sécurité intérieure.

Ces textes devront en effet prendre en compte l'objectif de sécurité nationale et la définition des différentes politiques qui y concourent – politique de défense, politique de sécurité intérieure et de sécurité civile, politique étrangère et politique économique. Ils devront aussi modifier les définitions de concepts relevant de situations ou de contextes qui ne sont plus d'actualité, en particulier la défense civile et la défense économique. Ces notions, qui organisaient la défense face à une invasion terrestre venue de l'Est, doivent être transformées pour correspondre aux risques et défis de la mondialisation.

Ainsi, la défense civile doit-elle laisser la place aux notions actuelles de sécurité intérieure et de sécurité civile, résultant des lois de 2002 et 2004. Ces notions couvrent la protection des populations et la sauvegarde des installations et des ressources d'intérêt général.

De même, les compétences du ministre chargé de l'Économie seront redéfinies autour de la politique de sécurité économique, qui a pour objectif d'assurer la continuité de l'activité économique, notamment en cas de crise majeure et, plus largement, la protection des intérêts économiques de la nation.

Engagement des forces armées à l'étranger : sept principes directeurs

– Caractère grave et sérieux de la menace contre la sécurité nationale ou la paix et la sécurité internationale.
– Examen, préalable à l'usage de la force armée, des autres mesures possibles, sans préjudice de l'urgence tenant à la légitime défense ou à la responsabilité de protéger.
– Respect de la légalité internationale.
– Appréciation souveraine de l'autorité politique française, liberté d'action, et capacité d'évaluer la situation en permanence.
– Légitimité démocratique, impliquant la transparence des objectifs poursuivis et le soutien de la collectivité nationale, exprimé notamment par ses représentants au Parlement.
– Capacité d'engagement français d'un niveau suffisant, maîtrise nationale de l'emploi de nos forces et stratégie politique visant le règlement durable de la crise.
– Définition de l'engagement dans l'espace et dans le temps, avec une évaluation précise du coût.

Axe stratégique majeur : Atlantique-océan Indien

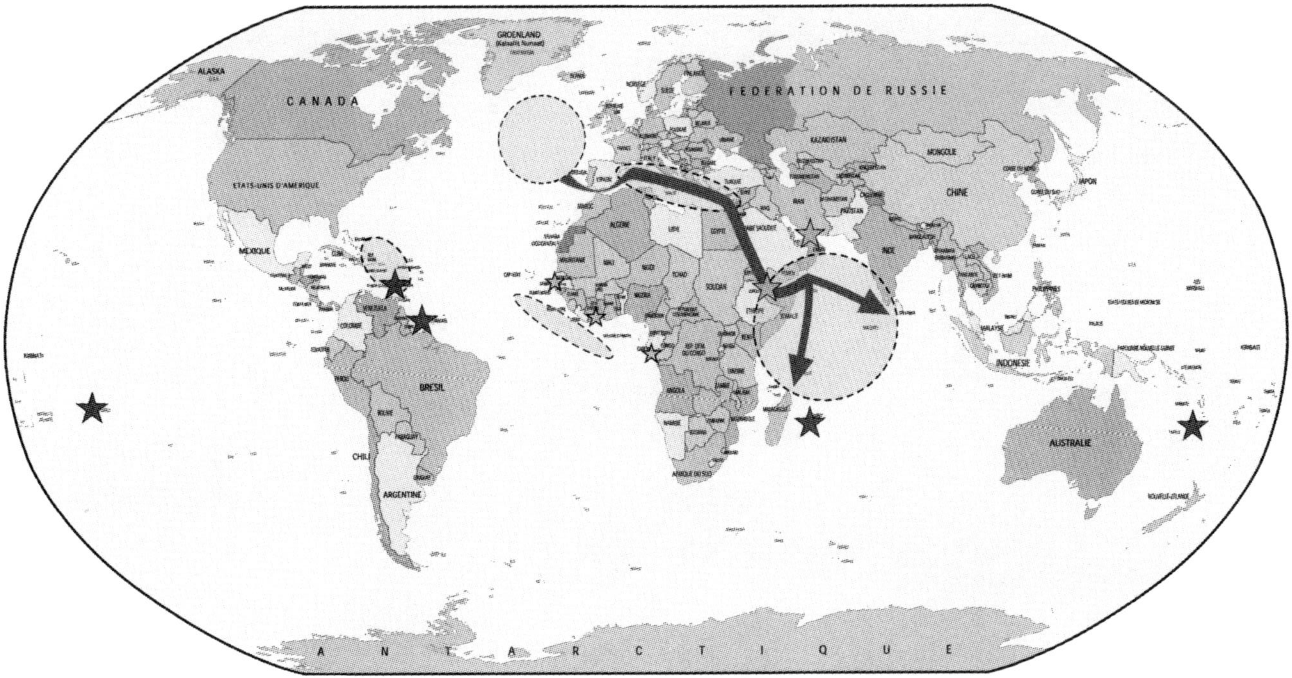

☆ Présence actuelle sur la façade occidentale de l'Afrique.

Deuxième partie

L'AMBITION EUROPÉENNE ET INTERNATIONALE DE LA FRANCE

CHAPITRE 4

L'AMBITION EUROPÉENNE

L'édification d'une Europe plus unie, ancrant la paix sur un continent qui fut, au XXe siècle, source de deux guerres mondiales, s'est poursuivie depuis le début des années 1990. Forte de 27 membres, l'Union européenne est devenue la première puissance économique et commerciale du monde, la première puissance démographique dans le groupe des pays développés, le premier donateur mondial d'aide publique au développement et l'un des contributeurs majeurs à la stabilisation financière et à la reconstruction des pays après un conflit. L'Union politique est en revanche plus lente et encore en devenir. L'élan des années 1990 a semblé se perdre dans les querelles et les égoïsmes nationaux, avant de subir un grave revers lors du déclenchement de la guerre en Irak début 2003. Les déceptions engendrées par une construction jugée souvent éloignée des préoccupations quotidiennes des citoyens l'ont également ralenti. L'aspiration des citoyens à une Europe plus proche d'eux, plus attentive à leur vie quotidienne et en même temps plus identifiable sur la scène internationale est tangible.

La France, pour sa part, veut être aux premiers rangs de ce projet d'unification politique progressive, qui ne signifie pas uniformisation, mais mise en commun, partage de destins, force et espoir collectifs. Elle agira pour une Union européenne plus unie, plus forte, plus affirmée dans les domaines de la sécurité et de la défense, notamment dans la réponse aux risques et défis qui viennent d'être exposés et qui concernent l'humanité. Le potentiel européen doit être amplifié, défendu et valorisé collectivement, les bénéfices de la croissance et de la démocratie européennes doivent pouvoir être partagés, la responsabilité des pays européens sur la scène internationale doit être assumée.

L'Union européenne, acteur de la sécurité internationale

Le rôle de l'Union européenne, tant dans le domaine de la sécurité intérieure que dans la gestion des crises extérieures, est longtemps demeuré embryonnaire. Or, en quelques années, l'Union est devenue un acteur important dans la stabilisation de l'environnement international. Elle est aujourd'hui la seule organisation capable de mobiliser en propre des instruments à la fois économiques, commerciaux, diplomatiques et militaires, nécessaires à la résolution des crises.

Dix-sept opérations civiles et militaires, certes encore modestes pour la plupart, ont été conduites sur quatre continents, impliquant le déploiement de près de 10 000 soldats et de 3 000 policiers européens. Elles reflètent un apprentissage et une montée en puissance progressive de l'Union dans le domaine opérationnel. Le budget communautaire consacré à l'action en faveur de la stabilité dans le monde – aide humanitaire, politique de voisinage, aide au développement, budget de politique étrangère et de sécurité commune (PESC), accompagnement de l'élargissement – a atteint 6,8 milliards d'euros en 2007, soit 5 % du budget total. Dans le domaine de la sécurité intérieure, des avancées ont été réalisées aussi bien dans la lutte contre le terrorisme qu'en matière de lutte contre les trafics de toute nature et le crime organisé.

L'adhésion des citoyens européens à une politique étrangère commune et à l'affirmation du rôle international de l'Union est une constante depuis plusieurs années. 67 % souhaitent que la politique de défense et la politique étrangère soient gérées conjointement au niveau européen ; ils sont 81 % à partager cette opinion en matière de lutte contre le terrorisme. Dans ces deux domaines, l'adhésion des Français est très forte, puisqu'elle s'élève respectivement à 75 % et 87 %[1].

L'Union représente près de 500 millions de citoyens, ce qui lui confère un poids considérable. Son intervention dans certaines zones sensibles est généralement bien acceptée. Le cadre européen offre une cohérence adaptée aux crises modernes, grâce aux combinaisons possibles des instruments militaires et civils. Il permet notamment la mobilisation de moyens substantiels pour les phases de stabilisation et de reconstruction des pays en sortie de crise.

La stratégie de sécurité de l'Union, adoptée en 2003, repose sur des principes dont la validité s'est trouvée confortée par les évolutions récentes : attachement à la légalité internationale, importance de la

1. Source Eurobaromètre, décembre 2007.

Exemples de contributions de l'Union à la stabilité internationale

Stabilisation dans les Balkans :
L'Union assume la totalité des tâches de stabilisation, militaire et civile, en Bosnie-Herzégovine : la force européenne Althea, de 2 500 hommes en 2008, a pris le relais de l'OTAN en décembre 2005. Au Kosovo, depuis la déclaration d'indépendance de ce pays en février 2008, l'Union européenne devrait prendre le relais de la force de police des Nations unies, avec un contingent de 1 900 officiers de police, magistrats et douaniers, et s'articuler avec la KFOR de l'OTAN.

Stabilisation en Afrique :
En 2003, 2006 et 2008, les Européens ont assuré des missions militaires de stabilisation en République démocratique du Congo, puis à la frontière du Tchad et du Darfour. L'Union est également devenue un acteur de premier plan dans la réforme des secteurs de sécurité de plusieurs pays africains.

Afghanistan/Moyen-Orient/Iran :
Depuis juin 2007, l'Union met en œuvre, en Afghanistan, une opération de police, en liaison avec la force internationale de l'OTAN. C'est également une opération européenne qui a assuré, depuis 2005 et jusqu'à la prise de contrôle de Gaza par les forces du Hamas, le contrôle du point de passage de Rafah à la frontière égyptienne. Ce sont les Européens qui assument la conduite du dialogue et de la négociation, avec la République islamique d'Iran, dans le cadre des efforts internationaux pour suspendre les activités du cycle de combustible dans ce pays. Engagé en 2003-2005, cet effort se poursuit, le haut représentant européen s'exprimant aussi dans ce dialogue, au nom de la Chine, des États-Unis et de la Russie.

Contributions financières à la reconstruction :
L'Union est le plus important donateur pour la reconstruction et la stabilisation du Kosovo, avec plus de 2 milliards d'euros à ce jour. S'agissant d'aide au développement, le Fonds européen pour le développement a prévu d'affecter au Tchad, pour 2008-2013, 311 millions d'euros. En Afghanistan, la contribution de l'Union et de ses États membres, pour la période 2002-2006, était de 3,7 milliards d'euros, soit le tiers de l'aide internationale apportée à ce pays.

Partenariats avec les organisations régionales :
L'Union européenne joue un rôle pionnier pour le développement de partenariats avec les organisations régionales de sécurité. En Asie, c'est en coopération avec l'ASEAN que l'opération de l'Union à Aceh s'est effectuée, pour aider au contrôle du respect des accords de désarmement de la guérilla. En Afrique, c'est avec l'Union africaine que cette

dynamique de partenariat de sécurité est la plus avancée : en 2003, le Conseil de l'Union a créé la Facilité de soutien à la paix en Afrique, dotée de 300 millions d'euros pour la période 2008-2010. L'Union européenne et les États membres ont contribué à hauteur de 435 millions d'euros à la mission européenne au Darfour depuis son lancement en 2004.

dimension civile, adhésion des populations locales aux processus de paix.

Enfin, la création de la politique européenne de sécurité et de défense (PESD) a permis de rapprocher les cultures de sécurité nationale des 27, notamment pour ceux qui ne sont pas membres de l'Alliance Atlantique.

Ces progrès sont toutefois fragiles. Sur nombre de questions graves, telles que la guerre en Irak, l'Union européenne, du fait de ses divisions, n'a pu jouer un rôle ni peser sur le cours des événements. Elle n'a pu, jusqu'à présent, s'impliquer avec ses moyens militaires ou civils que dans des crises d'ampleur relativement limitée, ou déjà en partie réglées militairement par l'intervention de l'OTAN. Ses capacités de gestion des crises, militaires et civiles, doivent être renforcées. La France entend s'engager en faveur d'une relance de l'Union européenne en matière de défense et de sécurité.

Des avancées institutionnelles

Le *traité de Lisbonne*, signé en décembre 2007, comporte des dispositions qui devraient permettre à la politique étrangère de sécurité et de défense de l'Union de franchir un nouveau cap.

La création d'un poste de haut représentant pour la politique étrangère et de sécurité, qui sera aussi vice-président de la Commission européenne et doté d'un service propre, donnera une cohérence accrue aux moyens d'action extérieure de l'Union.

Le nouveau traité comporte une *clause de solidarité* qui ouvre la possibilité d'avoir recours aux moyens militaires mis à disposition par les États membres pour *prévenir* les menaces terroristes et, le cas échéant, *porter assistance* sur son territoire à un État membre qui serait l'objet d'une attaque terroriste, ou la victime d'une catastrophe naturelle ou d'origine humaine.

Le traité introduit également *une clause d'assistance mutuelle* qui stipule qu'au cas où un État membre serait l'objet d'une agression armée sur son territoire, les autres États membres lui doivent aide et

Opérations militaires et missions civiles de l'Union européenne en 2008

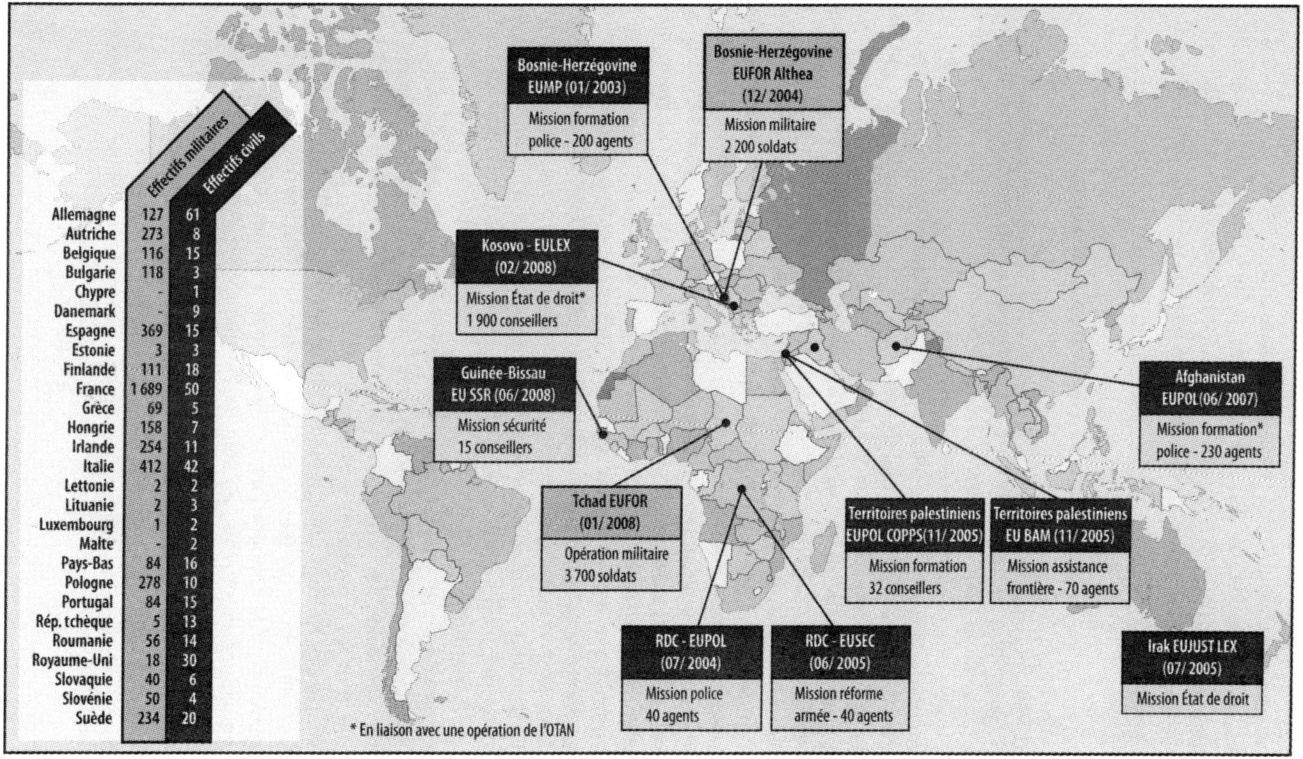

Source : ministère de la Défense.

assistance par tous les moyens en leur pouvoir. La portée de cette clause est cependant précisée par l'indication selon laquelle l'OTAN reste, pour les États qui en sont membres, le fondement de leur défense collective et l'instance de sa mise en œuvre. Elle revêt en revanche une valeur particulière pour les États européens non alliés.

La clause d'assistance mutuelle

Article 42

1. La politique de sécurité et de défense commune fait partie intégrante de la politique étrangère et de sécurité commune. Elle assure à l'Union une capacité opérationnelle s'appuyant sur des moyens civils et militaires. L'Union peut y avoir recours dans des missions en dehors de l'Union afin d'assurer le maintien de la paix, la prévention des conflits et le renforcement de la sécurité internationale conformément aux principes de la charte des Nations unies. L'exécution de ces tâches repose sur les capacités fournies par les États membres.

2. La politique de sécurité et de défense commune inclut la définition progressive d'une politique de défense commune de l'Union. Elle conduira à une défense commune, dès lors que le Conseil européen, statuant à l'unanimité, en aura décidé ainsi. Il recommande, dans ce cas, aux États membres d'adopter une décision dans ce sens conformément à leurs règles constitutionnelles respectives. […]

La politique de l'Union au sens de la présente section n'affecte pas le caractère spécifique de la politique de sécurité et de défense de certains États membres, elle respecte les obligations découlant du traité de l'Atlantique Nord pour certains États membres qui considèrent que leur défense commune est réalisée dans le cadre de l'Organisation du traité de l'Atlantique Nord (OTAN) et elle est compatible avec la politique commune de sécurité et de défense arrêtée dans ce cadre. […]

7. Au cas où un État membre serait l'objet d'une agression armée sur son territoire, les autres États membres lui doivent aide et assistance par tous les moyens en leur pouvoir, conformément à l'article 51 de la charte des Nations unies. Cela n'affecte pas le caractère spécifique de la politique de sécurité et de défense de certains États membres. Les engagements et la coopération dans ce domaine demeurent conformes aux engagements souscrits au sein de l'Organisation du traité de l'Atlantique Nord, qui reste, pour les États qui en sont membres, le fondement de leur défense collective et l'instance de sa mise en œuvre.

Source : versions consolidées du traité sur l'Union européenne et du traité sur le fonctionnement de l'Union européenne, Conseil de l'Union européenne, avril 2008.

La clause de solidarité

Article 222

1. L'Union et ses États membres agissent conjointement dans un esprit de solidarité si un État membre est l'objet d'une attaque terroriste ou la victime d'une catastrophe naturelle ou d'origine humaine. L'Union mobilise tous les instruments à sa disposition, y compris les moyens militaires mis à sa disposition par les États membres, pour :

a) – prévenir la menace terroriste sur le territoire des États membres ;

– protéger les institutions démocratiques et la population civile d'une éventuelle attaque terroriste ;

– porter assistance à un État membre sur son territoire, à la demande de ses autorités politiques, dans le cas d'une attaque terroriste ;

b) porter assistance à un État membre sur son territoire, à la demande de ses autorités politiques, en cas de catastrophe naturelle ou d'origine humaine.

2. Si un État membre est l'objet d'une attaque terroriste ou la victime d'une catastrophe naturelle ou d'origine humaine, les autres États membres lui portent assistance à la demande de ses autorités politiques. À cette fin, les États membres se coordonnent au sein du Conseil.

3. Les modalités de mise en œuvre par l'Union de la présente clause de solidarité sont définies par une décision adoptée par le Conseil, sur proposition conjointe de la Commission et du haut représentant de l'Union pour les affaires étrangères et la politique de sécurité. Lorsque cette décision a des implications dans le domaine de la défense, le Conseil statue conformément à l'article 31, paragraphe 1, du traité sur l'Union européenne. Le Parlement européen est informé.

Dans le cadre du présent paragraphe, et sans préjudice de l'article 240, le Conseil est assisté par le comité politique et de sécurité, avec le soutien des structures développées dans le cadre de la politique de sécurité et de défense commune, et par le comité visé à l'article 71, qui lui présentent, le cas échéant, des avis conjoints.

4. Afin de permettre à l'Union et à ses États membres d'agir d'une manière efficace, le Conseil européen procède à une évaluation régulière des menaces auxquelles l'Union est confrontée.

Source : versions consolidées du traité sur l'Union européenne et du traité sur le fonctionnement de l'Union européenne, Conseil de l'Union européenne, avril 2008.

Les dispositions du traité de Lisbonne offrent également davantage de flexibilité au sein de la politique européenne de défense et de sécurité, en prévoyant un mécanisme de coopération renforcée qui, à condition qu'elle soit portée par au moins neuf États membres, permet à certains États d'agir ensemble pour favoriser la réalisation des objectifs de l'Union, préserver ses intérêts et renforcer son processus d'intégration.

Les États membres se sont enfin accordés dans le traité sur une nouveauté, la création du mécanisme de « *coopération structurée permanente* ». Celle-ci permet de réunir ceux des États membres qui remplissent des critères plus élevés de capacités militaires et qui ont souscrit des engagements plus contraignants en la matière, en vue des missions les plus exigeantes que pourrait effectuer l'Union. Elle est établie sur décision du Conseil, à la majorité qualifiée. La France estime qu'elle doit inciter au *développement des moyens de défense en Europe*.

Aucun seuil minimal d'États membres n'est requis pour mettre en place la coopération structurée permanente. Mais la possibilité de participer à cette forme de coopération est soumise *au respect de « critères de convergence » en matière de capacités militaires*, ainsi qu'à une disponibilité des États participants pour utiliser leurs forces au profit de l'Union européenne.

La France souhaite que cette coopération soit aussi inclusive que possible, en offrant à chaque partenaire la possibilité, au-delà des critères quantitatifs, de prendre des engagements en matière de participation aux opérations ou aux programmes d'armement, ou en termes d'efforts sur les capacités.

La coopération franco-allemande, qui a joué un rôle historique dans l'Europe de la défense, constituera l'un des moteurs des initiatives nouvelles.

Priorité aux capacités de gestion des crises

Tirant parti de l'expérience et des acquis accumulés depuis 1999, la France souhaite que l'Union franchisse une nouvelle étape, afin de jouer un rôle plus autonome et plus efficace dans le renforcement de sa propre sécurité et de la sécurité internationale. Elle ira résolument dans ce sens dans les années à venir.

L'AUGMENTATION DES CAPACITÉS DISPONIBLES

La première priorité doit être donnée au renforcement des moyens d'action.

Les Européens, dans leur ensemble, disposent de forces armées considérables numériquement. Mais des lacunes importantes par rapport aux besoins affaiblissent leur poids collectif. Elles concernent en premier lieu les capacités de commandement, de renseignement, de communication, de projection à distance, d'aéromobilité.

Pour permettre aux pays membres et à l'Union de renforcer leur rôle dans leur défense et dans la gestion des crises internationales, la France estime qu'elle doit, avec ses partenaires européens, constituer effectivement et progressivement une *capacité d'intervention de 60 000 hommes*, déployables pendant un an sur un théâtre éloigné, avec *les composantes aériennes et maritimes nécessaires*. Cette ambition était déjà celle du Corps européen, créé à l'initiative de la France et de l'Allemagne ; elle fut reprise plus largement par le Conseil européen, sous la forme de « l'objectif majeur » (*headline goal*) d'Helsinki en 1999. Elle doit être relancée et confortée. Les groupements tactiques interarmées de 1 500 hommes, décidés lors du Conseil européen de 2004, sont en place depuis janvier 2007 et offrent de réelles possibilités en termes de flexibilité et de rapidité de l'intervention. Mais ils sont loin de satisfaire les besoins opérationnels de l'Union. Les opérations de gestion de crise exigent en effet de disposer d'un réservoir humain important, tant pour la phase de crise proprement dite que pour la phase de stabilisation et de reconstruction après un conflit.

La détention et la mise en cohérence de tels effectifs ne suffisent évidemment pas.

Les pays de l'Union doivent pouvoir *planifier* leurs besoins opérationnels et assembler le moment venu les forces nécessaires aux opérations retenues. L'objectif commun devrait être de pouvoir *conduire simultanément*, pour une durée significative, *deux à trois opérations de maintien ou de rétablissement de la paix*, et plusieurs *opérations civiles* moins importantes, sur des théâtres différents.

Il en découle plusieurs mesures concrètes :

1. *Combler les faiblesses des moyens d'intervention à distance* de l'Europe qui sont les plus évidentes aujourd'hui. Les bilans des moyens disponibles et des lacunes opérationnelles, réalisés tant par l'OTAN que par l'Agence européenne de défense, montrent qu'il est nécessaire d'accroître la *mise en commun de certains moyens des pays européens*, notamment dans les domaines clés que sont : les *avions de transport stratégique et tactique*, à partir des avions A400M et de la création d'un commandement européen du transport aérien militaire ; le *ravitaillement en vol*, en tirant le meilleur parti des moyens français et britanniques du programme d'avions multirôles construits par Airbus et du développement du programme américain correspondant ; les *capacités aéromobiles*, avec une mise à niveau des moyens européens sur la base des travaux franco-britanniques et franco-allemands ; les *capacités aéronavales*, en associant porte-avions, porte-aéronefs, unités aériennes embarquées et bâtiments d'escorte nécessaires.

Renforcer la mutualisation des activités de soutien, tout particulièrement pour les systèmes d'armes réalisés en coopération, pour améliorer *l'interopérabilité* des forces européennes et alliées.

Mettre en place des moyens plus robustes de gestion civile des crises, en rapport avec les demandes croissantes constatées en opérations multinationales. Ils correspondent tout particulièrement à la faculté propre de l'Union de jouer sur les différents volets de l'accompagnement d'une sortie de crise. La France souhaite donc que l'Union dispose de ressources en personnels mobilisables rapidement pour des opérations de prévention ou de stabilisation (policiers, gendarmes, juges, magistrats, douaniers, logisticiens, etc.).

Prendre en compte le rôle croissant des réserves, appelé à devenir de plus en plus important, notamment pour la gestion des crises sur le territoire de l'Union, ou la prise en charge des conséquences, sur ce territoire, des crises extérieures. Les Européens disposent de moyens très différents dans ce domaine, fruits d'histoires et d'organisations très diverses. La France suggère d'élaborer un statut européen des réservistes ou, à tout le moins, un moyen de coordonner les réserves des États membres, pour les personnels tant civils que militaires susceptibles d'être déployés dans des opérations de l'Union.

2. *Accroître les capacités d'anticipation et d'analyse*. La France favorisera une plus grande *mise en commun du renseignement*, utilisée au bénéfice des moyens de commandement et de planification et à l'appui des engagements civils et militaires de l'Union. Dans ce contexte, seront privilégiés l'identification de thèmes de renseignement d'intérêt commun, le partage de documentation ouverte et issue des moyens d'observation spatiale des pays membres, l'échange de formateurs et de stagiaires. Ces moyens joueront un rôle essentiel pour l'autonomie stratégique de l'Union. Nos pays doivent donc réaliser et exploiter en commun des moyens d'observation, de transmission, de géolocalisation, de détection et surveillance des tirs de missiles, ainsi que de surveillance de l'espace.

3. *Renforcer nettement les capacités de planification et de conduite d'opérations européennes*. La France estime nécessaire que l'Union dispose d'*une capacité européenne permanente et autonome de planification stratégique*. S'agissant de la *planification opérationnelle et de la conduite d'opérations*, l'Union est aujourd'hui dépendante de la disponibilité, soit des capacités de commandement nationales que seuls possèdent un petit nombre d'États membres, qui sont très sollicités, soit de moyens de l'OTAN. Le développement de ses interventions extérieures appelle donc la *montée en puissance de capacités européennes* dans ce domaine. La France estime nécessaire, en outre, de prendre des dispositions pour que les opérations militaires et les missions civiles de l'Union soient placées sous *une direction stratégique unique à Bruxelles*.

La réforme des procédures de financement des opérations extérieures

Aider à la stabilisation des crises est une entreprise coûteuse. La France estime que le financement des interventions doit désormais refléter le principe de la solidarité européenne, si l'on souhaite que l'Union soit un acteur plus rapide et plus efficace dans la gestion des crises extérieures. Cette solidarité suppose :

– une *refonte du financement des opérations militaires*, par la création d'un budget autonome des opérations de l'Union : la France propose que le principe actuel du « contributeur-payeur » soit remplacé à terme par un principe de solidarité financière des pays membres : les États qui ne participeraient pas sur le terrain à telle ou telle opération de l'Union devraient prendre à leur charge une partie des coûts des opérations approuvées ;

– un *budget significatif pour la politique étrangère et de sécurité commune*, au sein du nouveau budget affecté au haut représentant, et la création d'un Fonds de réserve opérationnelle à disposition de celui-ci.

La formation et l'entraînement des personnels

La complexité des opérations de gestion de crise nécessite que les personnels civils et militaires des pays membres de l'Union bénéficient de formations communes, conduites selon les critères des interventions européennes. De nombreuses initiatives voient le jour dans ces domaines et devront être menées à bien dans les quinze ans à venir. *Les formations, initiale et continue, générale et spécialisée*, seront de plus en plus conçues dans cette perspective. C'est déjà le cas de l'école franco-allemande de pilotes d'hélicoptère. Une école européenne d'aviation de combat (Advanced European Jet Pilot Training) fait l'objet d'un accord entre une dizaine de pays et pourrait ouvrir la voie à d'autres mises en commun. Des stagiaires européens seront formés dans les différentes structures nationales dont disposent les Européens pour la planification et la conduite opérationnelles, interarmées et propres à chaque composante militaire, terrestre, navale ou aérienne. La France est prête, pour sa part, à ouvrir ses états-majors et commandements à cette fin. De même, l'utilisation des technologies nouvelles dans les opérations, opérations en réseau, défense informatique, surveillance de l'espace, utilisation des drones armés, sera encouragée systématiquement. *L'utilisation en commun des capacités d'entraînement* sera également organisée et intensifiée. Les groupes tactiques interarmées à 1 500 hommes auront recours à ces facilités, selon des modalités qui favoriseront la mise en place d'une *certification* européenne.

Plus largement, la France proposera *un programme d'échanges et de formation* à la sécurité et la défense. Une politique de formation commune des personnels européens devra intégrer d'autres données que celles de l'action militaire ou de sécurité elles-mêmes : paramètres juridiques, sociologiques, linguistiques, politiques, etc. *Un centre européen permanent de formation à la gestion des crises* serait enfin un atout considérable, pour lequel la France est prête à se mobiliser.

Une industrie européenne rationalisée et compétitive

L'Europe de la défense comporte aussi un volet industriel, technologique et scientifique majeur.

En dépit des rapprochements opérés entre certains groupes industriels, *l'industrie européenne de l'armement est encore excessivement morcelée* (chapitre 16), ce qui la place en position de faiblesse dans la compétition internationale. Des industries concurrentes se développent dans les pays bénéficiant d'un fort potentiel de croissance et de capacités d'intégration des technologies nouvelles.

Les tentations de repli sur des bases nationales et les obstacles à la mise en place d'un marché commun des industries de défense et de sécurité menacent de condamner, à terme, les capacités industrielles et de recherche des pays de l'Union européenne.

La coopération sur les programmes a régressé, ou s'enlise dans une course au retour industriel entre États membres et la recherche de la satisfaction des besoins spécifiques de chaque armée, au point que certaines coopérations sont devenues de véritables contre-exemples.

La relance de la coopération industrielle en Europe dépendra largement de la coordination accrue des politiques d'acquisition (*cf.* chapitre 16). Celle-ci suppose des progrès dans la définition commune des capacités à rechercher et du rôle des instances de l'Union.

L'analyse commune des besoins militaires a déjà commencé. En 2006 et 2007 ont été réalisés un recensement des moyens disponibles des pays de l'UE pour remplir ses missions et l'identification des besoins opérationnels.

L'Agence européenne de défense (AED), qui anime cette démarche et au sein de laquelle les États se portent volontaires pour participer à des projets en coopération, jouera un rôle déterminant dans les choix à réaliser à court et long terme sur la base de ces analyses.

La France s'engagera pour le renforcement de l'action de l'AED, qui devra se traduire par une augmentation de son budget opérationnel et par une clarification de son articulation avec d'autres structures européennes, en premier lieu l'Organisation conjointe de coopération en matière d'Armement (OCCAr). Celle-ci doit constituer un organe privilégié de conduite des programmes, eux-mêmes décidés à partir des objectifs de capacités définis par les ministres européens de la Défense dans le cadre d'une planification commune.

La France encouragera, par ailleurs, *la mise en place de règles communes pour le marché des équipements de défense.* La création de ce marché suppose aussi la suppression complète des obstacles au transfert d'équipements et de technologies entre États membres concernés et l'encouragement à un effort de recherche mieux coordonné.

Une protection plus efficace des citoyens européens

Dans tous les pays de l'Union, une très large majorité de l'opinion (86 %) manifeste une préoccupation croissante pour les domaines relatifs à la sécurité intérieure[1] : la lutte contre le terrorisme et la criminalité organisée. Des progrès ont été accomplis et de nouveaux instruments sont mis en place pour faciliter l'émergence de politiques communes à l'échelle de l'Union.

Toutefois, l'efficacité de l'Union souffre des cloisonnements institutionnels. On sait, par exemple, que la lutte contre le terrorisme est un domaine éclaté entre les structures gérant l'action extérieure de l'Union et celle s'occupant de la politique intérieure.

Cette distinction pourrait se révéler incompréhensible pour les citoyens, si elle apparaissait comme une cause de faiblesse de l'Union européenne en cas de crise grave. Or, malgré les améliorations résultant du traité de Lisbonne pour ce qui concerne l'action extérieure de l'Union, il n'existe pas de passerelle équivalente entre la sécurité des citoyens *sur le territoire* de l'Union et la sécurité *extérieure* de l'Union. Sans remettre en cause les compétences des différentes institutions européennes, la France plaidera donc pour une prise en compte d'ensemble des questions de sécurité affectant les citoyens des pays européens.

Le Comité permanent, institué par le traité de Lisbonne pour assurer la promotion et le renforcement de la coopération opérationnelle

1. Source : Eurobaromètre, février 2007.

en matière de sécurité intérieure (COSI), a pour but d'assister le Conseil dans la mise en œuvre de la clause de solidarité en cas d'attaque terroriste ou de catastrophe naturelle.

La France souhaite que cette volonté de définir une approche plus coordonnée, à l'échelle européenne, des questions de sécurité intérieure se traduise par la tenue de réunions élargies du Conseil des ministres, associant, sur ces sujets, aux côtés des ministres des Affaires étrangères des États membres, les ministres de l'Intérieur, mais aussi le haut représentant, les commissaires et les agences compétents sur ces questions.

Le renforcement de la coopération européenne contre le terrorisme et la criminalité organisée

La France considère qu'il est vital pour l'Union de s'engager dans cette voie, parce que le rôle que l'Union y jouera répondra à la fois à l'exigence de proximité des citoyens européens et à un degré très élevé de risques. La coopération entre États et les relations bilatérales entre services de renseignement sont la clé de voûte de la sécurité de tous. L'Union a aussi vocation à occuper, en tant que telle, toute sa place. Pour répondre aux attentes des citoyens européens, elle doit s'investir sur l'ensemble du spectre des actions possibles : la prévention, l'anticipation, la répression et la réaction en cas d'attaque terroriste à l'encontre d'un partenaire européen.

L'Union a créé des outils qu'il convient de renforcer. L'organisation Europol constitue l'un des centres de la coopération européenne. Un fichier concernant les visas (VIS) est en cours de création pour renforcer le dispositif de lutte antiterroriste. Le traité de Prüm de 2005 prévoit l'échange de données à caractère personnel, y compris les empreintes génétiques ou digitales, ainsi que l'organisation de patrouilles communes. Le mandat d'arrêt européen est une avancée majeure, adoptée par les Européens à la suite des attentats du 11 septembre 2001.

La France propose que l'action de l'Union européenne contre le terrorisme soit intensifiée, selon les modalités concrètes suivantes :

– l'évaluation commune et régulière de la menace, sous l'égide du Conseil ;

– l'organisation d'exercices conjoints, entre États frontaliers, faisant intervenir l'ensemble de la chaîne de décision, d'intervention, de communication ;

– la mise au point par l'industrie européenne de techniques de détection et de protection, notamment par la biométrie et la recherche de nouveaux vaccins ;

– la préparation à des attaques terroristes non conventionnelles : surveillance des marchandises, détection de matières dangereuses, protection des transports et politique de communication ;

– la mise en place de systèmes interopérables d'alerte et de bases de données de gestion de crise, et l'amélioration des bases de données sur les réseaux terroristes et le contrôle des explosifs ou des armes ;

– la réflexion sur une législation spécifique pour les situations de crise grave ;

– le renforcement du volet antiterrorisme dans les relations extérieures de l'Union européenne (aide à la lutte contre le terrorisme dans certains États voisins mais aussi, dans certains cas, mise en œuvre des stipulations conditionnant la coopération à l'engagement dans la lutte contre le terrorisme).

Le développement de la protection civile européenne

La France soutient l'initiative de la Commission européenne en faveur d'une mutualisation renforcée des capacités européennes de réponse aux catastrophes, tant sur le territoire de l'Union qu'à l'extérieur. Elle propose en particulier de renforcer les mécanismes européens, avec pour objectif de créer *un centre opérationnel européen pour la protection civile*.

Dans cette perspective, la France souhaite que se renforce le processus de convergence et d'interconnexion de certaines capacités civiles pour le secours aux populations victimes. Cette mise en commun devrait aussi viser la création d'une *force européenne de sécurité civile*. Dans un premier temps, la France propose que les États qui le souhaitent forment des groupes européens d'intervention civile, en confiant chaque année à un État, par rotation, la responsabilité de piloter l'identification et la mise en commun des moyens nécessaires. En outre, la France propose la constitution d'un pool de moyens aériens pour lutter contre les feux de forêt, et la création d'un *service civique européen*, constitué à partir de bénévoles pour la protection civile.

La formation et l'entraînement des acteurs européens de la protection civile pourraient également donner lieu à une étroite coopération, notamment à la mise en réseau des instituts et des écoles de sécurité civile, avec l'objectif de créer un *collège européen de sécurité civile*.

En outre, l'Union et ses États membres devront coordonner les travaux et partager les données provenant de leurs différentes *capacités spatiales* en ce qui concerne la *prévention* et la surveillance des risques naturels.

La coordination de la défense contre les attaques des systèmes d'information

Les intérêts européens et les intérêts nationaux sont étroitement corrélés dans le cyberespace. La France juge donc indispensable de renforcer, au sein de l'Union européenne, la *coopération opérationnelle* la plus réactive possible entre États partenaires face aux attaques contre les systèmes d'information. Elle proposera aussi que la Commission impose aux opérateurs *des règles de durcissement des réseaux* et des procédures destinées à en accroître très fortement la résilience. L'efficacité de l'agence européenne ENISA devra également être très notablement accrue ; elle doit en particulier contribuer à la mise en place, par la Commission, d'un volet de sécurité des systèmes d'information dans toutes les réalisations des institutions européennes.

La gestion intégrée de la coopération opérationnelle aux frontières de l'Union

Les *douanes* des 27 États membres ont vocation à participer à la mise en œuvre de réseaux interconnectés, pour former un *guichet unique* en matière de contrôle des marchandises et de mesures de sûreté-sécurité. En effet, la surveillance des frontières vise non seulement à prévenir leur franchissement non autorisé, mais aussi à lutter contre les formes de criminalité transfrontalière ou de terrorisme financées par les trafics de produits stupéfiants, d'armes, de cigarettes.

De même, mise en place en 2005, l'agence européenne Frontex sera soutenue par la France. La surveillance maritime constituera un terrain naturel pour la coopération européenne : la mise en réseau des systèmes nationaux existants est une première étape, préalable au renforcement de capacités maritimes européennes coordonnées.

La sécurisation des approvisionnements stratégiques des pays européens

La sécurité de l'approvisionnement en énergie et en matières premières constituera un défi majeur pour les pays européens au XXIe siècle et concerne directement tous les citoyens. L'Europe doit donc, à l'image des États-Unis, de la Chine, de l'Inde ou du Japon, intégrer pleinement cette exigence.

Dans le prolongement des Conseils européens de 2006 et 2007, la France encouragera une meilleure coordination des politiques qui sont actuellement conduites surtout au plan national. Cette coordination concerne aussi bien la sécurisation de l'accès aux matières premières stratégiques qu'aux sources d'énergie, la sécurité de leur acheminement, et la protection des infrastructures qui les traitent et les utilisent sur le territoire de l'Union européenne.

Cette approche doit permettre d'aborder de manière concertée les grands marchés, et le cas échéant de conclure les accords nécessaires avec la Russie, les pays d'Asie centrale et du Proche et du Moyen-Orient, le Maghreb et l'Afrique.

Pour un Livre blanc européen de défense et de sécurité

L'adoption, en 2003, d'une stratégie européenne de sécurité par le Conseil européen a marqué une étape importante dans l'affirmation du rôle international de l'Union. En 2008, une première adaptation de ce document est engagée.

La France considère qu'*il serait naturel que l'Union européenne se dote d'un Livre blanc européen en matière de défense et de sécurité.* Celui-ci pourrait comprendre, en accord avec nos partenaires :

– une analyse européenne commune des menaces et du système international, laquelle pourrait inspirer ensuite les documents nationaux en matière de politique de défense et de sécurité ;

– un réexamen de l'évolution des grands pôles de puissance dans le monde, prenant notamment davantage en compte l'affirmation de l'Asie ;

– une définition des intérêts de sécurité communs à l'Union ;

– la délimitation précise de l'articulation, au niveau de l'Union, entre la sécurité intérieure et la politique de gestion des crises à l'extérieur. La continuité devrait faire partie de ce corps de doctrine stratégique européenne : le terrorisme, le crime organisé sont des exemples types des menaces internes dont les racines se situent souvent hors des frontières de l'Union ; la question de la sécurité énergétique relève de cette même logique ; enfin, par leurs effets potentiellement globaux, les risques sanitaires, technologiques, environnementaux peuvent également impliquer la nécessité d'un recours aux moyens de sécurité et de défense ;

– une rationalisation des missions de l'Union (prévention, gestion, stabilisation des crises), assortie de l'identification des instruments et capacités nécessaires pour la réalisation de ces missions ;

– un cadre doctrinal pour l'intervention extérieure et l'usage de la force ;

– une stratégie de communication transparente à l'égard des citoyens.

Principaux enjeux géo-énergétiques de l'Union européenne à l'horizon 2010

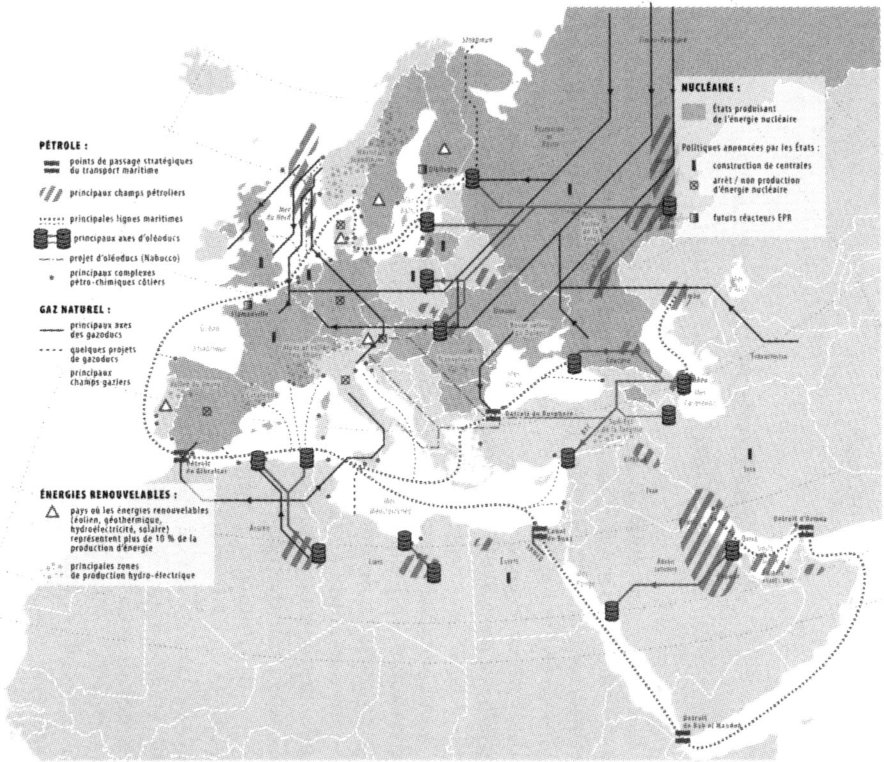

Source : données AIEA, Gaz de France, *The Petroleum Economist*. Rapport Robert-Schuman 2007 sur l'état de l'Union (fondation Robert-Schuman).

CHAPITRE 5

LA RÉNOVATION TRANSATLANTIQUE

Depuis 1949, l'Alliance Atlantique incarne la relation stratégique entre l'Amérique du Nord et l'Europe. Elle a permis, pendant quarante ans, de préserver l'indépendance et la liberté de l'Europe occidentale. Elle est devenue aussi le lieu privilégié de la coopération militaire entre les partenaires européens eux-mêmes. Fondée sur une communauté de valeurs et d'intérêts, elle est une alliance démocratique au sein de laquelle chaque État est libre de faire entendre sa voix.

L'Alliance Atlantique joue un rôle central dans la sécurité de l'Europe. Elle est essentielle à la sécurité de la France.

Au cours des quinze dernières années, l'Organisation Atlantique a su s'adapter aux bouleversements survenus dans le paysage stratégique européen et dans la sécurité internationale. Elle comporte aujourd'hui 26 membres. Elle a élargi son concept stratégique et ses missions lors de son 50e anniversaire en 1999. Depuis le début du XXIe siècle, de nouvelles évolutions, politiques et militaires, conduisent à envisager la rénovation de l'Organisation Atlantique. Notre intérêt est d'y contribuer.

L'Union européenne et l'OTAN : des organisations complémentaires

La rénovation de l'OTAN et le renforcement de l'Union constituent deux volets d'une même démarche. L'Union et l'OTAN, chacune avec ses spécificités, ses objectifs et sa dynamique propres, sont nécessaires à la sécurité et à l'action de la France sur la scène internationale.

La relation entre l'Union européenne et l'OTAN a souffert d'un certain nombre de faux débats et de vrais malentendus. Il importe de les lever.

La coopération entre l'Union européenne et l'OTAN bénéficie des accords dits « Berlin Plus » qui permettent à l'Union d'avoir recours aux moyens collectifs de l'Organisation Atlantique. Elle continue toutefois à se heurter à des difficultés politiques et institutionnelles qui tiennent au statut particulier de certains pays non membres d'alliances militaires et à des questions politiques plus générales, telles que celle de Chypre.

La complémentarité entre l'Union européenne et l'OTAN : les accords « Berlin Plus »

À partir de 1996 (réunion ministérielle de l'OTAN à Berlin, juin 1996) et en 1999 (sommet de l'OTAN à Washington, avril 1999), les bases de la coopération entre l'OTAN et l'Union européenne ont été posées pour le recours aux capacités et aux moyens de l'OTAN pour les opérations de l'Union européenne. Après avoir été agréés par l'Union européenne au Conseil européen de Nice en décembre 2000, ces principes ont été juridiquement formalisés à partir de 2002.

Le 16 décembre 2002, une *déclaration commune* a été adoptée par les deux organisations : la « déclaration OTAN-Union européenne sur la politique européenne de sécurité et de défense ». Ce texte garantit à l'Union européenne un accès aux capacités de planification de l'OTAN pour ses propres opérations militaires et réaffirme les principes politiques qui fondent le « partenariat stratégique » entre les deux organisations :

- concertation effective ;
- égalité et respect de l'autonomie de décision de chaque organisation ;
- respect des intérêts des États membres de l'Union européenne et de l'Alliance Atlantique ;
- respect des principes de la charte des Nations unies ;
- développement cohérent, transparent et mutuellement profitable, en ce qui concerne les besoins en matière de capacités militaires communs aux deux organisations.

Des *arrangements*, adoptés au sein de l'Alliance le 17 mars 2003, lui permettent de soutenir des opérations dirigées par l'Union dans lesquelles l'OTAN, dans son ensemble, n'est pas engagée. Ils prévoient :

- un accord de sécurité entre l'OTAN et l'Union européenne (couvrant l'échange d'informations classifiées en vertu de règles de protection réciproque) ;
- un accès garanti de l'Union aux capacités de planification de l'OTAN, en vue d'une utilisation effective dans le cadre de la planification militaire d'opérations européennes de gestion de crise ;

- une disponibilité de capacités et de moyens communs de l'OTAN (unités de communication, quartiers généraux, etc.) pour des opérations de gestion de crise dirigées par l'Union ;
- des procédures à suivre pour la mise à disposition, le suivi, la restitution et le rappel de moyens et capacités OTAN ;
- le mandat de l'adjoint au commandant suprême des forces alliées en Europe (SACEUR) de l'OTAN – qui commandera l'opération dirigée par l'Union (et qui est toujours un Européen) ;
- les modalités des consultations entre les deux organisations dans le contexte d'une opération de gestion des crises dirigée par l'Union faisant appel à des moyens et capacités de l'OTAN ;
- l'intégration, dans le système des plans de défense de l'OTAN, des besoins et capacités militaires pouvant être requis pour des opérations militaires dirigées par l'Union, de façon à garantir la disponibilité de forces bien équipées, entraînées en vue d'opérations dirigées soit par l'OTAN, soit par l'Union.

Deux positions extrêmes doivent être écartées.

L'une assignerait à l'Union européenne la simple tâche d'être l'agence civile de l'OTAN. De toute évidence, l'Union a un objectif beaucoup plus large, une mission politique globale, et son action couvre un vaste spectre, y compris militaire.

L'autre demanderait à l'Union européenne d'assumer la mission d'autodéfense collective de ses membres. Or, la défense commune est la fonction première de l'OTAN, comme le précise l'article 5 du traité de Washington. Les perspectives ouvertes par le traité de Lisbonne ne remettent pas en cause le rôle de l'OTAN pour la défense collective des pays européens qui en sont membres.

Sur cette base, il est possible de mettre un terme aux débats récurrents sur un partage des tâches qui serait défini *a priori* entre l'Union européenne et l'OTAN.

Il serait irréaliste de vouloir réserver à l'OTAN les opérations de haute intensité et à l'Union européenne les conflits dits de basse intensité, la stabilisation ou la reconstruction. L'analyse des conflits montre en effet que les moyens nécessaires sont largement communs et que les différentes phases ne se succèdent pas de manière linéaire.

Un partage géographique ne serait pas davantage opérant, comme l'a montré l'exemple des Balkans, où l'engagement militaire des États-Unis a entraîné le recours à l'OTAN, ou celui de la mission européenne à Aceh en Indonésie.

La complémentarité entre l'Union européenne et l'OTAN doit donc se nourrir de la valeur ajoutée respective des deux entités.

L'OTAN est l'organisation de défense collective qui unit l'Amérique du Nord et l'Europe. Cette mission est spécifique à l'Organisation. Il est dans l'intérêt de la France et de ses partenaires qu'elle soit préservée et adaptée. Elle conserve tout son sens, dans des conditions différentes d'autrefois, face à la montée de nouvelles menaces globales qui affectent tous les Alliés. L'OTAN est également devenue un instrument efficace pour la facilitation et la conduite des opérations militaires multinationales.

La valeur ajoutée de l'Union réside dans sa capacité à mobiliser la gamme complète des instruments de gestion des crises, militaires, humanitaires, diplomatiques, financiers, au service d'une politique étrangère et de sécurité commune. Cette continuité est devenue essentielle pour le succès des opérations de stabilisation des pays en conflit.

C'est sur la base de la complémentarité et de l'autonomie de décision des deux entités que la France entend à la fois renforcer l'Europe de la défense et participer activement à une rénovation dynamique de l'OTAN.

L'objectif est la construction d'un partenariat stratégique renouvelé entre l'Europe et les États-Unis : l'Alliance Atlantique a besoin d'une Union européenne capable d'assumer une part croissante de la stabilisation des crises extérieures. L'Union a besoin d'une OTAN capable d'assurer ses missions de défense et de renforcer le lien qui unit l'Amérique du Nord à ses alliés européens, face à une gamme nouvelle de menaces. L'expérience montre que les deux processus vont de pair et que, à chaque fois, l'attitude de la France à l'égard de l'OTAN a joué un rôle décisif : la relance de la coopération franco-allemande dans les années 1980, après vingt ans de blocage, s'était accompagnée de l'engagement de notre pays en faveur de la décision de l'OTAN de déployer des missiles en réponse à ceux de l'URSS. Les gestes accomplis à partir de 1995 vis-à-vis de l'Organisation Atlantique, en particulier notre pleine participation aux réunions du Conseil Atlantique tenues au niveau des ministres de la Défense, ainsi qu'au Comité militaire, ont contribué à rassurer sur l'attitude française à l'égard de l'Organisation elle-même. Trois ans plus tard, la nouvelle volonté britannique de renforcer l'Europe de la défense a bénéficié de ce contexte, malgré l'échec de la négociation entre la France et les États-Unis sur l'européanisation des commandements militaires. En décembre 1998, à Saint-Malo, le Royaume-Uni a soutenu pour la première fois la nécessité de doter l'Union des moyens de conduire des opérations autonomes.

L'OTAN et les évolutions stratégiques internationales

UN INSTRUMENT MAJEUR DE LA GESTION DES CRISES INTERNATIONALES

L'Organisation Atlantique a profondément évolué depuis 1994.

Elle s'est tout d'abord élargie à dix nouveaux membres, la Pologne, la Hongrie et la République tchèque en 1999, la Bulgarie, l'Estonie, la Lettonie, la Lituanie, la Roumanie, la Slovaquie et la Slovénie en 2004. Ce sont désormais 26 États qui siègent au Conseil de l'Atlantique Nord, bientôt 28, avec l'invitation faite à l'Albanie et à la Croatie au cours du sommet de Bucarest d'avril 2008.

L'Alliance a par ailleurs noué de nombreux partenariats : partenariat pour la paix avec les pays d'Europe et d'Asie centrale ; dialogue méditerranéen avec sept pays riverains de la Méditerranée ; initiative de coopération d'Istanbul en direction des pays du golfe Arabo-Persique ; partenariats spécifiques avec la Russie d'une part et avec l'Ukraine d'autre part. Des relations particulières ont également été établies avec les pays de l'Asie et du Pacifique (Australie, Corée du Sud, Japon et Nouvelle-Zélande).

Créée à l'origine pour être une alliance militaire de défense collective, reposant sur l'article 5 du traité de Washington[1], l'Organisation Atlantique est, depuis plusieurs années, utilisée sans restriction géographique *a priori* et dans des hypothèses d'action multinationale ne relevant pas du champ de cet article. Ces opérations vont de l'intervention militaire dans des missions de stabilisation jusqu'au contrôle de zones, dans le cadre d'actions de lutte contre le terrorisme, et du soutien d'opérations humanitaires jusqu'à l'aide à la formation militaire sur différents théâtres de crises.

---

1. Article 5 du traité de Washington : « Les parties conviennent qu'une attaque armée contre l'une ou plusieurs d'entre elles survenant en Europe ou en Amérique du Nord sera considérée comme une attaque dirigée contre toutes les parties, et en conséquence elles conviennent que, si une telle attaque se produit, chacune d'elles, dans l'exercice du droit de légitime défense, individuelle ou collective, reconnu par l'article 51 de la charte des Nations unies, assistera la partie ou les parties ainsi attaquées en prenant aussitôt, individuellement et d'accord avec les autres parties, telle action qu'elle jugera nécessaire, y compris l'emploi de la force armée, pour rétablir et assurer la sécurité dans la région de l'Atlantique Nord. »

Opérations et missions militaires de l'OTAN en 2008

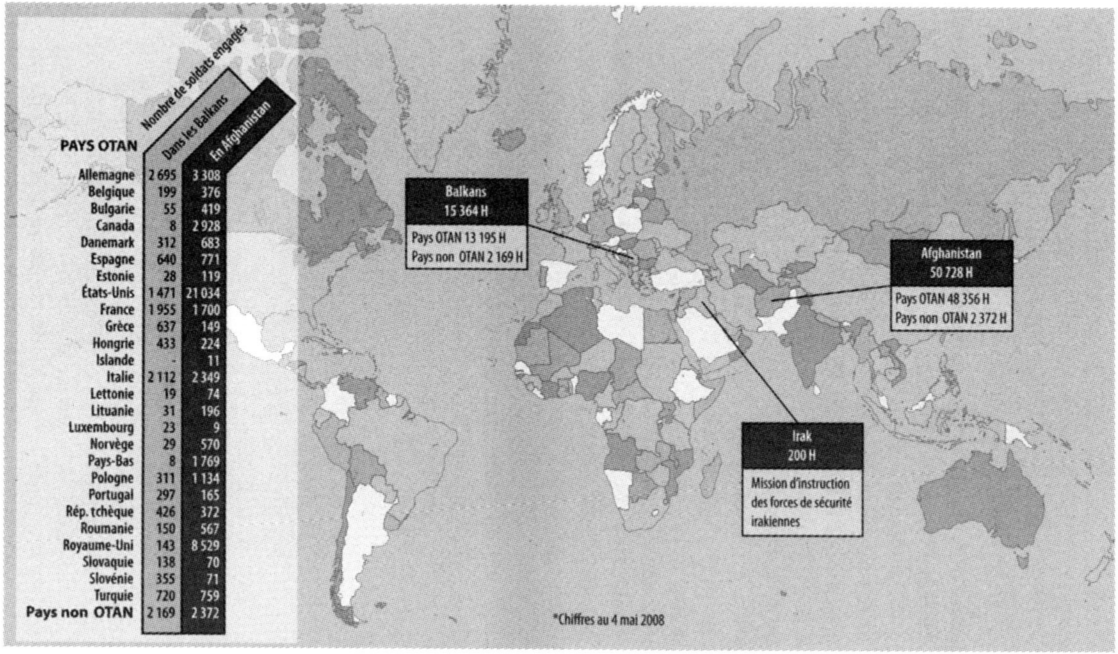

PAYS OTAN	Nombre de soldats engagés : Dans les Balkans	En Afghanistan
Allemagne	2 695	3 308
Belgique	199	376
Bulgarie	55	419
Canada	8	2 928
Danemark	312	683
Espagne	640	771
Estonie	28	119
États-Unis	1 471	21 034
France	1 955	1 700
Grèce	637	149
Hongrie	433	224
Islande	-	11
Italie	2 112	2 349
Lettonie	19	74
Lituanie	31	196
Luxembourg	23	9
Norvège	29	570
Pays-Bas	8	1 769
Pologne	311	1 134
Portugal	297	165
Rép. tchèque	426	372
Roumanie	150	567
Royaume-Uni	143	8 529
Slovaquie	138	70
Slovénie	355	71
Turquie	720	759
Pays non OTAN	2 169	2 372

Source : ministère de la Défense.

L'Alliance a vu, en conséquence, ses structures militaires évoluer, avec la mise en place de deux commandements stratégiques « fonctionnels », l'un consacré aux opérations (ACO – *Allied Command Operations*), basé à Mons, et commandé par le SACEUR, l'autre à l'adaptation des armées alliées au contexte de la guerre moderne, dénommée « Transformation » (ACT à Norfolk), qui ont succédé aux anciens commandements de la guerre froide.

Elle a créé de nouveaux instruments opérationnels, comme la Force de réaction de l'OTAN (NRF), mise en place en 2003 pour répondre à un besoin simultané d'efficacité et de réactivité dans la gestion des crises internationales.

Les interrogations pour l'avenir

Certains *instruments* conçus pour répondre aux nouveaux besoins, comme la force de réaction de l'OTAN (NRF), connaissent des difficultés, en dépit des espoirs initiaux. Elles résultent notamment des tensions sur les effectifs dues à l'engagement actuel des pays alliés sur plusieurs théâtres d'opérations. Ce problème se pose également au niveau de l'Union européenne. Il ne peut être résolu que par le renforcement des capacités.

L'élargissement de l'Alliance à de nouveaux *membres* et son rythme donnent lieu pour le moment à des appréciations divergentes entre Alliés.

La recherche de *partenariats* nouveaux et plus étroits avec des pays d'autres zones, comme l'Asie, semble la conséquence logique du déplacement progressif du centre de gravité des questions stratégiques. Mais de telles avancées doivent être soigneusement préparées et organisées, pour éviter des incompréhensions entre Alliés ou de la part de grandes puissances, et une dilution des objectifs et des moyens de l'Alliance.

D'autres questions touchent la *finalité* même et l'avenir de l'Organisation Atlantique. Elles portent sur la prise en charge de missions de nature plus civile que militaire ou des nouvelles menaces. Une doctrine commune reste à définir sur ces enjeux nouveaux, dont l'impact sur notre sécurité ira croissant.

La rénovation de l'OTAN

Le débat relatif à la rénovation de l'OTAN pourrait être lancé lors du sommet du 60e anniversaire de l'Organisation, qui se tiendra à Strasbourg et Kehl, en 2009. Cette discussion sera aussi le moment de tirer les leçons des réformes lancées au sommet de Prague du 21 novembre 2002 (place de la technologie, rôle de la NRF, organisa-

Menaces ou conflits pouvant impliquer l'Alliance Atlantique

La solidarité de ses membres fait la force de l'Alliance Atlantique, depuis soixante ans. Cette solidarité peut trouver à s'exprimer désormais dans des situations moins tranchées que celles que prévoit l'article 5 du traité de Washington.

Une invasion déclenchant les mécanismes de solidarité de l'Alliance *paraît peu probable dans les quinze années à venir.* En revanche, des pays riverains ou à portée de membres de l'Alliance peuvent être tentés de tester les limites de la solidarité en adoptant *des modes de confrontation indirects* : déstabilisation régionale, attaque ponctuelle, menace d'emploi de missiles, campagne terroriste, etc., dont certains relèvent de l'article 5 et d'autres des mécanismes de consultation entre Alliés prévus par le traité.

Le risque d'une action limitée débouchant sur une *erreur de calcul stratégique* impliquant l'Alliance ne peut être négligé.

Plusieurs facteurs récents peuvent en effet accroître la possibilité d'un tel scénario :

– la diversité de moyens d'attaque contournant les défenses classiques des Alliés : cyberguerre, terrorisme, missiles ;
– l'élargissement géographique de l'Alliance ;
– le risque de conflits aux frontières de la zone de crise du Moyen-Orient ;
– l'extension des partenariats.

La France contribue à la capacité globale de dissuasion de l'Alliance. À cet effet, elle doit être en mesure :

– d'anticiper les crises, le cas échéant, d'identifier l'origine d'une menace, à l'aide de moyens nationaux garantissant son autonomie d'appréciation ;
– de conserver, en toutes circonstances, la libre détermination des modalités de son action ;
– de participer à une opération collective et, notamment, de rester capable d'une réaction rapide.

tion des commandements), des opérations en Afghanistan et d'aborder d'autres questions importantes relatives aux relations entre Alliés, en particulier dans le domaine budgétaire.

La rénovation devrait être guidée, pour la France, par trois objectifs.

D'une part, il est souhaitable de procéder à *une relecture des missions de l'Alliance cohérente avec l'analyse commune de l'évolution des menaces* :

– la mission première de l'Alliance est celle de la défense collective, dans un contexte qui implique la prise en compte de risques nouveaux : la diffusion des technologies balistiques et des autres vecteurs capables d'emporter des charges militaires conventionnelles ou non conventionnelles, le terrorisme de masse, les attaques informatiques, ainsi que toutes les formes de contournement des capacités militaires des pays alliés. Cette nouvelle vision doit également tirer les enseignements du déplacement des intérêts stratégiques communs vers des zones de crise sensibles, en particulier le Moyen-Orient et l'Asie. Elle devrait conduire à envisager des partenariats plus actifs avec la Russie, les pays d'Asie centrale, le Japon, la Corée du Sud ou l'Australie ;

– l'Alliance a également pour mission la gestion des crises ou la stabilisation de zones de conflit, en tirant parti de ses capacités multinationales et de l'interopérabilité des forces alliées. En revanche, le rôle propre de l'Alliance en matière de sécurité civile et d'aide humanitaire, ou sa pertinence dans des opérations limitées de stabilisation et de reconstruction sont plus discutables.

D'autre part, la rénovation doit entraîner *un meilleur partage des responsabilités entre Américains et Européens*. Dès lors que l'Union européenne est reconnue par les États-Unis comme un acteur politique de plein exercice sur la scène internationale, un opérateur privilégié dans le domaine civil et un opérateur militaire appelé à assumer une part croissante des missions et des risques, un nouvel équilibre doit être recherché et guider l'évolution de l'organisation. C'est donc à une rénovation du lien transatlantique que la France entend œuvrer.

Enfin, la France apportera son soutien aux réflexions en cours au sein de l'Alliance sur, d'une part, l'amélioration des procédures de planification, et, d'autre part, la rationalisation des structures de commandement et du secrétariat international, pour les adapter aux missions de l'OTAN.

La rénovation de la relation entre la France et l'OTAN

Le décalage est aujourd'hui flagrant entre la réalité des contributions de la France à l'Organisation Atlantique et la connaissance, comme la perception, que peuvent en avoir nos partenaires et notre propre opinion.

La position de la France a évolué depuis 1994 dans le sens d'une présence accrue dans l'ensemble des structures alliées, et d'une forte contribution aux opérations décidées dans le cadre de l'Alliance Atlantique.

La France est aujourd'hui présente dans toutes les instances multilatérales de l'Alliance, sauf dans deux organes spécialisés créés après son retrait de l'organisation militaire en 1966 : le Comité des plans de défense et le Groupe des plans nucléaires. Elle n'a jamais quitté sa place au Conseil atlantique, instance dirigeante de l'Organisation. En 1996, après une longue période où elle ne fut qu'observateur, elle a repris pleinement son siège au Comité militaire de l'Organisation, y compris son chef d'état-major des armées lorsque la réunion de cette instance se tient au plus haut niveau. Depuis la même année, le ministre de la Défense participe aux réunions du Conseil atlantique.

La contribution de la France aux procédures de génération de forces de l'OTAN, soit pour les opérations, soit pour la Force de réaction de l'OTAN (NRF), soit pour certaines forces de réserve, est élevée. À titre d'exemple, en 2008, les engagements de la France dans le cadre de la NRF comprennent plus de 7 000 hommes, auxquels s'ajoutent des capacités aériennes et navales et des capacités de commandement. L'engagement effectif de ces forces est subordonné à un accord préalable de la France et du Conseil atlantique. Cette contribution témoigne de l'engagement de la France dans les mécanismes nouveaux mis en place depuis la fin de la guerre froide.

La présence française dans les structures permanentes de commandement, après avoir été proscrite pendant près de quarante ans, reste en revanche limitée à une centaine d'officiers, qui disposent d'un statut particulier, sur le fondement d'un accord passé en 2004 entre le chef d'état-major des armées françaises et le commandant suprême allié en Europe.

En 1966, la décision prise par le général de Gaulle de retirer la France de l'organisation militaire intégrée avait pour objectif de « rendre leur caractère complètement national à nos armées » et d'éviter toute subordination de nos forces à une autorité étrangère, comme toute présence militaire étrangère sur le territoire français (conférence de presse du 28 octobre 1966).

Ces principes fondamentaux demeurent, mais les transformations de l'environnement international, l'évolution de l'Alliance Atlantique, l'engagement de la France dans les nouvelles missions de l'Alliance, nous invitent à en revoir la traduction quarante ans plus tard.

Vingt et un des vingt-six alliés sont membres de l'Union européenne. Tous, à l'exception de la France, participent à la structure militaire de l'Alliance. Tous ceux[1], parmi eux, qui sont aussi membres de l'Union, contribuent à la construction de l'Europe en matière de défense et de sécurité.

---

1. À l'exception du Danemark.

Pays membres de l'UE et de l'OTAN

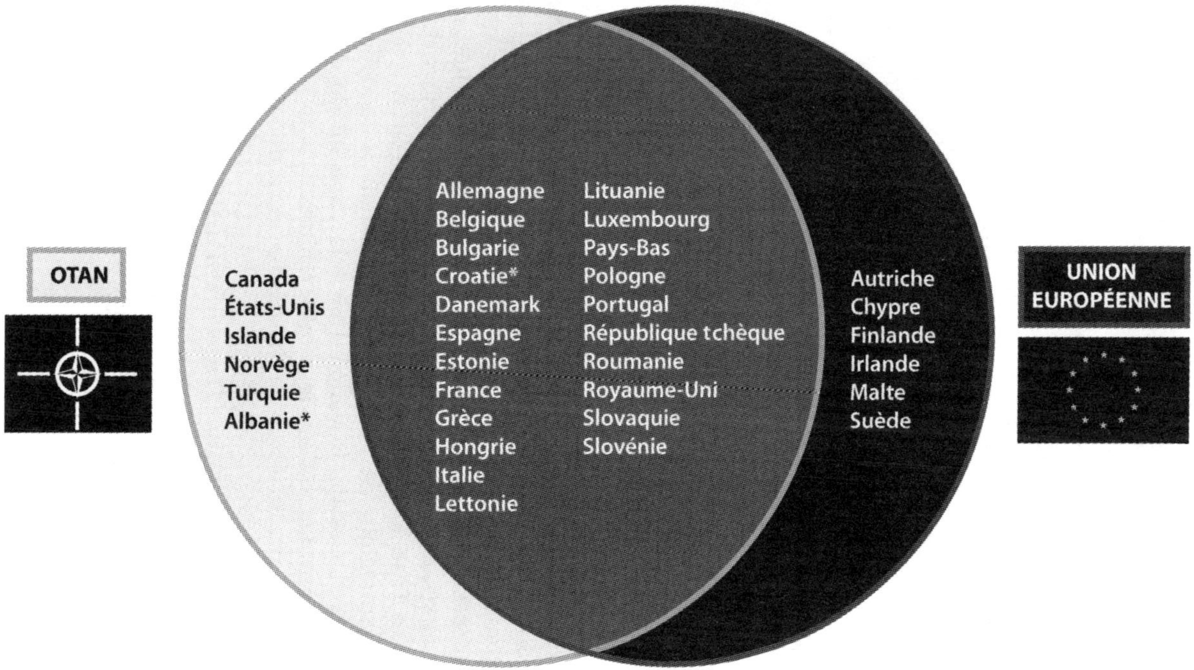

* Adhésion en cours

Il est difficile de continuer à proclamer la nécessité d'une différence de nature dans notre position vis-à-vis de l'OTAN, alors même qu'avec nos partenaires européens nous reconnaissons l'Alliance comme une clé de notre sécurité commune, et que nous voulons faire partager notre conception d'une Union européenne unie et efficace en matière de sécurité et de défense.

Les enceintes de coopération transatlantique traitant de questions stratégiques, dans lesquelles nous ne siégeons pas, comme le Comité des plans de défense, fonctionnent par consensus et n'entament en rien la souveraineté nationale. La participation au groupe des plans nucléaires pose un problème de nature différente compte tenu de l'indépendance complète de nos moyens nucléaires.

Notre distance particulière avec la structure militaire apparaît peu cohérente à nos partenaires : nous y sommes présents à plus d'un titre, avec des statuts et des budgets sur mesure, et nous ne cessons de contribuer aux opérations avec des moyens très importants.

Un nouveau rapprochement avec la structure de commandement devra respecter les principes fondamentaux de notre politique de défense.

La liberté d'appréciation des autorités politiques françaises : une pleine participation de la France n'implique *aucune automaticité* dans la contribution de notre pays aux interventions de l'OTAN. L'Alliance Atlantique est une alliance de nations souveraines, où les décisions politiques se prennent par consensus. La France conservera donc sa liberté totale d'appréciation et de décision, en toutes circonstances.

L'indépendance nucléaire de la France : les capacités nucléaires comme la stratégie de dissuasion françaises restent hors du cadre de l'OTAN. La France considère que la déclaration d'Ottawa de 1974 et le Concept stratégique de 1999, qui reconnaissent la contribution de ses forces et de celles du Royaume-Uni à la capacité de dissuasion de l'Alliance[1], continuent d'être les seules références pour ce qui concerne les relations entre sa force de dissuasion et la doctrine nucléaire de l'OTAN.

La liberté de décision sur l'engagement des forces françaises. Aucune force française ne sera placée en permanence sous le commandement de l'OTAN en temps de paix. En fonction de ses intérêts de sécurité et de ses besoins, la France gardera la maîtrise totale de l'utilisation de ses capacités d'intervention extérieure.

---

1. Selon les termes de cette déclaration, les forces nucléaires de la France et du Royaume-Uni sont « en mesure de jouer un rôle dissuasif propre contribuant au renforcement global de la dissuasion de l'Alliance ».

La France doit être le moteur d'initiatives européennes majeures dans tous les domaines de la sécurité et de la défense.
L'Union européenne doit assumer un rôle accru dans les domaines de la défense et de la sécurité, en jouant pleinement son rôle dans la prévention et la gestion des crises internationales.
La relance de l'Union européenne en matière de défense et de sécurité, et la rénovation du lien transatlantique sont deux volets indissociables d'une même politique à long terme et doivent avancer du même pas.
L'engagement de la France dans l'OTAN n'a pas de limite *a priori*, dès lors que seront sauvegardées l'indépendance de nos forces nucléaires, la liberté d'appréciation de nos autorités et la liberté de décision sur l'engagement de nos forces.

CHAPITRE 6

LA SÉCURITÉ COLLECTIVE AU XXIe SIÈCLE

La sécurité collective a été conçue pour préserver les générations futures de la guerre. Alors que ce fléau n'a pas disparu de notre horizon, d'autres menaces, nombreuses, requièrent à présent aussi une action collective. Ces menaces ne peuvent faire l'objet d'un traitement strictement national ni même régional. Une action globale, collective, est nécessaire. Le système de sécurité internationale sera ainsi de plus en plus sollicité.

Le multilatéralisme demeure un principe fondateur

L'action multilatérale traverse une période de scepticisme, voire de pessimisme, liée aux faibles résultats obtenus sur des questions clés, comme Chypre, le conflit israélo-palestinien, la difficulté, ou l'incapacité, d'obtenir l'abandon par l'Iran de son programme nucléaire, ou encore l'insécurité alimentaire, la dégradation de l'environnement. La réforme du Conseil de sécurité, destinée à en faire une instance plus représentative de l'équilibre des puissances, tarde. Certains échecs sont gravés dans les mémoires : au Rwanda, en Bosnie-Herzégovine, au Kosovo, l'ONU n'a pas su prévenir les nettoyages ethniques. Surtout, contrairement à ce que l'on pouvait espérer, le champ ouvert à la sécurité collective par la fin de la guerre froide, qui s'est achevée sans que le sang soit versé, n'a pas donné lieu à une action suffisamment vigoureuse des États pour en tirer les bénéfices que le monde était en droit d'attendre.

Ce scepticisme est en partie infondé. C'est à l'intervention croissante des Nations unies que l'on doit une diminution des guerres civiles. Des progrès ont également été faits dans le domaine de la justice internationale, avec l'institution de la Cour pénale internationale, ou dans l'appui donné aux organisations régionales de sécurité. En outre, les alternatives qui ont pu être avancées pour pallier les lacunes de l'action collective n'ont guère convaincu de leur efficacité. *L'unilatéralisme a montré ses revers, en termes de légitimité autant que d'efficacité.* L'histoire récente montre que la légitimité des interventions dépend plus que jamais du droit qui les fonde. La puissance militaire reste utile et même indispensable en certaines circonstances, mais elle ne peut prétendre apporter à elle seule des réponses suffisantes aux crises. Quant aux coalitions d'États circonstancielles, elles offrent une souplesse mais, lorsqu'elles ne disposent pas d'un mandat international, elles risquent de donner l'impression de contourner les institutions internationales de sécurité, plutôt que de les appuyer. Elles sont en outre insuffisantes face aux défis de la stabilisation et de la reconstruction. Enfin, la mondialisation soulève de nouvelles questions de sécurité, à l'échelle globale, qui ne pourront être résolues ni prévenues que par la mobilisation collective de l'ensemble des acteurs internationaux.

Quels que soient ses défauts et ses difficultés, *la voie multilatérale paraît donc non seulement la plus légitime, mais aussi la plus prometteuse, et c'est son renforcement que la France continuera de privilégier.* Les risques, aujourd'hui réels, de chocs culturels ou d'affrontements entre les systèmes politiques globaux ne seront évités que par l'édification d'un système de sécurité internationale inclusif au XXIe siècle.

La centralité de l'Organisation des Nations unies

La charte des Nations unies est la référence fondamentale du droit international concernant l'usage de la force militaire, qu'il s'agisse de la légitime défense individuelle ou collective[1], des opérations de maintien de la paix ou d'action en cas de menace contre la paix, de rupture de la paix et d'acte d'agression.

---

1. L'article 51 de la charte énonce qu'« aucune disposition de la présente charte ne porte atteinte aux droits naturels de légitime défense, individuelle ou collective, dans le cas où un membre des Nations unies est l'objet d'une agression armée, jusqu'à ce que le Conseil ait pris les mesures nécessaires pour maintenir la paix et la sécurité internationales ».

Peu de conflits armés ont bénéficié d'un mandat des Nations unies : la guerre de Corée en 1950, la première guerre du Golfe en 1991, l'opération militaire en Afghanistan en 2001, à la suite des attentats du 11 Septembre de cette même année. Mais l'incertitude qui pèse sur l'évolution des relations internationales, comme l'importance des dangers qui les menacent, plaident plus que jamais pour la pertinence et la prééminence de la charte. *Dans un monde où le risque principal est celui du désordre et de l'absence de règles, voire de l'anarchie, l'autorisation du Conseil de sécurité pour le recours à la force doit être la règle.*

Les évolutions de la conflictualité – conflits internes, acteurs privés, asymétrie, terrorisme – ne doivent pas être le prétexte d'une remise en cause des règles collectives. Au contraire, elles rendent encore plus nécessaires l'existence et le respect d'un cadre légal agréé, qu'il s'agisse de la protection des civils, du traitement des prisonniers, de l'interdiction de la torture, ou encore de la répression des crimes de guerre et de la protection des populations civiles.

Outre la légalité des interventions militaires, la question de leur légitimité a d'ores et déjà été posée par le secrétaire général des Nations unies et par le Conseil de sécurité lui-même. Cette évolution concerne notamment les cas de « génocide, de nettoyage ethnique ou d'autres violations graves du droit international humanitaire[1] », face auxquels *« la responsabilité de protéger »* incombe, en dernier ressort, à la communauté internationale. Elle concerne aussi les cas de « menaces à la paix et à la sécurité internationales causées par des actes terroristes[2] ».

La responsabilité des membres permanents du Conseil de sécurité

Les cinq membres permanents du Conseil de sécurité ont un rôle particulier à jouer dans le bon fonctionnement de la sécurité collective. C'est à eux qu'il appartient au premier chef de prévenir les crises plutôt que de réagir après qu'elles se sont produites. C'est à eux, notamment, qu'il incombe de réduire les divisions entre les adversaires quand des conflits éclatent. Et c'est à eux, surtout, de faire en sorte que les hostilités ne franchissent pas le seuil nucléaire. Ce sont là des responsabilités d'autant plus lourdes que les crises et les facteurs de risques tendent à s'interconnecter. La France, en tant que membre permanent du Conseil, doit y jouer pleinement son rôle.

---

1. Rapport du secrétaire général des Nations unies.
2. Résolution 1368 du Conseil de sécurité des Nations unies.

Les membres permanents du Conseil de sécurité ne bénéficient de droits particuliers – comme celui du droit de veto – que parce qu'ils ont un devoir spécifique de préservation de la paix et de la sécurité internationales. Il est également de leur devoir de contribuer à la solution de la crise actuelle des institutions internationales.

La défiance à l'égard des Nations unies et le recours à l'unilatéralisme ont marqué les premières années du XXIe siècle. L'investissement dans les processus multilatéraux de l'ensemble des États est une condition majeure d'une reprise de la confiance internationale. Faute de quoi, les mécanismes de la charte risquent d'être bloqués, empêchant notamment la mise en œuvre de la responsabilité de protéger.

La légitimité et la représentativité des Nations unies

La légitimité est un critère indispensable pour le succès d'une gestion collective des défis de sécurité. Fragile et difficile à mettre en œuvre, cette légitimité multilatérale doit s'appuyer sur un accord aussi large que possible : pour faire face aux conflits contemporains, aux défis globaux, aux menaces transnationales, l'agrément, l'appui, l'engagement constructif de tous les grands États sont nécessaires.

Alors que légitimité et efficacité sont parfois opposées comme deux éléments inconciliables, la France considère au contraire que l'une et l'autre se conditionnent et s'appuient mutuellement. Elles doivent donc être conciliées, malgré les difficultés.

Ainsi la réforme du Conseil de sécurité est-elle un impératif. Elle doit associer, à titre de membres permanents, les puissances qui ont la capacité et la volonté de contribuer à la paix et à la sécurité internationales telles que l'Allemagne, le Japon, l'Inde, le Brésil, et aussi permettre une juste représentation de l'Afrique. La composition du Conseil devra également s'élargir à de nouveaux membres non permanents, afin d'améliorer la façon dont cette instance reflète les transformations géopolitiques en cours. La réforme doit enfin dépasser la seule question de l'élargissement pour améliorer l'efficacité du fonctionnement du Conseil et celle des instruments dont il dispose.

L'adaptation aux exigences de la prévention, de la non-prolifération et du désarmement

Dans le domaine de la prévention, l'action multilatérale devra se concentrer sur quelques sujets essentiels : la médiation politique, les missions de bons offices, la gestion et l'utilisation coopérative des ressources naturelles (eau, gaz, pétrole), la protection des minorités (telles que définies par l'OSCE), la transparence des stocks et des achats d'armes conventionnelles, la mise en œuvre de systèmes d'information et d'alerte rapides, en cas de catastrophes naturelles notamment, le déploiement préventif de Casques bleus, les régimes de non-prolifération et de contrôle des armements. Ce dernier domaine mérite une attention particulière.

La lutte contre la prolifération des armes de destruction massive et de leurs vecteurs demeurera en effet une priorité. L'effet déstabilisateur de la prolifération sur la sécurité internationale est d'autant plus grand qu'elle se développe aujourd'hui plus particulièrement dans des zones de tension (Moyen-Orient et Asie de l'Est), ce qui à la fois aiguise ces tensions et, à terme, ne peut qu'accroître le risque d'emploi de ces armes.

Pour être efficace, la lutte contre la prolifération doit reposer sur trois piliers :

1. L'universalisation et la pleine mise en œuvre des conventions internationales signées par la très grande majorité des États (traité sur la non-prolifération des armes nucléaires ou TNP, convention sur l'interdiction des armes bactériologiques ou à toxines ou CIAB, convention sur l'interdiction des armes chimiques ou CIAC).

2. Une action vigoureuse des régimes de fournisseurs, qui ont pour objet, dans chaque domaine, de contrôler la diffusion des technologies et matières (groupe des fournisseurs nucléaires ou NSG ; régime de contrôle de la technologie des missiles ou MTCR, groupe Australie pour le chimique et le biologique).

3. Une coopération opérationnelle déterminée en matière de contre-prolifération, pour entraver les transferts sensibles en cours et lutter contre les réseaux clandestins. L'initiative de sécurité contre la prolifération, ou PSI, constitue l'instrument le plus formalisé en ce domaine, mais ce n'est pas le seul. Cette coopération opérationnelle doit rassembler en un seul réseau tous les acteurs concernés (diplomates, douaniers, policiers, militaires, agents des services de renseignement…).

Lutte contre la prolifération

La communauté internationale n'est pas restée inactive face aux évolutions récentes en matière de prolifération. La France a joué un rôle moteur dans le développement d'instruments innovants dans la dernière décennie, dans plusieurs instances internationales :

– *L'initiative de sécurité contre la prolifération ou PSI* (dont les principes ont été agréés à Paris en mai 2003) rassemblait initialement 11 États. Elle en réunit aujourd'hui près de 90. Elle vise à améliorer la coopération opérationnelle entre acteurs gouvernementaux, pour identifier et interdire le transfert de matières ou d'équipements pouvant contribuer à des programmes d'armes chimiques, biologiques et nucléaires ou de leurs vecteurs. C'est une opération de ce type qui a permis de saisir un cargo destiné à la Libye en octobre 2003, jouant un rôle dans la décision de ce pays de renoncer à son programme nucléaire clandestin.

– Au sein du G8, un plan d'action contre la prolifération a été adopté au sommet de Sea Island en 2004. Ce plan préconise notamment la suspension de toute coopération nucléaire avec un pays ayant violé ses engagements internationaux, ainsi que des mesures pour restreindre les transferts de technologies sensibles liées au cycle du combustible (enrichissement, retraitement) et à l'eau lourde. Un important travail a été mené entre les Huit puis au sein du GAFI (groupe d'action financière) pour lutter contre le financement de la prolifération.

– *L'Union européenne* a adopté en décembre 2003, au niveau des chefs d'État ou de gouvernement, un *plan d'action contre la prolifération des armes NRBC*, qui couvre tous les volets de la lutte contre la prolifération. L'Union a en particulier retenu le principe selon lequel elle conditionnait la mise en œuvre de ses accords commerciaux ou de coopération avec des pays tiers au respect par ceux-ci de leurs engagements internationaux en matière de non-prolifération (insertion d'une « clause de conditionnalité » dans tout nouvel accord ou lors de la renégociation des anciens accords).

– *Le Conseil de sécurité des Nations unies* a adopté à l'unanimité, en juin 2004, la résolution 1540, coparrainée par les États-Unis, le Royaume-Uni et la France. Cette résolution, adoptée en vertu du chapitre VII de la charte, qualifie la prolifération d'armes de destruction massive et de leurs vecteurs de « menace à la paix et à la sécurité internationales ». Elle demande également à tous les États de renforcer leurs contrôles aux exportations, et reconnaît leur responsabilité pour toute activité non étatique qui pourrait se développer sur leur territoire. Le Conseil de sécurité a également réagi aux deux crises de prolifération majeures actuelles, en adoptant des résolutions de sanctions contre l'Iran et contre la Corée du Nord.

Ces mesures ont ajouté un nouvel étage au socle d'instruments plus traditionnels de lutte contre la prolifération que sont les conventions internationales et les régimes des fournisseurs.

Dans le *domaine nucléaire*, le traité de non-prolifération nucléaire ou *TNP*, signé en 1968 et reconduit par consensus pour une durée indéfinie en 1995, rassemble en 2008 tous les États membres des Nations unies, à l'exception de l'Inde, du Pakistan et d'Israël. Le statut de la Corée du Nord à l'égard du traité est ambigu, depuis que celle-ci a annoncé son retrait en 2003 selon des modalités irrégulières. Tous les États-parties autres que les États-Unis, la Russie, la Chine, le Royaume-Uni et la France s'engagent à « ne fabriquer ni acquérir de quelque autre manière des armes nucléaires ou autres dispositifs nucléaires explosifs, et à ne rechercher ni recevoir une aide quelconque pour la fabrication d'armes nucléaires ou d'autres dispositifs nucléaires explosifs ».

Le TNP prévoit également des *zones exemptes d'armes nucléaires* dont les plus étendues sont constituées de l'Amérique du Sud (traité de Tlatelolco), de l'Afrique (traité de Pelindaba) et du Pacifique (traité de Rarotonga). Des réflexions sont actuellement en cours pour renforcer ce traité, en particulier en encadrant les possibilités de retrait et pour lutter contre la diffusion des technologies du cycle du combustible, sans pour autant porter atteinte au droit des États à l'énergie nucléaire à des fins civiles.

L'Agence internationale de l'énergie atomique (AIEA), créée en 1957, est chargée de vérifier le respect par ses États membres de leurs engagements en matière de non-prolifération. Le *groupe des fournisseurs nucléaires* ou *NSG* rassemble les détenteurs de technologies nucléaires unis par la volonté de lutter contre leur diffusion, qui s'engagent à respecter un ensemble de directives lorsqu'ils envisagent des exportations.

Les armes chimiques et biologiques sont un autre sujet de préoccupation. Tous les pays occidentaux ont renoncé à leurs programmes dans ces domaines, et ne conservent d'activités que pour se protéger d'attaques potentielles.

La Convention sur l'interdiction des armes chimiques (CIAC) a été adoptée en janvier 1993 et elle est entrée en vigueur en 1997. Elle a été signée à ce jour par 183 États. La Convention sur l'interdiction des armes biologiques (CIAB) a été adoptée en 1972. Elle a été signée par 161 États, mais ne dispose toujours pas de système de vérification.

Dans ces deux domaines, des activités clandestines peuvent aisément être camouflées derrière un usage licite, comme la fabrication de pesticides pour les armes chimiques, ou la mise au point de vaccins pour les armes biologiques. Les autorités russes ont reconnu avoir conduit, entre 1972, date de l'adoption de la Convention d'interdiction, dont Moscou était un des trois pays dépositaires, et 1992, un programme biologique offensif interdit par la Convention. Certains groupes terroristes cherchent à recourir à des agents chimiques ou biologiques, comme la secte Aum qui a utilisé en 1995 le gaz sarin contre des populations civiles.

Le Groupe Australie, créé en 1985, et qui comprend 38 membres, surveille la politique des exportations dans ce domaine et met régulièrement à jour les listes d'agents à surveiller.
Enfin, en ce qui concerne les missiles balistiques et de croisière, il n'existe pas de traité, mais un régime de contrôle des exportations, mis en place en 1987 : il s'agit du MTCR (Missile Technology Control Regime). S'y ajoute un code de conduite adopté à La Haye en 2002, auquel 129 États sont parties, qui concerne des engagements politiques et des mesures de confiance.

Dans le *domaine nucléaire*, le recours nécessaire à l'énergie électronucléaire pour résoudre les problèmes énergétiques et réduire les émissions de gaz à effet de serre appelle un renforcement de la vigilance sur les technologies sensibles de l'enrichissement, du retraitement et de la fabrication de l'eau lourde. Cette extension doit se faire dans le respect des conditions de sécurité, de sûreté et de non-prolifération, qui pourraient figurer dans un code de bonne conduite à destination des fournisseurs (États et industriels).

Dans le domaine *biologique*, des mesures de surveillance et de protection de la santé publique peuvent permettre de limiter les conséquences d'un emploi délibéré d'un agent biologique contre des populations. L'action internationale seule donnera des résultats, qu'il s'agisse du dépistage, de la mise au point de nouveaux vaccins, de l'information rapide sur les épidémies suspectes, ou de mesures plus efficaces de diagnostic.

Dans le domaine *chimique*, des programmes clandestins se poursuivent impunément, en profitant de l'attention moindre portée à ce secteur. L'objectif de destruction d'ici 2012 des agents de guerre chimique, inscrit dans la Convention d'interdiction des armes chimiques, ne sera très probablement pas atteint. Pour ces raisons, la mise en œuvre effective de cette Convention doit *devenir une priorité collective*.

Enfin, la France est engagée en faveur du *désarmement nucléaire*. Elle a été le premier État, avec le Royaume-Uni, à avoir signé et ratifié le traité d'interdiction complète des essais nucléaires. Elle a été le premier État à décider la fermeture et le démantèlement de ses installations de production de matières fissiles à des fins explosives. Elle est le seul État à avoir démantelé, de manière transparente, son site d'essais nucléaires situé dans le Pacifique. Elle a démantelé ses missiles nucléaires sol-sol. Elle a réduit volontairement d'un tiers le nombre de ses sous-marins nucléaires lanceurs d'engins. Au nom du *principe de stricte suffisance*, le nombre d'armes nucléaires, de missiles, et d'avions de la composante aéroportée sera également réduit d'un tiers à partir de 2008 (*cf.* chapitre 10). Avec cette réduction, l'arsenal nucléaire français comprendra moins de 300 têtes, soit la moitié du nombre maximum de têtes possédées par la France durant la guerre froide.

Le 21 mars 2008, la France a, de plus, proposé un plan ambitieux en matière de poursuite du désarmement nucléaire multilatéral. Elle encourage le respect de trois principes : suffisance, transparence et réciprocité.

**Désarmement nucléaire :
le plan d'action proposé par la France**

– Ratification par tous les États du traité d'interdiction complète des essais nucléaires (la Chine et les États-Unis l'ont signé en 1996 mais ne l'ont pas encore ratifié).
– Engagement des puissances nucléaires à démanteler tous leurs sites d'essais nucléaires, de manière transparente et ouverte à la communauté internationale.
– Lancement sans délai de la négociation sur un traité d'interdiction de la production de matières fissiles pour les armes nucléaires.
– Moratoire immédiat sur la production de ces matières.
– Adoption de mesures de transparence sur leurs arsenaux par les cinq puissances nucléaires reconnues par le traité de non-prolifération.
– Ouverture de négociations sur un traité interdisant les missiles sol-sol de portée courte et intermédiaire.
– Adhésion de tous les États et engagement à mettre en œuvre le code de conduite de La Haye contre la prolifération des missiles balistiques.

Nouvelles institutions collectives et organisations régionales de sécurité

DE NOUVEAUX CADRES POUR LES ENJEUX MONDIAUX DE SÉCURITÉ

L'action du système multilatéral n'est pas limitée aux questions de défense, de prolifération ou de terrorisme. La sécurité collective implique également des actions concertées et des régulations en matière de santé publique internationale, de prévention des conflits, d'aide au développement et de lutte contre la pauvreté, de préservation de l'environnement et de lutte contre les conséquences du changement climatique, ou encore de stabilité des échanges économiques, commerciaux ou financiers.

Si le comportement spontané des États ne va pas toujours dans cette direction, l'action multilatérale est souhaitable, car elle est la mieux à même d'apporter une réponse complète. Un défi global n'impose pas nécessairement une réponse globale, mais à tout le moins une action large, convergente et coordonnée de la part de tous les États, que ce soit pour lutter contre les pandémies, pour agir sur les évolutions, telles que le changement climatique, ou développer les actions nécessaires pour répondre aux menaces transnationales, telles que les grands trafics criminels.

Avec l'*Organisation mondiale de la santé*, les Nations unies se trouvent en première ligne dans la gestion du risque sanitaire international. L'OMS agit d'abord en amont de la crise, pour tenter de la prévenir par une assistance technique ponctuelle ou à travers l'édiction de normes. Elle intervient aussi, en tant que de besoin, dans la gestion de la crise sanitaire éventuelle, grâce à un réseau d'alerte, à des moyens d'expertise scientifique ou encore à des capacités de coordination stratégique. Elle est aussi capable d'interventions ciblées.

S'agissant de la *protection de la biosphère* et de la *lutte contre les effets du réchauffement climatique*, la France soutient la création d'une instance multilatérale de prévention et d'action concertée en la matière. Dans ce but, l'Union européenne a joué un rôle pionnier, qu'elle doit renforcer et développer.

De la même façon, un effort collectif doit être entrepris face aux inégalités croissantes de *développement* qui se creusent entre différentes régions et pays de la planète. Les organisations internationales compétentes en matière de commerce international et d'aide au développement doivent, elles aussi, faire un effort d'adaptation profonde pour répondre aux questions que posent la pauvreté, la rareté alimentaire, l'accès aux ressources hydriques, qui sont autant de sources possibles d'instabilités dans les décennies à venir.

LE RENFORCEMENT DES ORGANISATIONS RÉGIONALES DE SÉCURITÉ

Complémentaires des institutions multilatérales à vocation universelle, les avantages comparatifs des organisations régionales ou sous-régionales de sécurité seront, dans l'avenir, pleinement exploités. Ainsi, pour le continent africain : l'Union africaine, la CEDEAO (Communauté économique des États d'Afrique de l'Ouest), la SADC (Communauté de développement d'Afrique australe), la CEEAC (Communauté économique des États d'Afrique centrale) et l'IGAD (Autorité intergouvernementale pour le développement) pour l'Afrique orientale deviennent des partenaires à part entière. La France contribuera à consolider leurs capacités de maintien de la paix (coopération, expertise, financements), et à les promouvoir lorsqu'elles n'existent pas. Elle cherchera aussi à étendre l'action de ces organisations à la prévention des conflits, au désarmement, à la lutte contre le terrorisme, à la sécurité civile. Au total, ce sont de véritables architectures régionales de sécurité qui seront développées, modernisées et relancées. Ce doit être le cas, au-delà de l'Afrique, dans le golfe Arabo-Persique et surtout en Asie.

Cet effort ne doit toutefois pas remettre en cause la centralité de l'ONU. Notre intérêt en faveur du renforcement de ces capacités régionales n'implique pas une fragmentation du système international de sécurité, mais doit être pensé en terme de complémentarité entre le niveau régional et le niveau mondial.

La défense des Droits de l'homme

L'expérience du XXe siècle a montré le lien qui existait entre la négation des Droits de l'homme et les grandes catastrophes historiques. Cette expérience ne doit pas être perdue : les Droits de l'homme ne s'opposent pas plus à la souveraineté des États qu'ils ne s'opposent à la poursuite de nos intérêts.

La souveraineté d'un État consiste en tout premier lieu à protéger sa population. Ni le principe de non-ingérence dans les affaires intérieures d'un État ni celui de la souveraineté de cet État ne peuvent donc être invoqués pour défendre des atrocités telles que des massacres et d'autres formes de violation massive du droit international humanitaire.

La France soutiendra les efforts de la Cour pénale internationale et cherchera à en renforcer l'universalité et les moyens d'action. Il en va de même des actions en faveur du droit international humanitaire. La France est favorable aux nouvelles obligations et contraintes justifiées par la volonté de limiter les dommages causés par l'emploi de certaines armes. Ainsi, la convention sur certaines armes classiques de 1980, la convention sur l'interdiction des mines antipersonnel de 1997 ou le récent projet de convention sur les armes à sous-munition, préparé à Dublin, créent-ils des contraintes librement acceptées touchant des catégories complètes d'armement.

La primauté du droit, le respect des civils, la tolérance entre et au sein des nations, c'est-à-dire les valeurs mêmes qui fondent la charte des Nations unies, doivent être sans cesse rappelés, défendus et intégrés dans la stratégie de sécurité nationale.

Le rôle de l'Union européenne dans la gouvernance internationale

La stratégie européenne de sécurité, adoptée par les États membres de l'Union européenne en 2003, insiste sur la nécessité de fonder la sécurité internationale sur la création et le renforcement d'un « multilatéralisme efficace ». Ce concept implique la mise en œuvre d'une diplomatie qui n'a pas pour objet principal d'entretenir un processus, mais de poursuivre des objectifs concrets par une voie qui n'est pas d'abord celle de la force militaire. Il appartient donc au premier chef aux pays de l'Union européenne, qui font reposer une partie importante de leur sécurité sur le succès des processus multilatéraux, de montrer leur capacité d'engager des processus de négociation et d'obtenir des résultats.

La France inscrit une large part de son action dans cette démarche européenne. Elle soutient l'affirmation de l'Union au sein des institutions multilatérales. Depuis 1994, l'Union en est l'un des principaux animateurs, capable de faire avancer des projets aussi importants que la justice pénale internationale ou la responsabilité de protéger, d'assumer des responsabilités globales en matière de gestion des crises ou encore d'appuyer les Nations unies ou l'Union africaine sur les théâtres d'opérations.

À ce titre, l'Union européenne incarne, pour la France, la volonté de promouvoir une vie internationale construite sur des règles et une approche collectives de la prise de décision et de l'action.

Troisième partie

UNE NOUVELLE STRATÉGIE POUR L'ACTION

CHAPITRE 7

QUELS ENGAGEMENTS ?

La stratégie de sécurité nationale organise et met en œuvre les moyens de prévenir toute atteinte à la vie du pays, à défaut de limiter une telle atteinte au plus bas niveau de gravité possible, et d'en atténuer les conséquences. Elle a pour ambition d'élever la capacité d'anticipation, de réaction et de résilience du pays. Elle fonde une doctrine nationale destinée à harmoniser en toutes circonstances l'emploi des ressources de l'État et à favoriser le dialogue et la cohérence de l'ensemble des intervenants : collectivités locales, entreprises, institutions internationales, organisations non gouvernementales.

Le dimensionnement de nos moyens doit répondre d'une part au nouvel équilibre des fonctions stratégiques qui a été défini, d'autre part aux exigences des opérations dans lesquelles les armées et les moyens de sécurité intérieure et de sécurité civile seront engagés.

Les conséquences du nouvel équilibre des fonctions stratégiques

En ce qui concerne les armées, les moyens que décrivait le modèle 2015 adopté en 1996 ne correspondent pas à cet équilibre nouveau, ni aux orientations à long terme qui ont été exposées.

Un effort majeur doit, comme on l'a vu, être accompli dans le domaine de la connaissance et de l'anticipation. Des programmes nouveaux et une organisation nouvelle sont nécessaires, pour faire franchir un seuil à nos capacités. Ces capacités seront l'une des clés de la réactivité de l'État, des forces armées et des dispositifs de sécurité.

Les moyens de dissuasion seront maintenus au niveau strictement suffisant pour la crédibilité des forces nucléaires et la capacité de celles-ci à répondre aux situations diverses auxquelles le pays peut se trouver confronté. Ces objectifs supposent des efforts considérables pour la préparation des hommes, la qualité des équipements et la sûreté de leur fonctionnement.

La protection, qui reçoit une nouvelle définition, appelle un développement à la mesure des vulnérabilités qui affectent directement la France et l'Europe. Cette orientation doit se traduire notamment par la définition d'objectifs opérationnels précis pour les forces, une adaptation urgente de nos capacités de gestion des crises et une coordination renforcée entre les différents responsables sur le territoire, comme entre les acteurs civils et militaires.

Les capacités d'intervention seront adaptées au nouvel équilibre d'ensemble qui est recherché et aux priorités qui ont été décrites. Leur niveau maximum n'est plus attaché à une participation massive à une opération de défense collective de l'espace aéroterrestre en Europe, dans le cadre de l'Alliance Atlantique, comme c'était encore le cas dans les « contrats opérationnels » issus du modèle d'armée 2015. Il doit résulter de l'analyse des situations de conflit les plus vraisemblables dans lesquelles la France risque d'être impliquée directement au cours des prochaines années, ainsi que des axes géostratégiques qui paraissent les plus importants pour notre sécurité.

C'est en fonction de ces axes que nos moyens seront orientés et que notre dispositif prépositionné, qui contribue également à la fonction de prévention, sera revu. La concentration dans l'espace et dans le temps sera la clé de la stratégie et du succès dans l'emploi des forces.

Davantage encore que dans le passé, notre effort sur les moyens devra en effet tenir compte du fait majeur qui s'est imposé ces dernières années : l'emploi presque incessant de nos capacités, militaires et civiles, dans des situations de plus en plus diverses.

Logique de concentration et logique d'emploi doivent donc dominer la doctrine, l'organisation, l'entraînement et l'équipement de nos forces conventionnelles comme des moyens d'action civils.

Les hypothèses d'engagement opérationnel

Pour obtenir la résolution d'une crise, que ce soit sur le territoire national ou à l'étranger, l'action cohérente d'acteurs divers, civils ou militaires, étatiques ou privés, nationaux ou internationaux, nécessite une coordination nouvelle.

Les opérations conduites sur le territoire national

Dans les cas de crise grave (catastrophe naturelle, accident technologique de grande ampleur, attentat massif, etc.), l'État et l'ensemble des pouvoirs publics organisent et mettent en œuvre les moyens nécessaires pour secourir les victimes, enrayer les séquelles d'un événement déstabilisant (crise sanitaire résultant d'une catastrophe par exemple), garantir la continuité de l'action des pouvoirs publics et assurer le retour à la normale, poursuivre les responsables si l'événement résulte d'un acte intentionnel. L'État doit alors fédérer tous les acteurs – publics et privés – de la société dans son ensemble.

Au même titre que tous les organismes relevant de l'autorité de l'État, la force militaire est appelée à agir en soutien, en accompagnement ou en complément des forces et moyens civils spécialisés.

Le dispositif de sécurité intérieure et de sécurité civile doit se préparer aux formes d'agression ou de crise qui peuvent toucher gravement le territoire national. En conséquence, les moyens civils et les moyens militaires développeront de nouvelles formes de coopération.

À cet effet, la stratégie de sécurité nationale pose les fondements d'une doctrine, s'appliquant à toutes ses composantes, organisant la coopération avant, pendant et après l'événement. Outre les mesures d'organisation que cela implique – au sein même de l'État –, cette stratégie conduit à la mise en place de procédures connues et appliquées à tous les niveaux, testées par des exercices interministériels. La planification de crise et l'organisation des pouvoirs publics en temps de crise devront connaître une progression qualitative majeure pour assurer la résilience du pays.

Les opérations militaires

Des opérations strictement militaires sur le territoire national sont exclues à l'horizon prévisible, en dehors de l'appui à des opérations de gestion de crise consécutives, par exemple, à des attaques terroristes, ou à une catastrophe naturelle ou technologique.

C'est donc à distance du territoire national que les forces armées continueront à mener des opérations en défense de nos intérêts de sécurité et en soutien de l'action politique et diplomatique de la nation.

Selon toute vraisemblance, ces opérations continueront à relever de deux grandes catégories.

Les *opérations de stabilisation* sont très différenciées : opérations d'interposition entre belligérants, opérations de stabilisation consécutives à des conflits internes, opérations de sécurisation de pays ou de régions, interventions relevant de la responsabilité de protéger. La France devrait rester un contributeur très sollicité. Sa participation aux opérations devra respecter les principes directeurs énoncés précédemment (chapitre 3). Elle impliquera généralement des contingents relativement limités (de l'ordre de 1 000 à 5 000 militaires, sans compter les moyens navals et aériens). Les forces armées auront à déployer et entretenir des contingents de ce type sur plusieurs théâtres, dans des zones géographiques lointaines, souvent peu accessibles, aux caractéristiques physiques, humaines et économiques difficiles. Ces opérations s'inscrivent dans un temps long et connaissent de fortes évolutions, qui nécessitent sur place une adaptation permanente du dispositif, et, par contrecoup, une adaptation dans l'économie générale des déploiements français. Deux risques devront être sans cesse circonscrits : le recours à des unités combattantes en dehors de leur cadre d'emploi (par exemple dans des missions de police ou de maintien de l'ordre) et la dispersion excessive des moyens sur plusieurs théâtres.

Les *opérations de force de grande ampleur* ne doivent pas être exclues, comme en témoigne l'analyse des risques de conflit où la France pourrait se trouver engagée. Le recours à une force militaire dans une guerre nécessite un délai de préparation et de déploiement de plusieurs mois. L'opération elle-même comporte généralement une phase aiguë, de coercition, suivie d'une phase de stabilisation progressive qui peut s'étendre sur des années.

Il n'y a pas de césure stricte entre ces deux types d'opérations. Une opération majeure peut être suivie d'une opération de stabilisation ou une opération de stabilisation connaître une flambée de violence. Quel que soit le type d'opération, la force déployée à terre, en mer ou dans les airs doit rester en mesure d'adapter sa posture au contexte et de mener simultanément des actions ponctuelles de combat de haute intensité, de sécurisation de zone, ou de secours aux populations.

Cette capacité d'adaptation permanente explique pourquoi la France ne fait pas le choix de la spécialisation de ses forces, mais vise la *polyvalence*. Le critère du *nombre* – effectifs et équipements – demeure pertinent et ne peut être entièrement compensé par la qualité. Rapproché du constat du durcissement des conflits, accroissant les risques pesant sur les forces au contact, il nécessite de *poursuivre l'effort sur la protection et la capacité offensive des forces françaises* – notamment à distance – afin qu'elles conservent leur liberté d'action.

L'aptitude à durer dans les engagements découle de la faculté d'adaptation des moyens disponibles – ainsi que d'une redondance raisonnable –, de leur adaptation aux contextes prévisibles et, en définitive, de la qualité des hommes et des femmes au combat ainsi que de leur entraînement.

LES OPÉRATIONS MIXTES, CIVILES ET MILITAIRES, HORS DU TERRITOIRE NATIONAL

Le cas le plus courant est celui d'opérations qui précèdent, accompagnent ou prolongent une action militaire, notamment pour la reconstruction ou la consolidation de la paix.

Jusqu'à la fin de la guerre froide, la coupure était nette entre les opérations militaires, les guerres et les opérations civiles et civilo-militaires. Cette séparation s'est estompée, au point *qu'il n'est plus guère possible de concevoir une opération militaire qui ne serait pas accompagnée d'une action civile.*

À l'issue d'une opération militaire, le dernier contingent militaire international ayant quitté le territoire concerné, l'intervention civile internationale se poursuit, au profit des institutions politiques résultant de la crise, notamment pour organiser l'aide internationale, l'assistance administrative et judiciaire et le soutien au développement économique, comme on le voit dans les Balkans.

Ces opérations sont complexes et n'ont pas encore suscité de « doctrine internationale » fermement établie. Au contraire, chacune est prise comme un cas d'espèce, nombre d'actions cohabitant sur un même théâtre et poursuivant des objectifs parallèles. Le seul point commun admis est la prééminence de l'Organisation des Nations unies. Néanmoins, ce postulat se concrétise rarement par une action coordonnée de toutes les parties prenantes, tant locales qu'étrangères.

La stratégie de sécurité nationale a pour ambition de définir et développer pour la France une action globale des pouvoirs publics plus efficace et plus cohérente.

Certaines capacités sont à développer d'urgence. Pour prendre sa part dans des opérations civiles de grande ampleur, la France doit identifier, recruter et déployer un personnel civil volontaire spécialisé : administrateurs, magistrats, experts économiques.

En outre, elle doit développer les outils financiers et juridiques appropriés pour assurer la qualité et la cohérence de son action sur les théâtres d'opérations, ainsi que la visibilité et la traçabilité de sa contribution. À ce titre doit être définie une véritable stratégie de « sortie de crise » associant étroitement et le plus tôt possible les entreprises françaises à la reconstruction économique et financière des pays concernés.

Ce qui est vrai de l'instrument militaire évoqué ci-dessus l'est aussi des autres instruments de la puissance publique : il est nécessaire de mieux organiser les moyens français susceptibles d'être engagés à l'étranger dans le cadre d'une opération civile ou civilo-militaire, concourant à l'action politique et diplomatique d'ensemble de la nation.

Le choix des capacités requises pour préparer et réussir ces engagements est décrit ci-après, par fonction stratégique, et s'organise sur deux horizons temporels (court-moyen terme, d'ici 2015, et moyen-long terme, 2025).

CHAPITRE 8

CONNAÎTRE ET ANTICIPER

Dans un environnement international marqué par de grandes incertitudes et des préavis qui peuvent être très courts, les moyens de la connaissance et de l'anticipation constituent la première ligne de défense d'un pays. Ils doivent offrir au décideur, le plus en amont possible de l'irruption des crises, des éléments d'appréciation de situation (variété et gravité des risques et des menaces, opportunités pour les intérêts français et européens, etc.) qui lui donnent une capacité de choix mieux étayée entre les modes d'action envisageables. C'est pourquoi la fonction connaissance et anticipation est érigée pour la première fois en fonction stratégique à part entière. Elle recouvre plusieurs domaines.

Le renseignement

Le renseignement a pour objet de permettre aux plus hautes autorités de l'État, à notre diplomatie, comme aux armées et au dispositif de sécurité intérieure et de sécurité civile, d'anticiper et, à cette fin, de disposer d'une autonomie d'appréciation, de décision et d'action.

En présentant de façon aussi exhaustive et fidèle que possible l'état des risques, des menaces et des opportunités dans les domaines les plus variés (politique, militaire, économique, énergétique, etc.), le renseignement éclaire la décision autant qu'il précède, appuie et suit l'action.

Il doit donc assurer une veille permanente pour déceler les risques nouveaux, les premiers signes d'évolutions intéressant notre sécurité. Il permet de préparer la planification et de conduire des opérations. Il doit offrir à la France la capacité de préserver l'initiative stratégique et de conserver son autonomie de décision.

L'acquisition du renseignement résulte de plusieurs ensembles qui seront étroitement associés : le recueil de l'information sur le terrain, au moyen de sources humaines ou de « capteurs techniques » ; l'action des services de renseignement, civils et militaires ; l'action des unités militaires spécialisées. Dans tous les cas, l'information est exploitée, c'est-à-dire croisée, synthétisée et analysée, puis transmise en fonction de son intérêt aux décideurs.

Cela suppose, d'une part une organisation favorisant la diffusion et la prise en compte de l'information en temps réel, et d'autre part la mise à niveau de nos capacités de recueil et de traitement des informations.

Le renforcement systématique de nos moyens de renseignement fera l'objet d'une planification d'ensemble, qui sera mise en œuvre selon quatre axes.

Un effort indispensable pour les ressources humaines

Le renseignement repose d'abord sur les hommes qui le recueillent, l'analysent et l'exploitent, dans des conditions parfois périlleuses. L'attention au recrutement, à la formation et au déroulement des carrières sera donc renforcée. La gestion des ressources humaines fera l'objet d'un suivi concerté entre les ministères et les services, afin d'en tirer le meilleur parti (*cf.* chapitre 14).

Le recrutement et le déroulement des carrières

Le niveau des effectifs sera renforcé et l'effort en matière de recrutement des personnels développé, notamment en ce qui concerne la lutte antiterroriste, la contre-prolifération, la lutte contre la criminalité organisée, le contre-espionnage et la lutte contre l'ingérence économique. Les personnels techniques seront également augmentés, qu'il s'agisse des ingénieurs, des techniciens, des linguistes, des interprètes-images ou des spécialistes de la programmation de ces moyens.

La création de filières valorisées dans le renseignement sera favorisée. Le recrutement doit être plus ouvert, non seulement aux filières spécialisées ou techniques de la fonction publique, mais aussi aux universités et aux grandes écoles, avec un recours plus aisé aux contractuels.

Des normes communes de gestion des carrières seront définies, s'agissant du recrutement des personnels, de leur mobilité, mais aussi de la formation initiale et continue. Une *académie du renseignement* développera un programme de formation, véritable « tronc commun », défini entre les services, hébergé par eux et sanctionné par un brevet reconnu par tous.

Les ressources humaines devront être mieux mises en valeur, par exemple pour les langues rares. L'affectation des agents par détachement d'une filière à une autre, ainsi qu'une mobilité accrue entre les services et entre les ministères seront encouragées.

Les sources humaines du renseignement

Une attention spéciale sera apportée, dans l'effort global, au renseignement de source humaine. Cela implique une amélioration du recrutement et de la formation des personnels chargés de cette mission, une augmentation du nombre de sources et une amélioration de leur répartition géographique en fonction de nos centres d'intérêt prioritaires.

Le développement des capacités techniques

Les évolutions technologiques rapides justifient l'accroissement de nos moyens techniques pour mieux assurer la sécurité du pays. Un saut qualitatif et quantitatif est d'autant plus nécessaire que nous devons conserver un bon niveau pour pouvoir dialoguer avec les quelques pays qui sont nos interlocuteurs majeurs, présents et à venir, dans le domaine du renseignement. Or les moyens de ces pays connaissent un fort accroissement depuis 2001, dont nos services n'ont pas bénéficié à la même échelle.

Les performances des services et des unités militaires seront améliorées, afin de répondre, sur la durée, aux besoins croissants résultant de la nouvelle stratégie. Dans certains domaines, la complémentarité entre les différentes sources, spatiales, terrestres, navales et aériennes, doit être garantie. Un effort à la fois qualitatif et quantitatif sera lancé *dès 2008* et mené de façon continue sur les quinze ans à venir.

Le réseau Internet est devenu crucial pour notre sécurité. Les moyens techniques de l'État dans ce domaine seront renforcés et, corrélativement, le nombre de techniciens et d'experts spécialisés dont il peut disposer sera accru.

L'effort portera également sur l'espace, facteur déterminant de l'autonomie stratégique. Les moyens basés dans l'espace, affranchis des contraintes qui pèsent sur les survols aériens, permettent de couvrir un large éventail de besoins, depuis la veille stratégique jusqu'à la planification et la conduite des opérations.

Le renseignement d'origine spatiale et la lutte contre la prolifération

La lutte contre la prolifération, balistique notamment, illustre ce que peut apporter le renseignement d'origine spatiale en complément des autres sources, les sources humaines en particulier. Plus le renseignement sera ici précoce, mieux il permettra de prévenir les risques et de planifier les réponses.
Les plus hautes autorités de l'État doivent disposer du maximum d'informations de source nationale sur l'origine, la crédibilité de la menace et les intentions des adversaires potentiels. Cet objectif implique d'accroître nos capacités dans le domaine des satellites d'observation (optique visible, infrarouge et radar) et de constituer les moyens de détection et d'alerte (radar et spatial) des tirs de missiles balistiques (voir chapitre 11).

Les capacités de *renseignement d'origine image* reposent sur des moyens complémentaires, de niveau stratégique (satellite d'observation), ou de niveau opératif (c'est-à-dire sur un théâtre d'opération) ou tactique (c'est-à-dire sur le terrain, grâce à des observateurs humains, drones et capteurs embarqués sur avions). Aujourd'hui, nos besoins en imagerie spatiale sont couverts par le programme Hélios 2, pour les images de très haute résolution dans le domaine visible et les images infrarouges, et par le complément d'images tout temps qu'apportent les échanges avec l'Allemagne et l'Italie, grâce, la première aux systèmes spatiaux SAR-Lupe (2007), la seconde au programme Cosmo-Skymed (2009). Un *programme européen, MUSIS* (*Multiuser Satellite Imagery System*), doit permettre de lancer la prochaine génération de capteurs spatiaux. La composante optique sera ainsi renforcée en *2015* par une capacité dite « de reconnaissance », c'est-à-dire de très haute résolution de l'image, ainsi qu'une capacité supérieure d'identification. Parallèlement, l'Allemagne et l'Italie ont prévu de développer leurs capacités radar. Afin d'éviter un risque de discontinuité correspondant à la fin de vie d'Hélios 2B, la réalisation de la composante optique du programme MUSIS sera entreprise par la France dès *2008*.

Dans le domaine aéroporté, l'effort portera en particulier sur les *drones*, aéronefs pilotés à distance, qui permettent d'accéder à la maîtrise de l'information sur les théâtres de crise et de faciliter ainsi l'engagement opérationnel de nos forces. Un système de drone MALE (moyenne altitude longue endurance) devrait être opérationnel au milieu de la prochaine décennie. Il permettra d'acquérir une capacité de recueil de renseignement plus complète que celle proposée aujourd'hui par les drones tactiques.

L'effort portera également sur les systèmes de nouvelle génération embarqués sur avion de combat.

Le *renseignement d'origine électromagnétique* recouvre le recueil, la localisation, l'identification et l'exploitation des émissions électromagnétiques. Il permet de renforcer notre appréciation autonome des situations et d'améliorer l'autoprotection de nos forces. La composante spatiale fera l'objet du programme CERES (Capacité de renseignement électromagnétique spatiale), ouvert à la coopération européenne, qui sera lancé à court-moyen terme, afin d'être opérationnel au milieu de la prochaine décennie. Dans le domaine aéroporté, l'effort concernera en particulier les capteurs embarqués sur avions (successeurs de l'avion Transall Gabriel) et une capacité de drones. Il portera également sur des moyens terrestres (détachements avancés de transmissions, notamment) et navals (bâtiment d'écoute et sous-marins nucléaires d'attaque).

Globalement, la part réservée aux investissements techniques dans les budgets annuels des services de renseignement devra donc augmenter.

Afin de marquer la priorité accordée à l'ensemble des moyens interarmées concourant à la connaissance et à l'anticipation, *une planification et une programmation spécifiques* en cette matière seront développées par l'état-major des armées.

Le Conseil national du renseignement

Le périmètre actuel des services de renseignement répond à la diversité des missions qui leur sont demandées. Il n'est donc pas envisagé de le modifier au-delà des réformes récentes, qui ont permis d'accroître l'efficacité du dispositif et qui voient, en 2008, la création de la Direction centrale du renseignement intérieur (DCRI).

Toutefois, l'organisation du renseignement nécessite une meilleure coordination et la recherche de complémentarités mieux définies qu'aujourd'hui.

C'est la raison pour laquelle une gouvernance renforcée sera mise en place, articulée autour d'un Conseil national du renseignement.

Au niveau opérationnel, les coopérations entre services d'un même ministère ou de ministères différents qui existent déjà seront formalisées et accrues dans de nouveaux domaines. L'objectif est, pour éviter une dispersion des efforts et des ressources humaines dans un contexte budgétaire contraint, de mieux utiliser les moyens, de développer les synergies entre services sur des finalités communes et d'identifier les redondances ou les lacunes. Dans le cadre de ces coopérations, la politique d'équipement devra faire l'objet de mises en commun systématiques. Le ministère de la Défense, avec la Direction générale de la sécurité exté-

Principaux pays disposant de satellites en 2008

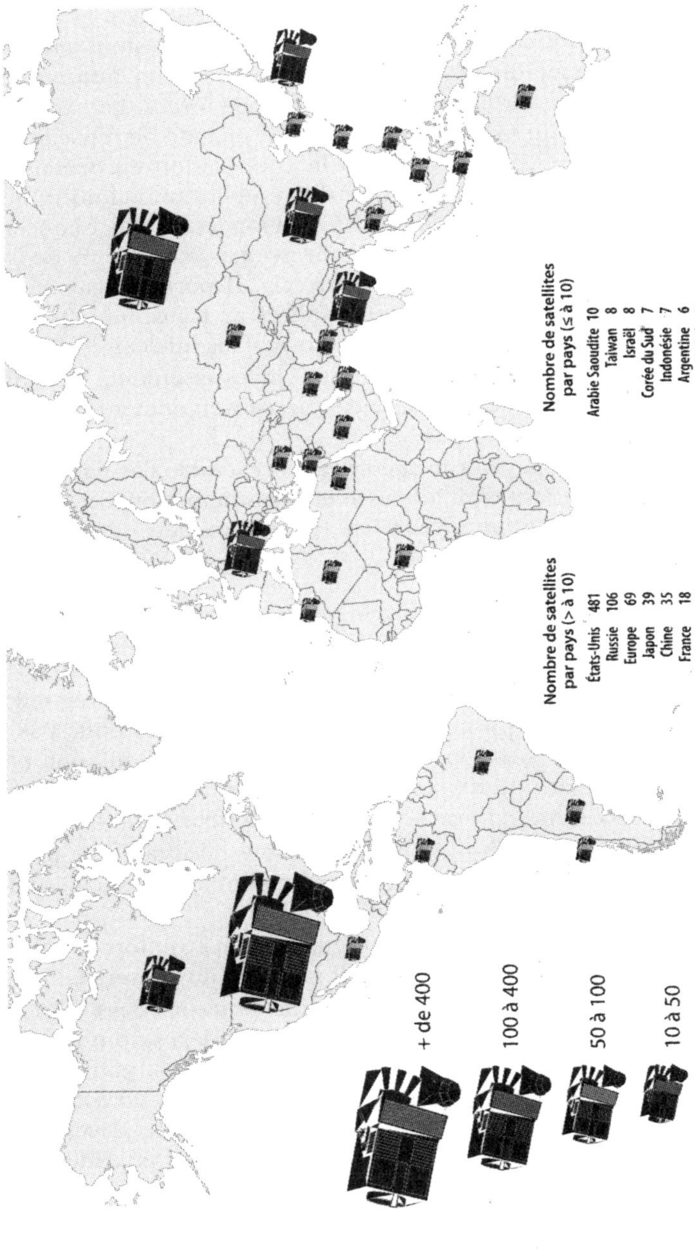

Source : ministère de la Défense (sources ouvertes).

Les services de renseignement en France

Le renseignement est structuré en France autour de plusieurs services complémentaires :
– deux services à compétence générale : la Direction générale de la sécurité extérieure (DGSE), qui est chargée de la recherche et de l'exploitation du renseignement à l'extérieur du territoire national, et la Direction centrale du renseignement intérieur (DCRI), dont l'activité de renseignement et de police judiciaire est tournée vers le territoire national ;
– quatre services spécialisés : deux services qui viennent en appui du ministre de la Défense et des forces armées – la Direction du renseignement militaire (DRM) et la Direction de la protection et de la sécurité de la défense (DPSD) – et deux services spécialisés sur les questions douanières et financières – la Direction nationale du renseignement et des enquêtes douanières (DNRED) et le service « Traitement du renseignement et action contre les circuits financiers clandestins » (TRACFIN).
Au total, quelque 12 000 hommes et femmes travaillent directement au sein des services de renseignement. De plus, des unités militaires spécialisées de l'armée de terre, de la marine nationale et de l'armée de l'air remplissent des missions de renseignement d'intérêt militaire ; elles emploient 4 000 hommes.
Le renseignement économique relève des services de renseignement à compétence générale et des services plus spécialisés sur ce secteur (DNRED et TRACFIN). Leur activité doit être distinguée de ce que l'on appelle l'« intelligence économique », qui doit être fondée exclusivement sur l'exploitation de l'information émanant de sources ouvertes.

rieure (DGSE) et la Direction du renseignement militaire (DRM), concentre l'essentiel des moyens techniques et des investissements.

En matière de lutte contre le terrorisme, l'Unité de coordination de lutte contre le terrorisme (UCLAT), placée auprès du directeur général de la police nationale, continuera à assurer la coordination des services compétents.

Au niveau stratégique, un nouvel échelon de coordination entre services de renseignement sera mis en place. Il fixera les orientations, répartira les objectifs et rendra les arbitrages nécessaires. Ce nouveau dispositif sera articulé autour, d'une part, d'un Conseil national du renseignement (CNR) et, d'autre part, du coordonnateur national du renseignement, placé à la présidence de la République.

Le Conseil national du renseignement, présidé par le Président de la République, réunira en formation plénière le Premier ministre, les ministres de l'Intérieur, de la Défense, des Affaires étrangères, de l'Économie et du Budget – le cas échéant d'autres ministres, en fonction des sujets traités –, le coordonnateur national du renseignement, les directeurs des services et le secrétaire général de la défense et de la sécurité nationale, qui assurera son secrétariat.

Le Conseil définira les grandes orientations assignées aux services de renseignement (stratégies et priorités). Il adoptera une planification des objectifs et des moyens humains et techniques, donnera les impulsions et les arbitrages relatifs au cadre juridique. Il se réunira, en tant que de besoin, à la demande du Président de la République, dans un format restreint (Conseil restreint du renseignement).

Un coordonnateur national du renseignement sera institué. Placé sous l'autorité du secrétaire général de la présidence de la République, il disposera d'une structure d'appui légère. Il préparera, avec le soutien du secrétaire général de la défense et de la sécurité nationale, les décisions du Conseil national du renseignement et en suivra l'exécution. Dans ce cadre, il veillera à la planification des objectifs et des moyens du renseignement – par le biais notamment du plan d'investissement annuel –, et à leur réalisation. Il présidera les comités interministériels d'orientation des investissements techniques dans le domaine du renseignement.

Il sera le point d'entrée des services de renseignement auprès du Président de la République.

Il présidera des réunions périodiques des directeurs des services de renseignement, afin de hiérarchiser les priorités de recherche et d'instruire les demandes des services de renseignement. Le cabinet du Premier ministre sera associé à ces réunions. Cette nouvelle organisation doit aussi permettre une plus grande fluidité dans la circulation des renseignements les plus pertinents.

Le secrétariat général de la défense et de la sécurité nationale (SGDSN[1]) appuiera l'action du coordonnateur et animera des groupes de travail sur des sujets définis, en fonction des priorités arrêtées par le Conseil national du renseignement.

Parallèlement, l'information relative à l'activité des services de renseignement sera garantie à travers l'action de la délégation parlementaire au renseignement. Le contrôle externe de ces activités sera quant à lui assuré par des autorités administratives indépendantes compétentes, en particulier la commission nationale de contrôle des interceptions de sécurité et la commission de vérification des fonds spéciaux.

---

1. Qui est appelé à succéder au secrétariat général de la défense nationale (SGDN).

Nouvelle organisation du renseignement

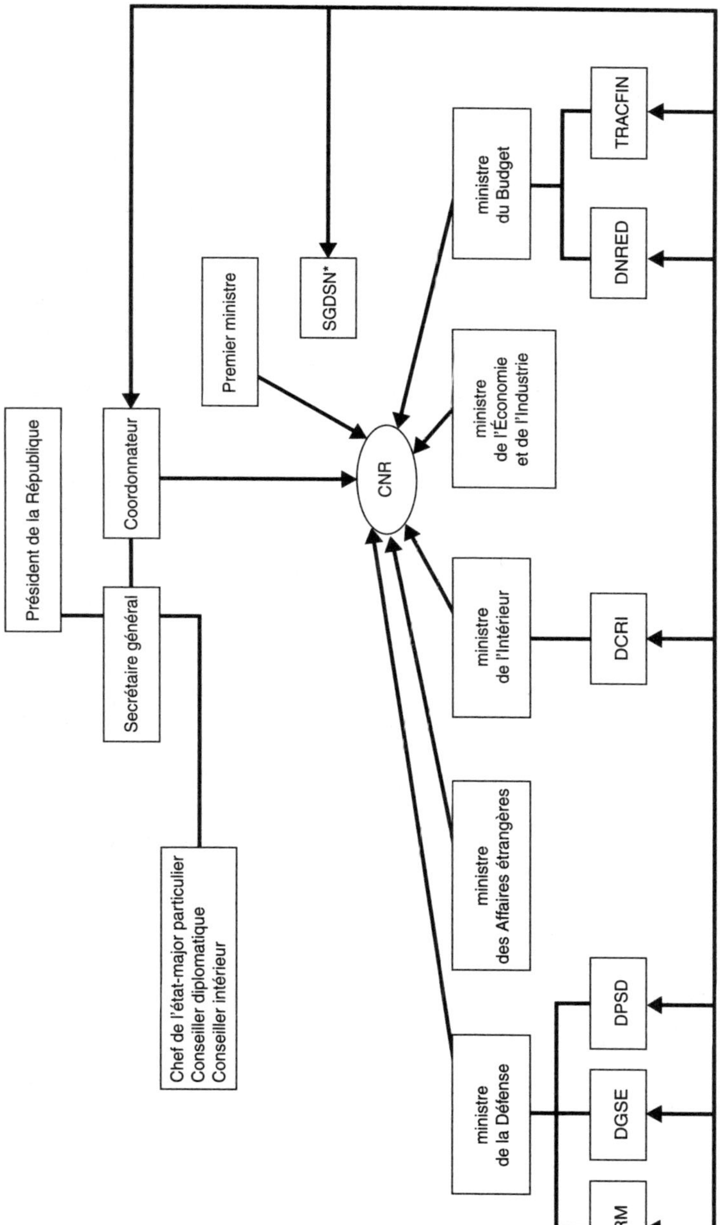

* Secrétariat du CNR et des groupes permanents inter-services.

Un cadre juridique adapté

Les activités de renseignement ne disposent pas aujourd'hui d'un cadre juridique clair et suffisant. Cette lacune doit être comblée. Un nouveau dispositif juridique définira donc les missions des services de renseignement, les garanties apportées aux personnels et aux sources humaines, ainsi que les modalités principales de la protection du secret de la défense nationale. Des adaptations de nature législative seront apportées, en respectant l'équilibre entre protection des libertés publiques, efficacité des poursuites judiciaires et préservation du secret.

À ce titre, une définition législative des missions des services de renseignement sera élaborée. Elle devra couvrir l'ensemble des missions des services de renseignement et être suffisamment précise pour les agents des services de renseignement concernés. Des dispositions seront prises pour encadrer la possibilité pour ces agents d'utiliser une identité d'emprunt et réprimer la révélation de l'identité ou de l'appartenance d'un agent à un service de renseignement, quand elle est protégée. Il en sera de même pour la préservation de l'anonymat des agents dans le cadre de procédures administratives ou judiciaires et pour la protection des sources et des collaborateurs des services : la divulgation d'informations susceptibles de révéler leur identité sera également interdite.

La protection du secret de la défense nationale doit être adaptée et renforcée. La définition du secret de la défense nationale et de sa compromission devra inclure, conformément à un avis rendu par le Conseil d'État le 5 avril 2007, les informations classifiées, les réseaux classifiés et certains lieux très sensibles, dont l'existence ou l'objet relève en lui-même du secret de la défense nationale. Des règles spécifiques pour les perquisitions judiciaires effectuées dans des lieux classifiés ou abritant des secrets de la défense nationale feront également l'objet de dispositions législatives.

La consultation des données techniques et des fichiers administratifs mentionnés dans la loi du 23 janvier 2006 relative à la lutte contre le terrorisme, ou de celles des fichiers de police judiciaire devra être élargie. En outre, les échanges d'informations entre la DNRED et le service TRACFIN d'une part, et les autres services de renseignement d'autre part, seront autorisés par la loi. Parallèlement, la loi du 10 juillet 1991 relative au secret des correspondances émises par la voie des communications électroniques sera aménagée, afin de tenir compte des évolutions techniques récentes.

Au total, c'est *une démarche d'ensemble, systématique et à long terme*, qui doit être mise en œuvre dans notre système national de renseignement, pour que celui-ci réponde aux attentes liées à la protection à venir des intérêts du pays.

L'espace au service de la stratégie de défense et de sécurité nationale

L'espace extra-atmosphérique est devenu un milieu aussi vital pour l'activité économique mondiale et la sécurité internationale que les milieux maritime, aérien ou terrestre. La France, comme l'ensemble de ses partenaires de l'Union européenne, est opposée à ce que l'espace devienne un nouveau champ de bataille. Notre pays n'envisage pas de se doter d'armes dans l'espace et poursuivra ses efforts diplomatiques en matière de non-militarisation de l'espace.
En revanche, le déploiement dans l'espace de satellites de toute nature – communication, observation, écoute, alerte, navigation, météorologie, etc. – est devenu un élément indispensable pour toutes les fonctions stratégiques. Aussi notre pays fera-t-il un effort particulier dans le domaine spatial, pour que soit assurée la cohérence avec les besoins de notre défense et de notre sécurité nationale.

Cette ambition spatiale concernera à la fois :
– *Les capacités* : notre pays assurera la continuité et la modernisation des satellites d'observation et de communication, devenus indispensables pour l'acquisition du renseignement d'une part, la conduite des interventions militaires d'autre part : dès 2008 sera engagé le volet optique du programme MUSIS pour une mise en service en 2015.
La France se dotera d'une capacité significative en matière de satellites de renseignement d'origine électromagnétique, après les succès des satellites expérimentaux dans ce domaine : ainsi le système satellitaire CERES sera réalisé au milieu de la prochaine décennie. Face à la menace balistique, une capacité de détection et d'alerte des tirs de missiles balistiques sera réalisée d'ici 2020, préparée par la mise en place d'un système probatoire dans le courant de la prochaine décennie. La surveillance de l'espace, qui est devenue un grand enjeu civil et militaire, fera aussi l'objet d'efforts particuliers, en liaison avec nos partenaires européens.
D'une manière générale, la coopération européenne sera encouragée dans le domaine spatial, notamment sous la forme de mutualisations.
– *Le budget* : pour financer ces programmes, *les crédits consacrés aux programmes spatiaux militaires*, qui sont tombés à 380 millions d'euros en 2008, *seront doublés en moyenne annuelle* sur la période à venir.
– *L'organisation* : étant donné l'importance croissante du milieu spatial pour la défense et la sécurité nationale, la doctrine, les opérations et les programmes spatiaux seront placés *sous la responsabilité d'un commandement interarmées identifié et dédié*, placé sous l'autorité du chef d'état-major des armées. Sous la direction de ce nouveau commandement, *l'armée de l'air* verra ses compétences accrues dans la mise en œuvre des capacités spatiales.

La connaissance des zones d'opération potentielles

La connaissance des zones d'opération potentielles est un élément déterminant pour toute forme d'action militaire. La France, par sa géographie et du fait de ses responsabilités internationales, accorde une attention particulière à cette dimension. Les départements et collectivités d'outre-mer totalisent une superficie de près de 122 000 km^2, répartis sur l'ensemble du globe. Cette présence confère des atouts pour la connaissance des zones sensibles dans le monde.

La présence sur les zones d'opération

La connaissance des zones d'opération potentielles résulte d'une familiarisation régulière avec les zones considérées. Elle devra être réalisée en priorité sur l'axe stratégique allant de l'Atlantique à l'océan Indien, notamment par le recueil de l'information au moyen de tous les capteurs techniques (spatiaux, aériens, terrestres et navals) auxquels ont accès nos forces. Notre connaissance bénéficiera aussi de l'implantation de nos moyens prépositionnés en Afrique et dans le Golfe, et de celles nos forces de souveraineté (Antilles-Guyane, océan Indien, Pacifique).

La connaissance des aires culturelles

Les zones d'opérations potentielles doivent également être connues sous l'angle politique et socioculturel. De ce point de vue, une plus grande utilisation des travaux des centres et instituts de recherche, ainsi que des universités comprenant des spécialistes des zones de tension actuelles et potentielles, doit être encouragée. Les centres de prospective de l'État devront susciter des travaux sur ces régions.

Les besoins en données géophysiques

L'évolution technologique des armements, la plus grande complexité des actions à mener et la maîtrise des dommages collatéraux placent les données d'environnement géophysiques au cœur de la maîtrise des systèmes de défense. Il y a dix ans, seuls quelques systèmes d'armes y avaient recours. Aujourd'hui, il n'est pas un système d'armes qui ne soit pas concerné par cette capacité.

La connaissance des zones d'opération potentielle repose donc aussi sur l'acquisition de ces données fournies en particulier par des moyens cartographiques et météorologiques.

S'agissant des moyens de collecte, des programmes existent (données géographiques numériques, données hydrographiques et océanographiques, et données météorologiques). Une démarche d'ensemble, aux niveaux national et européen, sera entreprise pour structurer la capacité globale de collecte et d'emploi de ces données dans les systèmes d'armes. Les efforts porteront en particulier sur le développement de moyens de recueil et d'analyse réactifs pour faciliter des déploiements rapides. Cette capacité est d'autant plus importante que la France serait amenée à assurer des responsabilités de commandement d'opérations dans ces zones.

La valorisation du réseau diplomatique

Grâce à ses ambassades bilatérales, ses représentations multilatérales et ses postes consulaires, notre pays dispose d'un réseau d'information extérieure et d'une ouverture sur le monde exceptionnels. Ce réseau joue un rôle primordial dans le recueil, la circulation, le partage et l'analyse des informations, pour la plupart « ouvertes », de toute nature, par l'ensemble des services de l'État présents à l'étranger.

Un effort sera entrepris pour que les responsables de notre diplomatie puissent mieux exploiter l'ensemble constitué par ces informations, les analyses des sources diplomatiques et le renseignement établi par les services spécialisés. Il implique d'accroître les échanges entre les différents services de l'État qui travaillent dans les pays concernés, sous l'autorité de l'ambassadeur, et de croiser les différentes sources.

Ces échanges devront être systématisés et se concrétiser, par exemple, sous la forme d'un comité restreint se réunissant régulièrement autour de l'ambassadeur.

Au niveau des administrations centrales, l'ensemble des informations recueillies sur le terrain devra être mis en cohérence. Les relations de travail du ministère des Affaires étrangères et européennes, et des autres ministères, avec les services spécialisés seront intensifiées. L'objectif est de disposer d'analyses communes et pluridisciplinaires des risques de sécurité.

La démarche prospective

La démarche prospective doit être développée au sein de l'État, dans les universités et dans les milieux de la défense et de la sécurité, pour pouvoir anticiper la montée en puissance de risques et de menaces, les opportunités pour les intérêts français et européens et afin d'orienter en temps utile les politiques et les dispositifs de prévention et de réponse.

Elle doit permettre une plus grande confrontation entre les analyses. Les champs concernés sont pluridisciplinaires et interdisciplinaires. Ils concernent à la fois la stratégie militaire et de sécurité, la géopolitique, les sciences humaines, les sciences économiques, la recherche scientifique et technologique.

Les besoins en matière de prospective rendent nécessaires :

– une coordination des efforts au sein de l'État par *la mise en place d'un réseau interministériel* constitué notamment du secrétariat général de la défense et de la sécurité nationale, du ministère de l'Intérieur, de l'Outre-mer et des Collectivités locales (délégation à la prospective et la stratégie), du ministère de la Défense (délégation aux affaires stratégiques), du ministère des Affaires étrangères et européennes (centre d'analyse et de prévision) et du secrétariat d'État chargé de la prospective, de l'évaluation des politiques publiques et du développement de l'économie numérique (centre d'analyse stratégique) ;

– la mise en place, à cette fin, d'un *portail Internet commun* permettant de présenter une vision globale des compétences des différents centres de prospective ; les thématiques de recherche et les productions intellectuelles seront ainsi mieux connues et la diffusion des appels à projet sera élargie ;

– un développement des synergies et la mise en place de passerelles (lieux d'échange, filières, mobilité...), voire de *moyens mis en commun ou en réseau* (cellules de veille, centres de documentation...), entre les administrations et les milieux universitaires, les centres de recherche, les instituts privés et l'industrie ;

– le *soutien de la recherche intéressant la défense et la sécurité*, à travers un effort financier permettant de développer et d'entretenir les compétences mobilisables par la puissance publique. En effet, les centres de recherche universitaires et les instituts de recherche pâtissent aujourd'hui de moyens très inférieurs à ceux consentis par nos principaux partenaires. Cet effort sera accru à court et moyen terme. Il devra être accompagné d'une rationalisation des commandes à l'échelon interministériel, afin de répondre en temps utile aux besoins de l'État, et d'une meilleure circulation de l'information au sein des administrations ;

– le développement des échanges internationaux, plus particulièrement européens, en prenant appui sur notre réseau diplomatique et le service européen d'action extérieure en cours de constitution. Un effort particulier sur le programme-cadre de recherche et de développement (PCRD) sera également engagé.

La maîtrise de l'information

La notion de « maîtrise de l'information » recouvre la capacité, tant pour les décideurs civils et militaires, que pour les agents de l'État déployés sur le terrain, d'accéder en temps utile à l'information et en faire un usage opérationnel efficace. L'objectif est de garantir, en temps normal comme en temps de crise, que tous les acteurs de la sécurité nationale puissent partager les informations pertinentes, et que les décideurs soient en mesure de formuler et de transmettre au bon moment les ordres nécessaires.

La maîtrise de l'information repose sur quatre piliers :

– la *transmission* de l'information en temps utile, permettant de relier les centres de décision et d'exécution grâce à des débits suffisants ;

– l'*interopérabilité* des réseaux d'information, qui optimise la circulation de l'information ;

– la *protection* de l'information, ou sécurité des systèmes d'information, qui permet d'assurer la confidentialité, la disponibilité et l'intégrité du système et de l'information traitée ;

– la *vérification* de l'information, de sa fiabilité et de sa bonne circulation, ainsi que sa valorisation.

L'accès – fiable, ou sécurisé et en temps réel – à l'information constitue une condition essentielle de la souveraineté et de la liberté d'action. Elle est indispensable pour disposer de la capacité d'entrée en premier sur un théâtre d'opération et garantir une capacité d'intervention en tant que nation-cadre.

La maîtrise de l'information s'appliquera au niveau stratégique, c'est-à-dire au niveau des hauts décideurs civils et militaires, au niveau des théâtres d'opération et sur le terrain.

Au niveau *stratégique*, l'objectif est de mettre en réseau tous les responsables intéressés, afin d'éclairer la prise de décision. Il implique d'étendre le réseau interministériel ISIS (Intranet sécurisé interministériel pour la synergie gouvernementale), et de garantir, par un système de communication spatial adapté couvrant l'ensemble de la planète, une interaction permanente entre les centres de décision gouvernementaux et nos forces déployées.

Au niveau des *opérations*, la priorité consiste à disposer des moyens radio tactiques, à doter nos forces de réseaux à haut débit et à développer la numérisation de l'espace opérationnel. L'objectif poursuivi est d'optimiser la connaissance des situations sur le terrain et l'emploi des systèmes d'armes engagés, ainsi que l'intégration de chaque niveau dans une architecture globale et cohérente, allant des centres de situation gouvernementaux aux commandements en action.

Dans tous les cas de figure, il convient de disposer, d'une part, de réseaux de communication interopérables sécurisés (intra et interministères) et, d'autre part, de systèmes efficaces de partage et de traitement de l'information (aide à la décision, présentation de l'information, messagerie sécurisée...), réduisant les temps de traitement et renforçant le *travail en réseau*. Ces réseaux doivent aussi permettre les échanges avec nos principaux partenaires et alliés.

L'évolution actuelle et future des systèmes d'information transformera en profondeur les processus de décision, et suscitera, à tous niveaux, *des pratiques nouvelles dans l'exercice de la décision, ainsi que dans la conduite des actions militaires et de sécurité*. Aussi, parallèlement à l'effort à mener en matière d'équipements, *des efforts en matière de formation, d'adaptation et d'organisation seront-ils entrepris*.

Les principales décisions en matière de connaissance et d'anticipation

• **Organisation et coordination**

– création, auprès du Président de la République, d'un Conseil national du renseignement ;

– mise en place d'un coordonnateur national du renseignement à la Présidence de la République ;

– élaboration de dispositions législatives sur les activités des services de renseignement, sur la protection du secret de la défense nationale ainsi que sur la protection des personnels ;

– valorisation du réseau diplomatique, afin d'assurer un meilleur partage, par l'ensemble des services de l'État présents à l'étranger, des informations « ouvertes » ; sensibilisation du réseau diplomatique au renseignement ;

– coordination et développement de la démarche prospective au sein de l'État, en particulier par la mise en place d'un réseau interministériel.

• **Ressources humaines et formation**

– valorisation des filières renseignement ; création d'une académie du renseignement ;

– recrutement de spécialistes (ingénieurs, informaticiens, interprètes-images et linguistes, notamment) pour la mise à niveau des capacités techniques et des compétences, ainsi que de généralistes ;

– effort dans le domaine de la connaissance des zones d'opérations potentielles, en favorisant notamment la connaissance des cultures des pays étrangers par les agents de l'État.

• **Investissements techniques**

– renforcement des capacités techniques des services de renseignement en réponse au développement des technologies d'information et de communication, notamment Internet ;

– nouvelle planification du renseignement d'origine spatiale, avec un effort majeur dans le domaine de l'imagerie et dans celui du renseignement d'origine électromagnétique ;

– renforcement des capacités aéroportées d'acquisition du renseignement image et électromagnétique, avec un accent particulier sur les drones ;

– développement des capacités de collecte et d'emploi des données géophysiques par les systèmes d'armes ;

– effort en matière de maîtrise de l'information afin d'optimiser la prise de décision et de développer la numérisation de l'espace opérationnel.

CHAPITRE 9

PRÉVENIR

La prévention consiste à agir pour éviter l'apparition ou l'aggravation de menaces contre notre sécurité. Pour être efficace, la stratégie de prévention doit s'appuyer sur des moyens multiples : diplomatiques, économiques, militaires, juridiques, culturels, associés de manière coordonnée et mis en œuvre à l'échelle internationale européenne et nationale. Cette dimension collective et intégrée est aujourd'hui la condition *sine qua non* de l'efficacité de la prévention dans le contexte de la mondialisation.

Un système de veille et d'alerte précoce

Une capacité d'analyse des situations de crise potentielles sera mise en place, notamment sur la pauvreté, les inégalités, les discriminations, la rareté des ressources naturelles, la fragilité des États, les risques naturels et technologiques.

La nature diversifiée des menaces à quinze ans rend nécessaire *une organisation interministérielle permanente*. Un *réseau* sera créé à cette fin, impliquant au premier chef les ministères des Affaires étrangères et européennes, de la Défense, de la Justice, de l'Intérieur, des Finances et l'Agence française du développement (AFD), pour assurer le partage des informations, la veille des situations et l'alerte précoce des services de l'État.

Cette capacité s'appuiera sur un réseau d'experts extérieurs spécialisés dans la compréhension des évolutions scientifiques, géopolitiques, sociales, économiques.

Le système de veille et d'alerte insérera son action dans une démarche coordonnée avec nos partenaires européens. L'Union européenne dispose d'un centre de situation vers lequel convergent les évaluations nationales des zones de crise. Les moyens de ce centre et sa capacité à alerter conjointement les États dès les premiers signes méritent d'être accrus. Le service européen d'action extérieure devra aussi intégrer cette dimension lors de sa mise en place.

Concernant les risques naturels ou technologiques, la France entend promouvoir, à l'échelle internationale, un dispositif renforcé de veille et d'alerte précoce, tel que celui adopté par l'ONU depuis le tsunami de l'océan Indien de décembre 2004. À titre national, la France doit se doter des capacités de détection, d'analyse et de réaction permettant en permanence aux pouvoirs publics de connaître les risques naturels majeurs et de développer leur prévention.

La réorientation de la coopération de défense et de sécurité

Les capacités de coopération de la France sont aujourd'hui considérables, du fait de l'étendue de notre présence internationale et de la reconnaissance par nos partenaires de la qualité de nos instruments.

Cependant, elles souffrent de plusieurs défauts qu'il est urgent de corriger.

Nos moyens sont mal répartis dans le monde et trop dispersés. Ils n'obéissent pas à la logique stratégique qui doit inspirer nos actions futures. Ils reposent, pour partie, sur des cadres juridiques périmés, par exemple les accords de défense conclus avec les pays d'Afrique au début des années 1960. La coopération militaire et la coopération dans le domaine de la sécurité intérieure et de la sécurité civile sont insuffisamment coordonnées, alors même que les intérêts de sécurité qui sont en cause mêlent de plus en plus les deux champs.

UNE MEILLEURE RÉPARTITION GÉOGRAPHIQUE

L'effort de coopération de la France doit venir en appui de la stratégie de sécurité nationale et répondre à nos objectifs dans les zones d'intérêt stratégique, à notre analyse de sécurité et à l'évolution des risques dans ces régions, selon une appréciation partagée avec les pays et les organisations régionales qui seront nos partenaires dans la coopération.

Un exemple de partenariat : le bassin méditerranéen

La France considère que la sécurité du bassin méditerranéen et celle de l'Europe sont intimement liées.
Cette volonté se concrétise d'abord dans le cadre de l'*Union européenne*. L'Union dispose en effet de mécanismes financiers et institutionnels appropriés pour fournir les bases d'une relation équilibrée avec son voisinage immédiat, à travers des partenariats associant les questions économiques, culturelles, politiques et de sécurité.
Cette approche, essentielle en matière de prévention, se fonde sur des principes de transparence et d'équilibre et vise un objectif de relations à long terme. Elle se traduit concrètement par l'insertion, dans les accords de coopération, de clauses sur le respect des droits de l'homme, la lutte antiterroriste ou la lutte contre la prolifération.
La France entend privilégier ce type de démarche. Elle soutient le *processus de Barcelone* qui a vu le jour en 1995 et regroupe les États membres de l'Union européenne et les États du sud et de l'est de la Méditerranée : Maroc, Algérie, Tunisie, Égypte, Israël, l'Autorité palestinienne, Jordanie, Liban, Syrie et Turquie. La Libye est observatrice et la Mauritanie, candidate à devenir membre du partenariat, est traditionnellement conviée au titre d'« invitée spéciale de la Présidence ».
Ce partenariat comporte trois volets : politique ; économique et financier ; culturel, social et humain. Il constitue la seule enceinte qui réunit depuis plus de dix ans l'ensemble des pays riverains de la Méditerranée. L'objectif est de développer les coopérations entre États arabes, européens, israéliens et turcs. Les retombées concrètes de ce partenariat sont tangibles : création d'une zone de libre-échange en 2010 ; accords d'association ; progression des exportations des pays méditerranéens vers l'Union à un rythme moyen de 7,2 % par an depuis 1990 contre 4,2 % dans le reste du monde.
Pour répondre, dans les quinze ans qui viennent, aux enjeux de sécurité de cette zone, *une nouvelle étape de la relation euroméditerranéenne doit être franchie*. Elle prendra place dans le projet d'Union pour la Méditerranée qui ira plus loin en termes politiques. Il s'agira de développer de véritables partenariats entre les deux rives, grâce à des projets régionaux concrets, notamment dans les domaines économiques et environnementaux qui concourent à la stabilité. Il est en effet de l'intérêt partagé des pays du bassin méditerranéen, comme de ceux de l'Union européenne, d'agir ensemble et de manière coordonnée dans ces domaines.
Vont dans le même sens le *dialogue méditerranéen de l'OTAN* et le *dialogue « 5 + 5 »* qui constitue une enceinte politique informelle regroupant dix pays riverains du bassin occidental de la Méditerranée : les cinq pays de l'Union du Maghreb arabe (l'Algérie, la Libye, le Maroc, la Mauritanie, la Tunisie), ainsi que cinq pays de l'Union européenne (l'Espagne, la France, l'Italie, Malte et le Portugal).

À cet égard, l'*Afrique* viendra au premier rang de notre stratégie de prévention pour les quinze ans à venir. Les problèmes de sécurité des pays africains intéressent, directement et indirectement, la France et l'Europe, qu'ils s'agisse des risques de conflits, régionaux ou interethniques, du développement du terrorisme dans les États de la zone sahélienne ou des périls qui menacent leur stabilité. S'ils le souhaitent, la France et l'Europe peuvent apporter des contributions à leurs efforts. L'augmentation spectaculaire des trafics transitant par l'Afrique vers l'Europe, ou se déroulant sur le territoire africain, et les enjeux liés à l'approvisionnement en matières premières stratégiques appellent en tout état de cause une attention redoublée des États européens.

La France souhaite donc demeurer présente sur le continent africain, mais les conditions, les finalités et l'organisation de cette présence doivent évoluer.

Compte tenu de leur intérêt stratégique, et des perspectives qu'une présence dans ces régions peut ouvrir sur d'autres zones géographiques majeures en Asie, la coopération de défense et de sécurité avec la zone du *Moyen-Orient* et celle de l'*océan Indien* revêtira une importance particulière.

Avec le reste du monde, au premier rang duquel l'Asie, la partie orientale du continent européen et l'Amérique latine, la coopération suivra les priorités assignées par notre politique étrangère.

UNE NOUVELLE APPROCHE DES ACCORDS DE DÉFENSE BILATÉRAUX

Les accords de défense bilatéraux passés avec les pays africains correspondent à un moment historique, la fin de la décolonisation, qui appartient au passé. Leur refonte, en accord avec les pays concernés, est en cours. Les clauses ou conventions relatives aux possibilités d'intervention de la France en vue du maintien de l'ordre intérieur dans certains pays, tels la Côte d'Ivoire, le Gabon et le Togo, seront abrogées.

La préparation de nouveaux accords, si elle est jugée souhaitable par les deux parties, aura pour objet de fonder une relation de coopération nouvelle ne reposant plus sur l'assistance militaire, mais sur un partenariat de défense et de sécurité.

Par ailleurs, le Parlement sera désormais informé des accords existants (la liste des accords existants figure à la fin de ce chapitre). Les assemblées seront, à l'avenir, tenues régulièrement au courant de la conclusion de nouveaux accords. Ceux-ci feront l'objet des procédures d'approbation ou de ratification lorsque la Constitution le prévoit.

Les futurs accords bilatéraux avec les partenaires africains seront complétés autant que possible par des accords de partenariat avec les organisations régionales, en associant, chaque fois qu'elle le souhaite, l'Union européenne.

Ainsi, les relations militaires extérieures de la France évolueront pour former un réseau de partenariats aux objectifs actualisés et revêtant une dimension à la fois régionale et européenne.

UNE APPROCHE D'ENSEMBLE DE LA COOPÉRATION DE DÉFENSE ET DE SÉCURITÉ

La coopération de défense et de sécurité est le cadre privilégié dans lequel peuvent se déployer les différents instruments de ces nouvelles relations bilatérales ou multilatérales. Elle doit reposer sur des analyses des intérêts de sécurité communs, participer directement à la montée en puissance des forces africaines de maintien de la paix et promouvoir le rôle de l'Union européenne.

Dans le cas d'une relation établie avec des pays en crise ou fragilisés, il s'agit de recréer ou de renforcer les bases de leur structure étatique, en accompagnant les réformes nécessaires à la démocratie, notamment la réforme du secteur de sécurité (RSS) : démobilisation et réinsertion des combattants, formation des cadres de l'armée, de la police et de la gendarmerie, ou encore réforme des institutions judiciaires.

La coopération doit être recentrée sur des missions de sécurité, telles que la lutte contre les trafics, la lutte contre le terrorisme ou la lutte contre la diffusion de moyens NRBC.

Une conversion progressive de notre dispositif sera donc opérée.

Il conviendra de tenir compte, en premier lieu, de nos propres intérêts, des souhaits des pays avec lesquels nous désirons coopérer, ainsi que de ceux des organisations régionales et sous-régionales qui les regroupent.

La coopération appréhendera l'ensemble des risques, en prenant en compte de façon cohérente ceux qui relèvent des instruments de défense et ceux qui relèvent des instruments de sécurité publique ou de sécurité civile.

Cette politique de prévention par la coopération devra enfin contribuer à des partenariats plus larges, entre l'Europe et l'Afrique, l'Europe et l'Asie, l'Europe et la Russie, l'Europe et l'Asie centrale ou l'Amérique latine.

Pour conduire cette politique, la France doit refonder son organisation nationale, qui est aujourd'hui trop compartimentée.

Le gouvernement doit disposer d'une vision globale et définir des approches coordonnées, en particulier entre les moyens diplomatiques, les armées, la police et la gendarmerie nationale, la sécurité civile et les autres acteurs civils de la sécurité. Une conception large de la sécurité devra ainsi prévaloir.

Le ministère des Affaires étrangères et européennes assumera au quotidien la coordination de l'ensemble, dont le pilotage stratégique relèvera du Conseil de défense et de sécurité nationale.

Sur le terrain, l'action devra être coordonnée par l'ambassadeur, pour que les moyens français déployés à l'extérieur traduisent, dans les faits, cette approche globale.

La reconfiguration des moyens prépositionnés

Sur le continent africain, les effectifs des forces françaises s'élevaient à environ 30 000 hommes au début des années 1960 ; les forces prépositionnées comptaient environ 15 000 hommes à la fin des années 1980. De 1995 à 2007, parallèlement à la professionnalisation, le dispositif a été encore réduit, s'est adapté à l'organisation du continent en sous-régions et a vu la fermeture de quelques implantations.

Aujourd'hui, les *forces françaises* sont *déployées* sur sept pôles : quatre points d'appui, à Djibouti, au Sénégal, au Gabon et en Côte d'Ivoire, un déploiement ancien, au Tchad, et trois opérations en cours, en Côte d'Ivoire, en République centrafricaine et à la frontière tchadienne du Darfour.

Le coût total, humain et financier, de ces déploiements, représente près de 10 000 hommes et 760 millions d'euros par an.

Les *dispositifs prépositionnés* confèrent des avantages opérationnels qui dépassent le seul champ de la fonction de prévention. Ils contribuent au soutien et à l'aide logistique des interventions et aux actions de protection et d'évacuation de ressortissants. Ils permettent de conduire, pour nos forces et celles de nos partenaires, des exercices en commun, utiles en terme de préparation, d'entraînement et d'aguerrissement.

Les moyens militaires de la France prépositionnés dans plusieurs pays étrangers doivent être cependant reconfigurés. La France n'a pas vocation à être militairement présente en permanence sur les mêmes bases. Elle doit être capable de redéployer et de concentrer rapidement son action pour agir efficacement.

La France procédera donc à la conversion progressive de ses implantations anciennes en Afrique, en réorganisant ses moyens autour, à terme, de deux pôles à dominante logistique, de coopération et d'instruction, un pour chaque façade, atlantique et orientale, du continent, tout en préservant une capacité de prévention dans la zone sahélienne.

Il s'agit de concentrer nos moyens tout en maintenant notre présence, là où elle est souhaitée, et une couverture stratégique des zones de prévention et d'action. Une importance accrue sera accordée aux moyens de surveillance aérienne et maritime à partir de ces points d'appui.

Les missions et les modes d'action de nos unités donneront la priorité à la coopération et à l'instruction au bénéfice des armées des pays hôtes, pour contribuer à leurs efforts concernant la mise en place de leurs capacités de réponse aux crises, et participer aux opérations de maintien de la paix de nos partenaires de l'Union africaine et des organisations sous-régionales.

Avec les pays du Golfe, la France a convenu d'intensifier sa présence au service d'intérêts stratégiques communs. Cette orientation conduira au déploiement des capacités les plus modernes dans la région, comme à Abu Dhabi, et à l'accroissement de notre présence en vue de la prévention des crises. Elle contribuera à la construction de relations de partenariat équilibrées avec des pays en plein essor économique.

La lutte contre les trafics

Les trafics de tout type (êtres humains, drogue, armes, matières radioactives, ressources naturelles, patrimoine scientifique, technique et économique national…) et les actes de piraterie constituent des atteintes à la sécurité nationale et un champ d'action pour les coopérations européennes.

La prévention des trafics

La lutte contre les trafics commence loin du territoire national : il faut les attaquer à leur source, dans la profondeur des espaces internationaux et lors des mouvements de transit.

Compte tenu de leur nature clandestine, cela suppose de mobiliser les acteurs civils et militaires chargés des missions de renseignement et d'accroître leur coordination.

L'action de l'État, dans la zone caraïbe, à l'ouest de l'Afrique, en Méditerranée et dans l'océan Indien, régions les plus sensibles, tiendra compte de la nécessité de disposer non seulement de moyens de surveillance des espaces terrestre, aérien et maritime, mais aussi de capacités d'intervention, en particulier en haute mer.

Forces françaises hors métropole en 2008

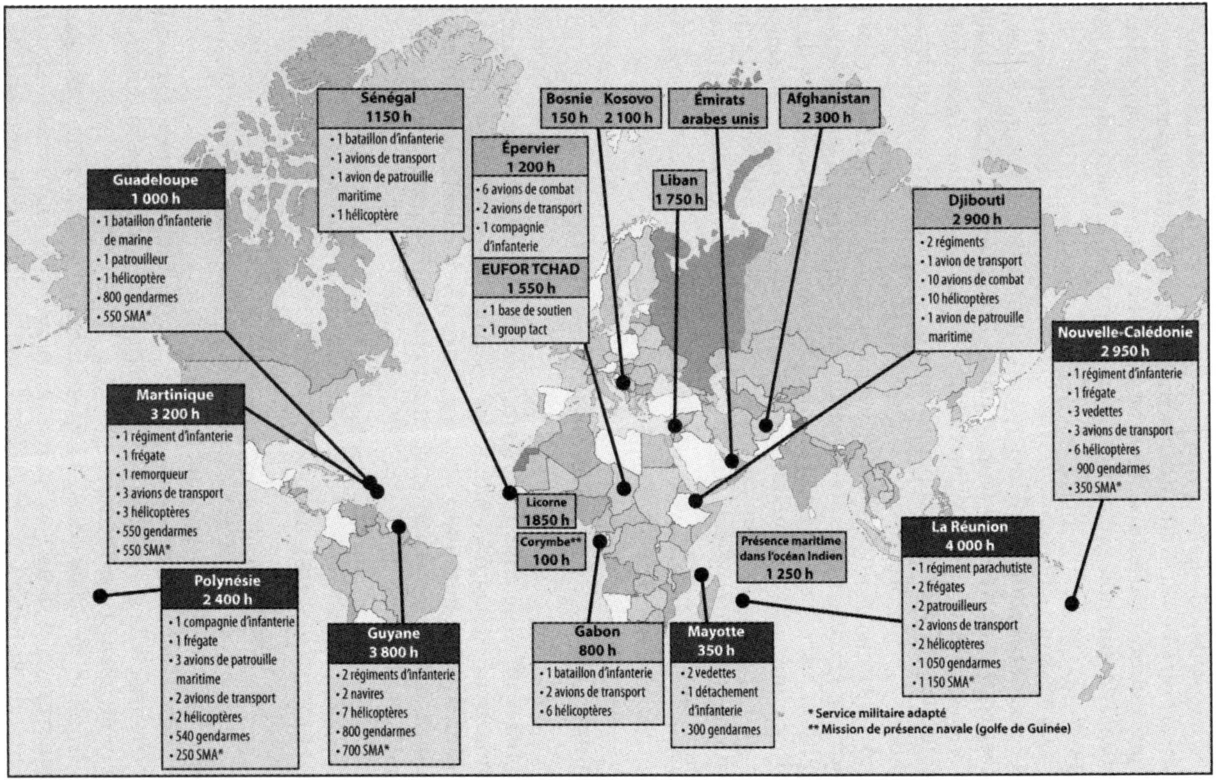

Source : ministère de la Défense.

Les moyens civils et militaires feront l'objet, spécialement en Afrique et dans les Antilles, d'une coordination accrue.

L'action de la France dans ce domaine doit tendre aussi à une meilleure protection de l'ensemble de l'Union européenne.

Un centre d'enquête et de coordination de la lutte antidrogue en Méditerranée sera créé au plan européen, étendant ainsi les expériences déjà conduites dans les Antilles et au Portugal pour la zone atlantique.

La coopération entre les marines nationales volontaires pour la surveillance maritime sera renforcée et conduira à la mise en commun des informations recueillies par chaque État et à la coordination des moyens d'action.

La lutte contre le financement des activités illicites, dont la prolifération et le terrorisme, suppose une approche économique et financière des questions de sécurité, partant de l'action douanière qui agit sur la surveillance des biens, pour aller jusqu'au traitement des flux financiers. Le renforcement de l'action des administrations concernées et la sensibilisation des acteurs financiers dans la lutte contre le financement de la prolifération constituent aujourd'hui un impératif. Compte tenu de la complexité de ces trafics, un service spécialisé sera créé au sein du ministère du Budget, s'inspirant de l'exemple américain (OFAC, Office of Foreign Assets Control).

La surveillance des frontières de l'Union

Concernant les frontières internes, la progression de l'espace Schengen implique que l'Union européenne se dote, dans le respect des libertés individuelles, de nouveaux moyens techniques, tels que la conservation des données sur les passagers aériens, le fichier des entrées et des sorties, le système de pré-visa, ou encore les systèmes biométriques de contrôle automatisé à la frontière.

S'agissant des flux d'immigration clandestine, l'Union européenne devra donner corps au « pacte européen pour l'immigration », en définissant un régime d'asile européen commun et en proposant une politique européenne en matière d'immigration, de lutte contre l'emploi des clandestins et d'intégration. Cette politique devra être conduite en partenariat avec les pays et régions d'origine ou de transit et reposer sur des moyens tels que l'utilisation de la biométrie ou encore la mise en œuvre de systèmes d'information dédiés.

Concernant les frontières externes, l'Union disposera à quinze ans d'une véritable politique européenne intégrée.

Au sein de l'agence Frontex, les États harmoniseront leurs méthodes de travail et surtout leurs moyens. Les capacités civiles et militaires des États membres seront mutualisées.

Principales routes de la drogue vers l'Europe en 2008

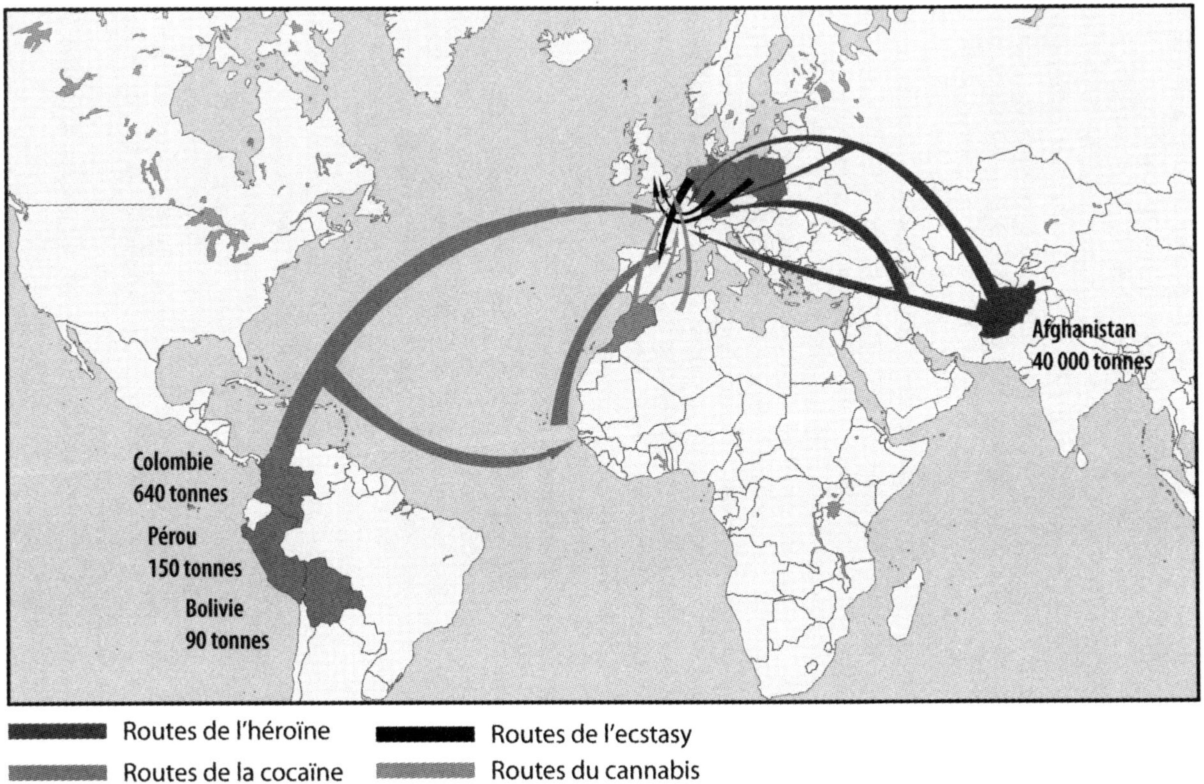

Source : ministère de la Défense (d'après des sources ouvertes).

Les douanes coordonneront plus étroitement la surveillance des flux de marchandises par voies terrestre, maritime et aérienne : elles constitueront des équipes communes d'enquête, ainsi que des fichiers européens de signalements, d'enquêtes et d'analyses de risque, et développeront des opérations de contrôles conjoints ou coordonnés.

Les capacités de maîtrise des armements et de lutte contre la prolifération

La France soutient les instances européennes et internationales qui luttent contre la prolifération et qui veillent à la mise œuvre des accords internationaux de désarmement.

Elle contribuera à l'aide proposée par l'Union européenne aux États pour qu'ils signent et appliquent la convention sur l'interdiction des armes biologiques et à toxines. La France continuera de contribuer à l'initiative contre la prolifération (PSI) et à l'application de la convention sur les armes chimiques (*cf.* chapitre 6). D'une façon générale, elle développera son expertise militaire et technique susceptible de venir en appui à la détection et à la répression des trafics de matières et d'équipements intervenant dans la conception et la fabrication de ces armes.

La recherche fondamentale et appliquée dans ces domaines sera financée, ainsi que les travaux conduits par l'ensemble des laboratoires scientifiques français. Un effort de formation sur les programmes clandestins sera réalisé en faveur des agents des douanes chargés du contrôle des matériels de guerre et assimilés, ainsi que des biens à double usage civil et militaire.

Les projets visant à développer des moyens de détection et d'analyse des armes ou agents biologiques, chimiques, radiologiques ou nucléaires devront également être encouragés et coordonnés par le Conseil de défense et de sécurité nationale.

Le contrôle des mouvements commerciaux et financiers concernant la fabrication de ces armes, et susceptibles de partir de France ou de transiter par elle, devra aussi être intensifié. Les formations dispensées dans ces domaines dans les centres de recherche français doivent être surveillées, de façon à s'assurer que leurs bénéficiaires ne soient pas engagés, par ailleurs, dans les programmes sensibles, surtout pour les pays à risque.

Les missions de lutte contre la prolifération et le contrôle des accords de désarmement figureront dans les objectifs des armées comme de la sécurité civile, en tenant compte de l'augmentation prévisible des contrôles à effectuer. L'accent sera mis sur les moyens de détruire, en sécurité, des installations biologiques, chimiques et nucléaires illégales, ainsi que sur les moyens de défense et de protection, notamment biologiques.

Les moyens de prévention des crises majeures d'origine non intentionnelle

La prévention des crises d'origine non intentionnelle repose sur une organisation nationale, sur des politiques européennes et sur le soutien à des organismes internationaux.

Elle comprend des actions de formation des intervenants, la préparation et la formation de la population, ainsi qu'une politique de communication adaptée.

Une forte impulsion doit être donnée dans les années à venir, afin d'accroître les capacités de réaction et de résistance de la population.

Pour lutter contre les risques de crises sanitaires, la France promouvra la création d'une Agence de préparation et de réponse aux urgences sanitaires, qui mettra au point, en liaison avec l'Organisation mondiale de la santé (OMS), des normes de sécurité et coordonnera l'information sur les risques de pandémies. Elle créera des stocks européens de médicaments et coordonnera la gestion des diverses protections nécessaires (NRBC notamment). Elle financera des programmes d'information et de communication auprès des citoyens européens et organisera des exercices entre États membres. À terme, elle pourrait organiser la planification globale des moyens et coordonner les appels à contribution des États membres en cas de crise ouverte. La France souhaite en outre qu'un commissaire soit spécialement chargé de la coordination de ce type de mesures.

Pour prévenir, sur le long terme, les catastrophes naturelles, la France s'engagera en faveur du développement durable. Elle s'attachera à donner un contenu concret à la clause de solidarité prévue par le traité de Lisbonne (*cf.* chapitre 4), qui recouvre la prévention des menaces au même titre que la protection des populations et l'assistance en cas de crise. Elle encouragera l'Union européenne à procéder à une évaluation régulière des risques auxquels les pays membres sont confrontés et d'en déduire les actions de prévention appropriées et les moyens à y associer, aussi bien dans le domaine militaire que dans celui de la sécurité intérieure et de la sécurité civile.

Crises sanitaires dans le monde en 2008

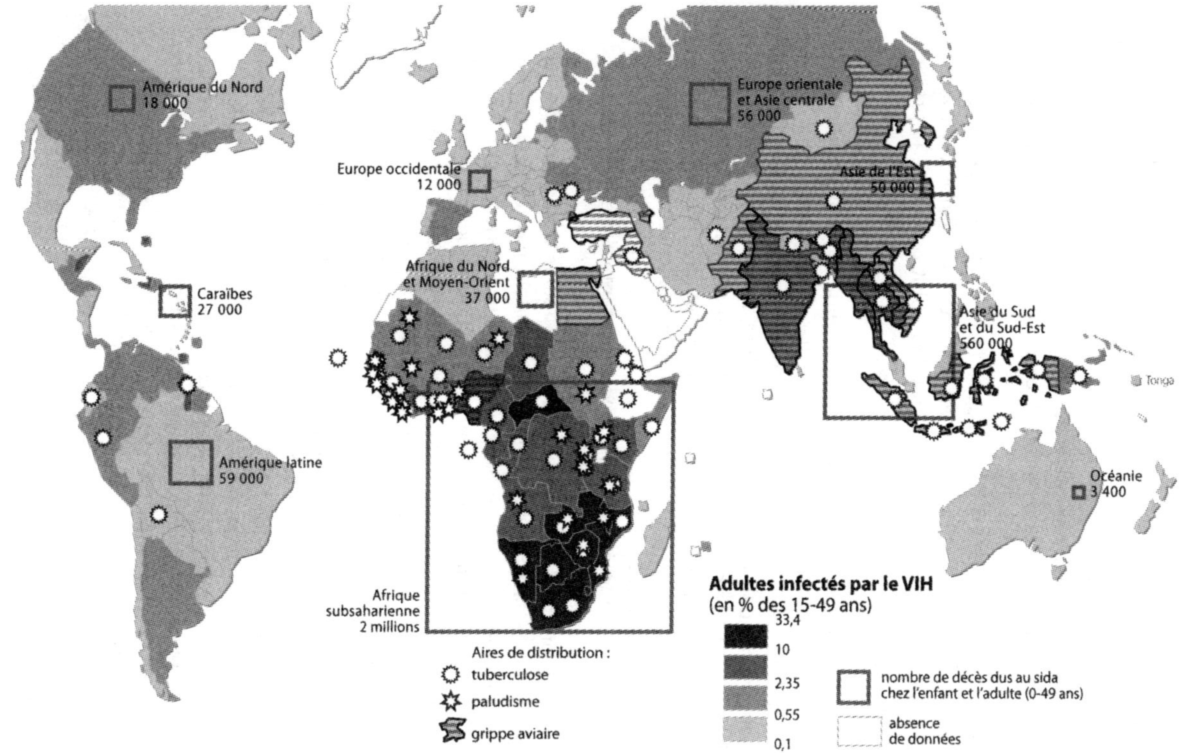

Source : données ONU, SIDA et OMS.

Pandémie massive à forte létalité

Une pandémie est une épidémie touchant un grand nombre de personnes, dans une zone géographique très étendue dont la population n'a pas développé de défense immunitaire. De nouveaux virus rémanents apparaissent, au rythme moyen d'un virus tous les deux ans, et se transmettent avant que les moyens de prophylaxie et de traitement soient trouvés et diffusés.

Sur les quinze années à venir, l'apparition d'une pandémie est plausible. Quelle qu'en soit l'origine (naturelle ou malveillante), le traitement de ses conséquences serait identique, du point de vue de la protection de la population.

La cinétique d'une pandémie à forte contagion et à forte létalité s'étendrait sur une durée de quelques semaines à quelques mois, en plusieurs vagues, qui seraient elles-mêmes espacées.

Par son ampleur, sa durée, son extension géographique, son caractère indiscriminé, une telle crise est de nature à remettre en cause le fonctionnement normal de la vie nationale et des institutions. Les conséquences impliqueraient une mobilisation et une coordination élevées de moyens tant civils que militaires, nécessitant une planification aussi poussée que possible.

Ce scénario aurait évidemment une importante dimension européenne et internationale.

L'objectif premier étant d'éviter le développement pandémique, *le premier volet de la stratégie porte sur la connaissance et l'anticipation et simultanément sur la prévention*. Il comporte l'orientation du système de veille et d'alerte sanitaires, un effort continu de recherche, de développement et de production de produits de traitement, la planification de la vie nationale en situation de pandémie, la sensibilisation précoce de la population, la formation des intervenants et leur entraînement par des exercices, la constitution de stocks nationaux correspondant aux principaux risques sanitaires, enfin une contribution à l'action des agences internationales compétentes.

En cas de déclenchement de la pandémie, il s'agit d'empêcher que la crise sanitaire ne dégénère en crise humanitaire, économique, sécuritaire, voire institutionnelle. Les pouvoirs publics devront s'attacher à la fois au traitement de la cause, par une action sanitaire d'ensemble, et au traitement des conséquences sur la société et les institutions.

Pour ce qui est de la lutte contre la pandémie elle-même, les mesures d'ordre sanitaire comportent l'organisation du dispositif de soins et la prise en charge des malades dans les conditions les plus appropriées à la nature de l'agent. Cette organisation mobilisera tout le personnel soignant compétent ainsi que les infrastructures hospitalières.

Les armées assureront notamment des fonctions d'état-major, des missions de protection de sites et de transports sensibles ainsi qu'un appui logistique aux intervenants civils et à la population. Le service de santé des armées sera engagé et apportera son expertise dans le domaine médical, ses capacités d'analyse biologique et son personnel soignant.

Les déploiements préventifs dans des zones de crises potentielles

La stratégie de la France exclut toute guerre préventive, même si elle ne s'interdit pas, dans des circonstances de menaces précises et imminentes, des actions préemptives ponctuelles (*cf.* chapitre 12).

Dans certains cas, le déploiement préventif, sans intervention, de moyens militaires ou civils sur une zone de crise potentielle peut prévenir l'émergence ou la résurgence de crises potentielles.

Les déploiements préventifs démontreront la détermination de la France à contribuer à la stabilité internationale. Ils peuvent aussi permettre d'agir dans des domaines tels que l'action humanitaire.

La France disposera des capacités militaires nécessaires, appuyées en cas de besoin sur nos dispositifs prépositionnés ou sur les unités d'intervention de la sécurité civile.

La priorité sera progressivement donnée à la mutualisation européenne. Les moyens de transport stratégique, permettant de projeter à longue distance des équipements civils ou militaires nombreux et volumineux, devront faire l'objet d'un effort majeur.

L'action de la France dans le domaine de la prévention s'articulera autour des points suivants :

– **le développement d'un système interministériel de veille et d'alerte précoce** des autorités françaises, face à des tensions locales graves susceptibles de dégénérer, mais aussi face aux catastrophes naturelles potentielles ;

– **la réorientation de la coopération de défense et de sécurité :**

- par une meilleure répartition géographique dans les zones d'intérêt stratégique,
- à travers une nouvelle conception des accords de défense, qui feront l'objet d'une information régulière du Parlement,
- par une approche d'ensemble de la coopération de défense et de sécurité,

• par un accroissement de la coopération au profit de la force africaine en attente,

• à travers la conversion de notre dispositif prépositionné qui a vocation, à terme, à s'organiser en Afrique autour de deux pôles, un pour chaque façade maritime, atlantique et orientale. Dans le Golfe, la présence française a vocation à s'intensifier, notamment à Abu Dhabi ;

– **la lutte contre les trafics** à distance du territoire national et européen, avec des moyens civils et militaires pour les neutraliser avant qu'ils ne touchent notre territoire, avec de nouveaux moyens techniques pour contrôler les flux au sein de l'espace européen, également par une meilleure surveillance des frontières externes de l'Union ;

– **la maîtrise des armements et la lutte contre la prolifération** en renforçant ses capacités civiles et militaires pour disposer de moyens de détection et de neutralisation, missions qui seront incluses dans les objectifs et contrats opérationnels des forces ;

– **la prévention des crises d'origine non intentionnelle**, en promouvant la création d'une agence européenne de préparation et de réponse aux urgences sanitaires, et la mise en œuvre de la clause de solidarité du traité de Lisbonne en cas de catastrophe naturelle ;

– **les déploiements préventifs** de moyens civils ou militaires.

Accords de défense bilatéraux liant la France au 1er janvier 2008

Cameroun : accord spécial de défense entre le gouvernement de la République française et le gouvernement de la République unie du Cameroun, signé à Yaoundé le 21 février 1974.

République centrafricaine : accords particuliers entre le gouvernement de la République française et les gouvernements respectifs : de la République centrafricaine, de la République du Congo et de la République du Tchad, signés à Brazzaville le 15 août 1960.
Approbation autorisée par la loi n° 60-1225 du 23.11.1960 ; accords publiés au *JORF* le 24 novembre 1960 par le décret n° 60-1230 du 23 novembre 1960 (dénoncés par les deux derniers États, l'accord n'est plus en vigueur qu'avec la République centrafricaine).

Comores : accord de coopération en matière de défense entre le gouvernement de la République française et le gouvernement de la République fédérale islamique des Comores, signé à Paris le 10 novembre 1978. Publié au *JORF* le 12 février 1983 par le décret n° 83-88 du 2 février 1983.

Côte d'Ivoire : accord de défense entre les gouvernements de la République française, de la République de Côte d'Ivoire, de la République du Dahomey et de la République du Niger signé à Paris le 24 avril 1961. Approbation autorisée par la loi n° 61-769 du 26.07.1961 ; accord publié au *JORF* le 6 février 1962 par le décret n° 62-136 du 23 janvier 1962 (dénoncé par les deux derniers pays, ses clauses ne s'appliquent plus qu'à la Côte d'Ivoire).

Djibouti :
– protocole provisoire fixant les conditions du stationnement des forces françaises sur le territoire de la République de Djibouti après l'indépendance et les principes de la coopération militaire entre le gouvernement de la République française et le gouvernement de la République de Djibouti, signé à Djibouti le 27 juin 1977. Approbation autorisée par la loi n° 79-358 du 8 mai 1979 ; accord publié au *JORF* le 10 novembre 1985 par le décret n° 85-1171 du 5 novembre 1985 ;
– accord en matière de surveillance de l'espace aérien entre le gouvernement de la République française et le gouvernement de la République de Djibouti, signé à Djibouti le 11 février 1991.

Émirats arabes unis : accord de coopération en matière de défense entre le gouvernement de la République française et le gouvernement de l'État des Émirats arabes unis, signé à Abu Dhabi le 18 janvier 1995.

Gabon : accord de défense entre la République française et la République gabonaise, signé à Libreville le 17 août 1960. Approbation autorisée par la loi n° 60-1226 du 22 novembre 1960 ; accord publié au *JORF* le 24 novembre 1960 par le décret n° 60-1231 du 23 novembre 1960.

Koweït : accord entre le gouvernement de la République française et le gouvernement de l'État du Koweït relatif à la coopération dans le domaine de la défense, signé à Paris le 18 août 1992.

Qatar :
– accord entre le gouvernement de la République française et le gouvernement de l'État du Qatar relatif à la coopération dans le domaine de la défense, signé à Doha le 1er août 1994 ;
– accord technique entre le gouvernement de la République française et le gouvernement de l'État du Qatar concernant les modalités d'application de la coopération en matière de défense, signé à Doha le 24 octobre 1998.

Sénégal : accord de coopération en matière de défense entre le gouvernement de la République française et le gouvernement de la République du Sénégal, signé à Paris le 29 mars 1974. Approbation autorisée par la loi n° 75-1176 du 19 décembre 1975 ; accord publié au *JORF* le 30 novembre 1976 par le décret n° 76-1072 du 17 novembre 1976.

Togo : accord de défense entre la République française et la République togolaise, signé à Paris le 10 juillet 1963. Ratification autorisée par la loi n° 63-1253 du 21 février 1963, publiée au *JORF* le 22 février 1963.

CHAPITRE 10

DISSUADER

La crédibilité de la dissuasion nucléaire reposera sur la possibilité pour le chef de l'État de disposer, de façon indépendante, de moyens adaptés à une grande diversité de situations. Nos forces seront, à cette fin, articulées en deux composantes nettement différenciées et complémentaires, disposant de l'environnement nécessaire à leur mise en œuvre autonome et en sûreté. La France continuera d'entretenir les moyens de conserver ces capacités.

Deux composantes complémentaires et renouvelées

La crédibilité opérationnelle de la dissuasion nucléaire repose sur la permanence des patrouilles de sous-marins et de la capacité d'action aérienne. Le niveau de réactivité de ces capacités s'adapte aux circonstances et aux plans d'engagement décidés par le Président de la République.

Les caractéristiques techniques de la composante océanique et de la composante aéroportée sont différentes, en termes de trajectoires, l'une balistique, l'autre non, de portée et de précision. Elles sont complémentaires en raison de leurs atouts spécifiques et de leurs modes de pénétration différents.

Ces deux composantes offrent au chef de l'État une gamme suffisamment large de modes d'action. Elles compliquent la tâche des défenses adverses et mettent notre dissuasion à l'abri d'un problème technique ou d'une percée technologique imprévue dans les domaines de la défense aérienne, de la défense antimissile ou de la détection sous-marine.

Les armes dont sont dotées les deux composantes présentent toutes un caractère stratégique. Elles ne sont en rien des armes de champ de bataille relevant d'une manœuvre militaire de théâtre.

Les capacités des forces nucléaires comprennent notamment la faculté de délivrer des frappes adaptées contre les centres de pouvoir politiques, économiques et militaires de l'adversaire, ou de paralyser sa capacité d'action.

La modernisation des deux composantes, engagée depuis dix ans, vise à maintenir sur une longue durée la capacité des forces nucléaires à remplir leurs missions. Elle se concrétisera par l'entrée en service en 2010 du missile balistique intercontinental M51 sur les sous-marins nucléaires lanceurs d'engins de nouvelle génération. Celui-ci donnera à la composante océanique une allonge très supérieure et une flexibilité accrue. Il disposera d'un potentiel d'évolution et emportera en 2015 les nouvelles têtes nucléaires océaniques (TNO). Le missile aérobie ASMPA sera emporté, à compter de 2009, par les avions Mirage 2000-NK3 et Rafale, à partir du territoire national (deux escadrons) et du porte-avions. Ce missile aura des performances améliorées au regard de son prédécesseur pour tenir compte, notamment, de l'évolution des défenses aériennes. Il sera équipé, dès sa mise en service, de la nouvelle tête nucléaire aéroportée (TNA). Cette dernière comme la TNO renouvelleront, à l'échéance de leur durée de vie, les têtes actuelles (TN81 et TN75), dont la refabrication à l'identique ne pouvait être garantie sans être testée par l'expérimentation nucléaire. Afin de pallier cette absence de validation nucléaire expérimentale, la conception des deux nouvelles têtes repose sur un concept de charge robuste, validé lors de l'ultime campagne d'essais de 1995.

Les forces nucléaires sont capables de réaliser l'ensemble des missions, à partir de plates-formes diversifiées et en toutes circonstances.

La force océanique stratégique continuera à garantir la permanence de la capacité de seconde frappe, ce qui nécessitera de disposer de quatre sous-marins en parc, dont l'invulnérabilité devra être préservée.

Les Rafale de la composante aéroportée sont polyvalents. Une partie de leur potentiel sera employée, en fonction des besoins, dans d'autres missions que celles de la dissuasion.

La France continuera à maintenir ses forces nucléaires à un niveau de stricte suffisance. Elle les ajustera en permanence au niveau le plus bas possible compatible avec sa sécurité. Elle ne cherchera pas à se doter de tous les moyens que ses capacités technologiques lui permettraient de concevoir. Le niveau de ses forces ne dépendra pas de celui des autres acteurs dotés de l'arme nucléaire, mais seulement de la perception des risques et de l'analyse de l'efficacité de la dissuasion pour la protection de nos intérêts vitaux.

Le niveau de suffisance continuera à faire l'objet d'une appréciation à la fois quantitative, concernant le nombre de porteurs, de missiles, d'armes, et qualitative, prenant en compte des défenses susceptibles d'être opposées à nos forces. Cette appréciation est régulièrement présentée au Président de la République et actualisée dans le cadre du conseil de défense restreint sur les armements nucléaires (*cf.* chapitre 15).

Le maintien de la crédibilité technique

Le maintien de la crédibilité de notre dissuasion reposera largement sur les moyens scientifiques et techniques nécessaires à la préservation dans le temps de nos capacités nucléaires. Notre aptitude à assurer sur le long terme, de façon indépendante, la fabrication d'armes fiables et sûres doit être garantie.

En l'absence d'essais nucléaires et d'installation de production de matières fissiles à des fins explosives, le programme de *simulation* est donc un élément clé de la dissuasion. Il n'est pas destiné à la mise au point de nouvelles filières d'armes nucléaires, mais à préserver leur adaptation en fonction des phénomènes de vieillissement des armes, des évolutions des défenses et des mutations scientifiques et techniques.

À partir des résultats de l'ultime campagne d'essais, ce programme a pour objectif d'assurer la garantie de fonctionnement des têtes nucléaires en l'absence d'essais nucléaires. Il s'appuie principalement sur le laser mégajoule (LMJ), les moyens de radiographie des armes et les moyens de calcul intensif numériques. Il permet également le maintien dans la durée de la compétence des experts qui savent concevoir les armes.

L'ensemble de ces moyens humains et techniques traduit aussi la maîtrise de la France dans le domaine de la physique nucléaire. Ils participent à son rang scientifique dans le monde.

La pérennisation de nos capacités de dissuasion nécessite en outre le maintien de compétences très spécialisées, développées en France, dans le domaine des missiles et singulièrement des missiles balistiques. Les filières technologiques et industrielles correspondantes seront préservées. Cette politique permettra d'entreprendre les améliorations nécessaires qui concernent en priorité, à l'horizon 2025, la portée et la précision.

Le maintien d'une composante sous-marine autonome conduira également à conserver une maîtrise nationale des compétences technologiques et industrielles indispensables. La capacité de développer et de fabriquer des sous-marins nucléaires lanceurs d'engins, particulièrement discrets et à long rayon d'action, représente en effet un atout stratégique majeur.

Le maintien de la capacité à transmettre des ordres aux forces nucléaires

La crédibilité de la dissuasion repose également sur la garantie donnée au Président de la République qu'il peut, à tout moment, donner des ordres aux forces nucléaires. Les moyens de transmission utilisés pour acheminer ces ordres doivent donc répondre à des exigences très élevées de sûreté, de disponibilité permanente et de résistance à toute forme d'agression.

Cette capacité repose sur des réseaux fixes d'infrastructure, des stations d'émission vers chacune des composantes et un système de dernier recours. Ces moyens feront l'objet d'un effort majeur dans les années qui viennent, pour favoriser la souplesse nécessaire à la stratégie de dissuasion et garantir le maintien dans le temps de leur disponibilité et de leurs performances.

Les moyens nécessaires à la sûreté de la composante océanique

La mise en œuvre autonome et en sûreté de la composante océanique suppose la connaissance la meilleure possible des espaces de déploiement et des mouvements des forces étrangères qui y sont présentes.

Elle implique également une maîtrise permanente des approches du port de soutien. Ces missions prioritaires pourront mobiliser, suivant le contexte, deux sous-marins nucléaires d'attaque et jusqu'à quatre frégates anti-sous-marines, ainsi que des moyens de guerre des mines et des avions de patrouille maritime.

Ce besoin de sûreté restera, pendant les quinze ans à venir, un élément essentiel du dimensionnement et de la modernisation de nos capacités de maîtrise du milieu sous-marin. C'est pourquoi le renouvellement des sous-marins nucléaires d'attaque et celui des frégates anti-sous-marines constitueront une priorité.

Les moyens nécessaires à l'accompagnement et au soutien de la composante aéroportée

L'accompagnement et le soutien de la composante aéroportée mobilisent un dispositif d'avions de combat et de ravitailleurs dont le volume dépend de la mission prioritaire à réaliser.

Le maintien en condition opérationnelle, comme le renouvellement de ces moyens, restera une priorité pendant les quinze ans à venir ; ce sera en particulier le cas des ravitailleurs en vol, qui devront remplacer au plus vite des avions qui ont aujourd'hui plus de quarante ans d'âge.

> Les deux composantes, modernisées et strictement dimensionnées, apporteront au Président de la République la souplesse nécessaire à l'exercice de la dissuasion :
> – la composante océanique sera dotée, en 2010, du missile balistique intercontinental M51 embarqué à bord des sous-marins nucléaires lanceurs d'engins de nouvelle génération ;
> – la composante aéroportée sera dotée, dès 2009, du missile aérobie ASMPA emporté par les avions Mirage 2000-NK3 et Rafale, à partir du territoire national et du porte-avions.
> La pérennisation de ces capacités reposera sur :
> – la poursuite du programme de simulation s'appuyant en particulier sur le laser mégajoule (LMJ), les moyens de radiographie des armes et de calcul intensif numériques ;
> – le maintien des compétences nationales développées dans le domaine des missiles et des sous-marins nucléaires ; les efforts d'amélioration porteront, en priorité, à l'horizon 2025, sur la portée et la précision des missiles.
> Des efforts de modernisation seront entrepris en priorité pour maintenir la capacité à transmettre des ordres aux forces nucléaires, assurer la sûreté de la composante océanique, ainsi que l'accompagnement et le soutien de la composante aéroportée.

CHAPITRE 11

PROTÉGER

La dimension nouvelle donnée à la protection de la population et du territoire doit doter la France des capacités permettant de répondre à quatre orientations principales.

Il convient d'assurer, dans un environnement de sécurité renouvelé, *la mission permanente de protection* de la population et du territoire, notamment par la surveillance et le contrôle en profondeur des espaces nationaux et de leurs approches.

Il faut intégrer, dans notre stratégie de ressources, *l'objectif de résilience globale* (*cf.* chapitre 3) de la société et des pouvoirs publics, afin de maintenir en toutes circonstances le fonctionnement des pouvoirs publics et la continuité de la vie de la nation.

Les formes nouvelles et non conventionnelles de menaces ou vulnérabilités doivent faire l'objet d'un effort qui permette de combler les faiblesses et les lacunes actuelles.

Enfin, il est nécessaire de développer *la capacité de réaction rapide des pouvoirs publics*, en cas de concrétisation d'une menace majeure sur le territoire national et si la posture de protection sur le territoire doit être élevée en raison d'une intervention extérieure.

L'ensemble de ces défis implique d'organiser de manière nouvelle le pilotage et la coordination des acteurs civils et militaires de la protection.

Lutter contre le terrorisme

Le Livre blanc du gouvernement sur la sécurité intérieure face au terrorisme, publié en 2006, a déjà mis en lumière la nécessité d'adapter le dispositif français de lutte contre le terrorisme. Celle-ci repose en premier lieu sur l'action de la police nationale (UCLAT), des services de renseignement et, en cas de besoin, à l'extérieur, d'unités spécialisées des forces armées.

La protection de la population et la préservation de l'intégrité du territoire face à la menace terroriste impliquent :

– de prévenir le risque en surveillant, détectant et neutralisant les flux dangereux de personnes et de biens, et en protégeant le territoire des intrusions ;

– de protéger les espaces particulièrement vulnérables, les réseaux de transport aérien, terrestre et maritime, les infrastructures vitales du pays et les systèmes informatiques sensibles ;

– de toujours précéder la progression de la menace, en développant une supériorité technologique dans les domaines de la protection contre le risque NRBC, la détection des explosifs, le contrôle des flux de télécommunications, la vidéosurveillance, la protection des systèmes d'information et la biométrie.

Le plan gouvernemental VIGIPIRATE définit un ensemble précis de mesures opérationnelles de vigilance, de prévention et de protection, modulables en fonction de l'évaluation de la menace.

Protéger la nation face à des crises de plus grande ampleur

CONTRÔLER ET SURVEILLER EN PROFONDEUR LES ESPACES NATIONAUX

Le contrôle et la surveillance des espaces doivent s'adapter à l'explosion des échanges et des communications qui accompagne la mondialisation. À terme, c'est *une stratégie européenne de sécurité et de sûreté* couvrant les domaines *maritime, aérien et spatial*, qui devra être formalisée. Elle permettra de coordonner les efforts de la Commission européenne, des agences civiles et de l'Agence européenne de défense.

Les flux de personnes et de biens

Longtemps axés sur la protection physique d'installations, les dispositifs de sécurité doivent désormais *s'orienter vers la prévention et s'intéresser aux flux* de personnes et de biens. Cette capacité est aujourd'hui très limitée par des contraintes à la fois juridiques, technologiques et économiques.

La France favorisera l'adoption de dispositions communautaires imposant aux transporteurs de fournir des informations sur les marchandises exportées vers le territoire de l'Union européenne avant leur chargement. Cette démarche permettra d'analyser les risques et, au besoin, d'interdire le chargement à destination du territoire ou de prendre des mesures de contrôle renforcées à l'arrivée.

Dans le domaine du contrôle des flux de personnes, la France soutiendra l'initiative de la Commission européenne tendant au développement, à long terme, d'un système de contrôle des personnes aux frontières de l'espace Schengen par la mise en place d'un mécanisme d'enregistrement des entrées et des sorties.

Dans cette perspective seront développés des systèmes de contrôle automatisés (reconnaissance biométrique et bases de données associées).

Dans le respect des libertés individuelles sera également améliorée l'exploitation des bases de données sur les voyageurs utilisant des transports collectifs, notamment aériens et maritimes, collectées par les opérateurs à l'occasion de leurs opérations commerciales.

Dans le domaine du contrôle des flux de marchandises, la France contribuera à la sécurisation des chaînes logistiques internationales, en soutenant les systèmes d'identification et de suivi de marchandises et la détection de contenus (matières illicites ou dangereuses). Un effort de recherche appliquée et des expérimentations associant des industriels seront menés en vue de proposer des matériels fiables permettant d'assurer les contrôles sans affecter la fluidité de la circulation des marchandises.

La sauvegarde maritime

Les moyens de surveillance et d'intervention maritime doivent permettre de mieux lutter contre les menaces terroristes, mais aussi de remplir l'ensemble des missions relatives à *l'action de l'État en mer* : protection des intérêts nationaux, sauvegarde des personnes et des biens, lutte contre les activités illicites, protection de l'environnement et des ressources naturelles. Ces moyens comportent la chaîne des sémaphores, des bâtiments et avions de surveillance et des hélicoptères. Ils ont vocation à intervenir dans les eaux où la France exerce des droits souverains, mais où elle a également des devoirs (mer territoriale, zone économique exclusive, eaux internationales en fonction de ce que prévoient les conventions internationales). *Pour la majorité, ils devront être renouvelés au cours des quinze prochaines années*. Un effort d'optimisation sera conduit, visant à acquérir des *unités peu sophistiquées mais dotées de capacités de haute mer*. Cette orientation est essentielle pour garantir la continuité des missions de la marine nationale dans ce domaine. Une *distinction* devra être faite entre les moyens qui lui sont nécessaires à cette fin et ceux, plus exigeants sur le plan de la technologie militaire, qui relèvent des missions d'engagement et de combat, comme les frégates de premier rang.

Les moyens de surveillance à partir de la terre seront renforcés, en poursuivant le déploiement du réseau national interministériel de surveillance intégrée, qui sera connecté avec les autres systèmes de surveillance maritime européens. L'effort d'amélioration de la protection des ports civils et militaires d'importance vitale, en particulier de leurs plans d'eau, sera poursuivi, conformément à la doctrine de sûreté maritime et portuaire. Compte tenu du caractère interministériel de la sauvegarde maritime, une répartition du financement relatif à l'acquisition de ces moyens sera mise en place.

Au niveau européen, la France proposera la planification de nouvelles capacités, telles que *drones de surveillance maritime, moyens spatiaux de tenue de situation automatique, radars transhorizon, système intégré de renseignement d'intérêt maritime, etc.*

La surveillance aérienne

Afin de renforcer notre capacité à défendre le territoire national contre toute intrusion aérienne en détectant la menace avant qu'elle ne pénètre dans son espace aérien, le *réseau de détection* aérienne français sera modernisé. À court et moyen termes, les radars de défense aérienne les plus anciens seront remplacés ; les radars plus récents seront rénovés ; de nouveaux radars basse altitude seront déployés, afin d'améliorer la couverture du territoire et d'abaisser le plancher de détection. Le préavis de détection sera augmenté, notamment en Méditerranée, grâce à l'acquisition de *radars transhorizon*. À plus long terme seront recherchés des moyens adaptés pour détecter et intercepter la majorité des aéronefs petits et lents sur l'ensemble du territoire.

L'espace extra-atmosphérique

Les activités militaires et civiles dépendent de plus en plus des moyens spatiaux qui assurent des missions et des services vitaux. Cette situation engendre une vulnérabilité nouvelle, alors que les débris spatiaux se multiplient et que des agressions directes apparaissent à portée de plusieurs puissances.

La connaissance fine et suivie de la trajectoire des objets en orbite autour de la Terre est aujourd'hui réservée aux États-Unis et dans une moindre mesure à la Russie. *L'Europe est en situation de dépendance pour la surveillance de l'espace extra-atmosphérique.*

Pour pallier cette dépendance, éviter les collisions prévisibles et anticiper les actes hostiles, la France encouragera le développement d'un *projet européen de détection et de surveillance des objets susceptibles d'endommager les lanceurs ou les satellites*. Elle constituera, à court terme, à partir du système GRAVES, une capacité opérationnelle *nationale* à cette fin. À plus long terme, cette capacité s'inscrira dans une stratégie plus globale de protection de nos infrastructures spatiales.

PRENDRE EN COMPTE L'ÉVOLUTION DES MENACES ET DES RISQUES

Renforcer la protection contre les menaces NRBC

Compte tenu de l'ampleur des défis à relever dans ce domaine à la fois complexe et coûteux, l'effort national et la coordination des pouvoirs publics seront améliorés et renforcés significativement. Cet effort sera piloté par un comité stratégique chargé d'assurer la cohérence des capacités de protection contre ces menaces et la bonne exécution des programmes de recherche et d'équipement.

Une des premières priorités sera d'appuyer et de renforcer le réseau national des laboratoires Biotox-Piratox, créé en 1997 après l'attentat au sarin dans le métro de Tokyo pour l'identification ou la caractérisation des agents les plus dangereux.

Dans ce domaine encore plus que dans d'autres, *les entraînements et les exercices communs seront développés*, afin de mettre en situation sur le terrain, avec le plus grand réalisme possible, toutes les catégories d'acteurs de secours, de sécurité et de santé, et de roder les procédures d'intervention conjointe.

Dans ce but sera créé par les ministères de la Défense et de l'Intérieur *un centre national commun de formation et d'entraînement civil et militaire*. L'effort d'équipement et de formation commune des unités, militaires et civiles, sera relancé, en favorisant l'identification partagée des menaces. *L'ensemble des personnels de première intervention du dispositif de sécurité publique sera progressivement équipé du matériel de protection NRBC approprié.*

Les moyens des zones de défense – rebaptisées zones de défense et de sécurité (cf. *encadré) – devront monter en puissance et comprendre, de façon beaucoup plus significative qu'aujourd'hui*, des capacités mobiles de détection, de prélèvement et d'identification biologique et chimique. Les capacités de décontamination seront accrues, en triplant à court terme le nombre de chaînes de décontamination déployées sur le territoire. Certaines des compétences, aujourd'hui exclusivement détenues par le Détachement central interministériel d'intervention technique (DCI), seront confiées aux zones de défense et de sécurité afin de rendre plus réactives les premières opérations de désactivation d'un engin radioactif improvisé (bombe sale).

Le dispositif d'accueil hospitalier des victimes d'un attentat NRBC sera amélioré, en dotant progressivement d'une structure de décontamination fixe tous les hôpitaux possédant une capacité d'urgence autorisée.

Les *travaux de recherche et de développement* de nouveaux moyens de détection et d'identification biologique, chimique et d'explosifs (notamment artisanaux) seront accélérés.

La zone de défense et de sécurité

La France est organisée, en métropole, en sept zones de défense qui sont l'échelon intermédiaire entre le niveau national et le niveau départemental. Par ailleurs, les DOM-COM sont organisés en cinq zones. L'ensemble de ces zones représente un niveau de coordination et d'action équilibré entre les exigences de la proximité de terrain et celle de la mutualisation des moyens.

Il est proposé de modifier l'appellation de ces zones, qui deviendront des zones de défense et de sécurité, et verront leur champ de compétences élargi et leurs missions et moyens adaptés à la gestion des crises majeures.

Zones de défense et de sécurité

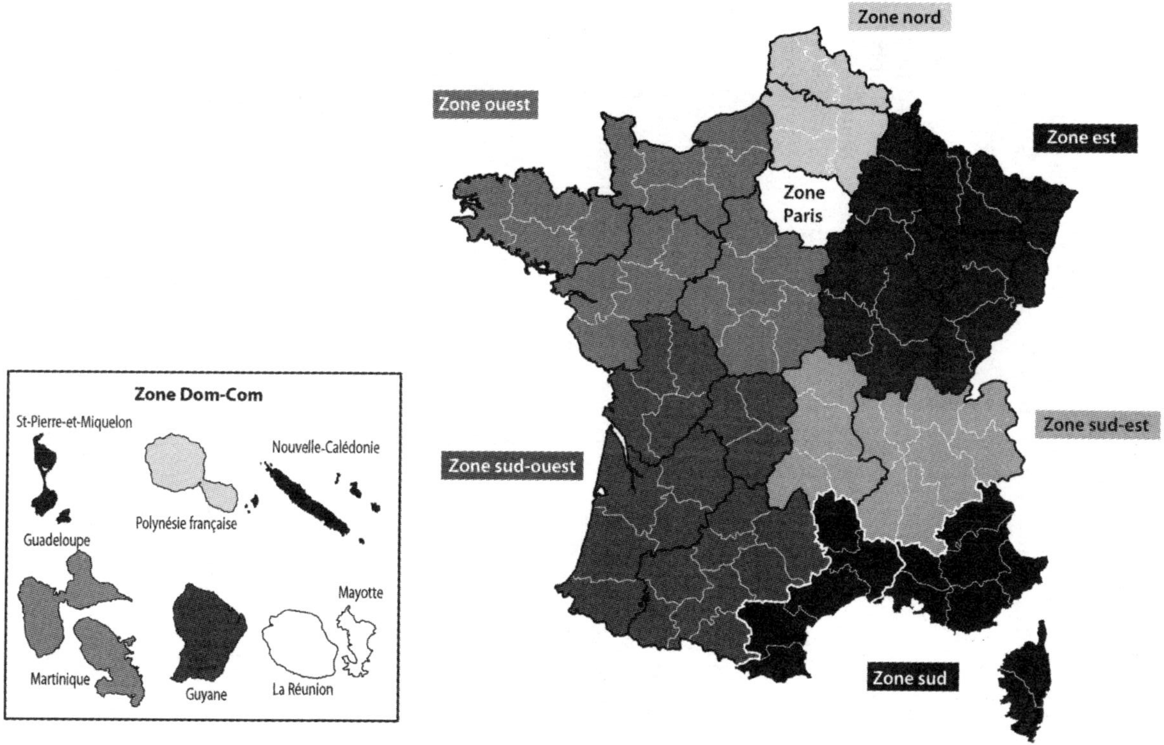

Source : ministère de la Défense/ministère de l'Intérieur.

Protéger les systèmes d'information sensibles

Face à une menace croissante d'origine étatique ou non étatique, la France doit se doter à court terme d'une capacité réactive de défense de ses systèmes d'information.

Seront développés, à cette fin, nos moyens de *détection précoce* des attaques informatiques en mettant sur pied un centre de détection chargé de la surveillance permanente des réseaux sensibles et de la mise en œuvre de mécanismes de défense adaptés.

Afin de prévenir la menace, le recours à des *produits de sécurité* et à des *réseaux de confiance* sera généralisé. Ce besoin implique de disposer de capacités industrielles nationales suffisantes, développant une offre de produits de très haute sécurité totalement maîtrisés pour la protection des secrets de l'État, ainsi qu'une offre de produits et de services de confiance labellisés à laquelle recourront les administrations et qui seront largement accessibles au secteur économique.

Des dispositions réglementaires seront également prises pour que les opérateurs de communications électroniques mettent en œuvre les mesures techniques et d'organisation nécessaires à la protection de leurs réseaux contre les pannes et les attaques les plus graves. À ce titre, le réseau Internet devra être considéré comme une infrastructure vitale et un effort important devra être mené pour améliorer sa résilience.

Pour renforcer la cohérence et la capacité propre des moyens de l'État, une *agence chargée de la sécurité des systèmes d'information* sera créée. Relevant du Premier ministre et de la tutelle du SGDSN, elle reprendra, tout en les renforçant sensiblement, les effectifs et les moyens de la direction du SGDN qui est actuellement chargée de cette mission. Elle mettra en œuvre une capacité centralisée de détection et de défense face aux attaques informatiques. Elle sera dotée des moyens de faire développer et d'acquérir les produits de sécurité essentiels à la protection des réseaux les plus sensibles de l'État. *Elle sera également chargée d'assurer une mission de conseil du secteur privé, notamment dans les secteurs d'activité d'importance vitale, et de participer activement à la diffusion de la sécurité dans la société de l'information.* Le développement de *sites Internet dédiés à cette mission* et accessibles à tous fera partie de ses missions.

Plus généralement, l'État améliorera son expertise, en renforçant les moyens humains spécialisés des ministères et en créant, au sein de l'agence, un réservoir de compétences au profit des administrations et des opérateurs d'infrastructures vitales.

Compte tenu de la dimension internationale des menaces qui pèsent sur les réseaux de communication, l'agence assurera une liaison étroite avec nos principaux partenaires, notamment européens, et elle encouragera le développement d'une politique de sécurité des réseaux de communication à l'échelle européenne.

Sera également mis en place un réseau territorial d'experts au sein d'observatoires de la sécurité des systèmes d'information dans les zones de défense et de sécurité. Placés auprès des préfets de zone, ceux-ci seront notamment chargés d'une mission de soutien en formation et en conseil aux administrations locales, d'animation de réseau et de remontée des signaux précurseurs d'incidents.

Prendre en compte les menaces balistiques

Seules des puissances majeures possèdent aujourd'hui des missiles balistiques d'une portée suffisante pour leur permettre d'atteindre l'Europe et la France. Mais il est déjà clair, aujourd'hui, que de nouvelles puissances disposeront dans les prochaines années de moyens opérationnels ayant une telle capacité. Compte tenu de la diffusion des technologies des vecteurs, cette probabilité croît avec le temps.

S'inscrivant dans le cadre des solidarités européenne et atlantique, la France adoptera une stratégie de *prévention* active visant à limiter la prolifération balistique, tout particulièrement dans les zones les plus dangereuses. Elle s'appuiera sur sa capacité de *dissuader* toute intention d'un État de porter atteinte à ses intérêts vitaux par des moyens de ce type.

En outre, elle renforcera ses capacités de *renseignement* et de réaction. Dans cette perspective, la France se dotera d'une *capacité de détection et d'alerte avancée* interopérable avec les moyens de nos alliés et partenaires. Cette capacité permettra de suivre l'évolution des menaces balistiques, de déterminer l'origine de tirs afin d'identifier l'auteur de l'attaque et de favoriser l'alerte des populations. Elle reposera tout d'abord sur un *démonstrateur radar* à très longue portée débouchant sur l'obtention d'une première capacité opérationnelle en 2015. Dans le même temps seront poursuivies les études permettant de lancer, si possible en coopération, un programme de détection et d'alerte à partir de l'espace. L'objectif est de disposer d'*un système de détection et d'alerte spatial opérationnel en 2020*. Compte tenu des difficultés, notamment techniques, du projet et de la nécessité d'en maîtriser tous les risques, le lancement de la réalisation de ce programme sera précédé, dans la première moitié de la prochaine décennie, par la réalisation et l'exploitation d'un système satellitaire probatoire.

Dans le cadre de l'Union européenne et de l'Alliance Atlantique, la France prendra part aux efforts collectifs pouvant conduire, à terme, à une capacité de *défense active* contre les missiles. Elle soutiendra, à ce titre, la poursuite des études lancées par l'OTAN pour définir l'architecture globale d'un système de défense de l'Alliance Atlantique contre les systèmes balistiques à longue portée.

Enfin, les pouvoirs publics doivent se préparer à *limiter les dommages* de toute nature qui pourraient résulter d'une attaque de ce type sur le territoire, par une combinaison de mesures de réaction et de protection, dont l'alerte des populations.

Détection et alerte avancées

La capacité d'alerte avancée vise à détecter et à caractériser le tir d'un missile balistique le plus tôt possible après son départ. Un système de détection et d'alerte avancées a *trois objectifs* :
– *Surveiller la prolifération des missiles balistiques :* les essais constituent un bon révélateur de la maturité technologique et industrielle des pays proliférants. La détection et l'alerte avancées apportent une autonomie d'appréciation sur l'avancement des programmes de missiles. Elles permettent de caractériser techniquement la menace.
– *Déterminer l'origine des tirs :* à partir d'informations de trajectographie du missile assaillant, la détection et l'alerte avancées contribuent à l'identification de l'agresseur. Elles permettent, le cas échéant, la mise en œuvre de moyens de riposte. Elles renforcent ainsi la crédibilité de la dissuasion. Elles permettent également d'envisager la destruction au sol des sites et des missiles adverses par des moyens de frappe dans la profondeur.
Favoriser l'alerte des populations : le vol d'un missile balistique dure classiquement quelques minutes (une quinzaine de minutes pour une portée de 3 000 kilomètres). Une détection au plus tôt du départ du missile et une estimation de sa cible permettent de mettre à profit ce délai pour alerter les populations éventuellement visées et de mettre en œuvre les mesures de protection appropriées.

La capacité d'alerte avancée repose sur :
– des *capteurs spatiaux* de type infrarouge, pouvant détecter la chaleur dégagée par le moteur du missile durant sa phase propulsée, juste après le tir ; ces capteurs sont embarqués sur des satellites géostationnaires, qui permettent une veille permanente ;
– des *capteurs terrestres* de type radar à très longue portée (de l'ordre de 3 000 kilomètres) pouvant détecter le missile y compris après extinction de son propulseur.
Les moyens spatiaux visent surtout la détection des missiles balistiques de portée longue et intermédiaire (à partir de 3 000 kilomètres), dont la phase propulsée est assez longue. Les missiles à courte portée restent difficiles à détecter depuis l'espace. *Moyens spatiaux et terrestres sont donc complémentaires.*

Compte tenu de la complexité technique d'un tel système, des travaux d'étude ont été engagés par la France. Le démonstrateur technologique Spirale (Système préparatoire infrarouge pour l'alerte) est constitué de deux micro-satellites qui doivent être lancés par Ariane 5 en 2008. *Ils permettront d'acquérir des données de signatures infrarouges des fonds de Terre.* Ce démonstrateur sera suivi par la réalisation d'un système précurseur permettant d'accéder à la maîtrise de la détection et de la trajectographie.

Détection et alerte avancée

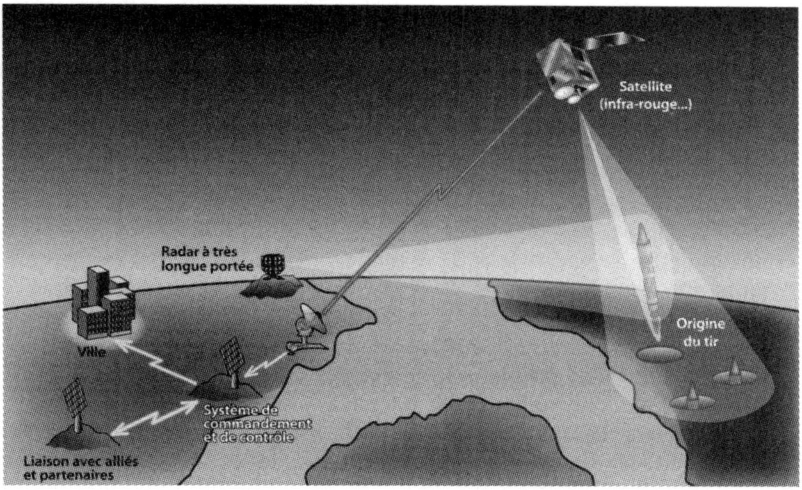

Renforcer nos capacités de protection civile pour faire face aux crises majeures

Les crises majeures, qu'elles soient d'origine intentionnelle ou non, peuvent affecter des populations entières, notamment dans les DOM-COM en raison de leurs caractéristiques géographiques. Elles peuvent occasionner des déplacements massifs de population, organisés ou spontanés. Les exemples récents en ont donné un ordre de grandeur (plusieurs dizaines et parfois centaines de milliers). Les questions posées par l'évacuation des populations et ses conséquences, en termes de prise en charge des victimes, sont aujourd'hui très insuffisamment traitées.

Aussi, *une planification, avec soutien militaire,* sera élaborée sous l'égide du ministère de l'Intérieur. Elle inclura le prépositionnement sur le territoire national des moyens logistiques nécessaires à la prise en charge immédiate de plusieurs dizaines de milliers de personnes évacuées.

Une approche interministérielle des missions de secours héliporté sera menée par ailleurs. Les administrations des ministères de la Défense et de l'Intérieur, principalement, et les opérateurs publics ou privés (Samu, entreprises...) développent et entretiennent, en effet, des dispositifs d'hélicoptères redondants. Une rationalisation de ces dispositifs permettra une diminution des coûts (formation, soutien, alerte, équipements, développement...) et une optimisation de l'emploi de ces moyens.

Catastrophe naturelle ou technologique de très grande ampleur

La récurrence d'événements majeurs et de gravité croissante s'est confirmée ces dernières années, en raison notamment de la densification de la population dans des zones à risques. La conjonction d'un accident technologique majeur et d'une catastrophe naturelle devient plus probable. Enfin, la menace d'attentats visant des installations sensibles accroît encore le risque.

Une crise de cette ampleur aurait des répercussions internationales. L'Union européenne développe les moyens d'une solidarité effective sans remettre en cause la responsabilité première des États membres qui seront, selon le cas, bénéficiaires ou contributeurs d'aide au titre de la solidarité européenne. Dans le cas de la France, les DOM-COM appellent une prise en compte spécifique, du fait de la distance de la métropole et de leur plus grande exposition aux risques naturels.

Par ses effets, une catastrophe de grande ampleur affectant des centaines de milliers, voire quelques millions de personnes, se caractériserait :

– immédiatement, par la mise en danger des personnes et la destruction des biens et infrastructures ;

– à bref délai, par ses conséquences en matière d'ordre public, du fait de la précarité des situations et de la tentation du pillage ;

– par ses conséquences sanitaires : maladies liées à la pollution engendrée par un accident technologique, ou provoquées par la forte dégradation de l'environnement naturel rendu insalubre par la catastrophe ;

– par ses conséquences économiques et sociales : désorganisation de la vie collective de millions de personnes en terme d'emplois, de transports, d'activité économique et de cohésion sociale ;

– par ses conséquences environnementales : pollution de zones étendues par des produits à la toxicité avérée, insalubrité persistante, avec la difficulté de garantir à terme l'innocuité des zones et bâtiments touchés.

Pour ce qui est de *l'anticipation*, la prévision d'événements naturels dépend de leur nature physique et des circonstances locales, et reste parfois impossible. Les pouvoirs publics doivent cependant pouvoir s'appuyer sur *un réseau de spécialistes scientifiques* identifiés par avance et familiarisés avec les procédures de gestion de crise.

Le développement des dispositifs de prévision et d'alerte est impératif. Le risque technologique peut être apprécié – sous réserve d'une politique active de prévention –, mais l'événement lui-même offre généralement peu de signes avant-coureurs.
Une politique résolue d'incitation à *la recherche* dans ces domaines sera un axe essentiel pour l'avenir.
La *prévention* s'appuie essentiellement sur la réduction des risques, la préparation de la population et la planification de crise.
À la différence du risque naturel, le risque d'occurrence d'une catastrophe technologique peut être réduit à la source, entre autres, par l'application stricte du régime des installations classées. Les conséquences des catastrophes naturelles ou technologiques seront atténuées par la définition de mesures appropriées, inscrites dans les plans de prévention des risques naturels ou technologiques. Enfin, *l'information de la population*, pour généraliser les comportements d'autoprotection, limite considérablement les pertes humaines et doit être renforcée.

Renforcer la résilience de la nation

PROTÉGER LES INFRASTRUCTURES VITALES

La politique de sécurité des activités d'importance vitale lancée en 2006 sera poursuivie énergiquement. Elle vise, pour douze secteurs d'activité définis, à évaluer et hiérarchiser les risques, puis à élaborer les mesures pour y faire face. L'un de ses objectifs essentiels est de déterminer les sites névralgiques, sur lesquels les efforts de protection les plus significatifs devront être faits dès les prochaines années, d'abord par les opérateurs, puis avec les moyens de l'État si nécessaire.

Secteurs d'activité d'importance vitale

(arrêté du 2 juin 2006)

Activités civiles de l'État – Activités judiciaires – Activités militaires de l'État – Alimentation – Communications électroniques, audiovisuel et information – Énergie – Espace et recherche – Finances – Gestion de l'eau – Industrie – Santé – Transports.

Nombre d'infrastructures majeures, en particulier celles de transport d'énergie, d'informations et de marchandises, sont transnationales. Leur sécurité doit être appréhendée de manière cohérente par les États et les opérateurs concernés. À cet effet, l'approche française des secteurs d'activité d'importance vitale sera présentée à nos partenaires européens afin de faire déboucher les initiatives lancées par l'Union européenne sur l'établissement de principes communs pour l'organisation de la protection des infrastructures vitales et sur un partage des meilleures pratiques.

Améliorer le dispositif de communication, d'information et d'alerte de la population

La communication est partie intégrante de toute stratégie de sécurité nationale. La gestion d'une crise majeure impose, en tout premier lieu, de préserver le capital de confiance de la population envers les pouvoirs publics. Le silence de la puissance publique, la rétention d'informations, l'image donnée de l'improvisation et de la dispersion en matière de communication, la fourniture d'argumentaires exclusivement défensifs alimentent toujours une anxiété, inévitablement répercutée et amplifiée par les médias.

La communication qui accompagne les attaques terroristes, comme les grandes calamités naturelles ou industrielles, laisse des traces profondes et durables dans la mémoire collective, du fait du stress dans lequel sont vécus les événements. *La première qualification d'un événement* mettant en cause la continuité de la vie collective est donc un moment essentiel et *doit être le fait du responsable principal de la gestion de la crise.* Il faut *ensuite,* rapidement, *informer les citoyens sur la réalité de cet événement,* sur les *conduites à tenir,* sur les *objectifs de l'action publique* et la manière dont ils peuvent en favoriser la réalisation.

Dans ce but, deux niveaux doivent être clairement distingués dans la communication gouvernementale :

– *le niveau politique et stratégique de la communication générale ;*

– *le niveau des acteurs de terrain.*

L'alerte et l'information de la population, comme la communication, seront placées au centre du processus de gestion de crise.

Moderniser le dispositif d'alerte des populations

La France doit, tout d'abord, disposer d'un moyen d'information rapide de sa population. À ce titre, un réseau d'alerte performant et résistant sera mis en place, *en remplacement du système actuel.* Celui-ci doit être entièrement modernisé, pour *utiliser au mieux la diversité des supports aujourd'hui possibles* : sirènes, SMS, courriels, panneaux d'affichage public dans les villes, gares, aéroports, réseaux routier et autoroutier. Les potentialités du réseau *Internet* doivent également être exploitées.

En outre, l'existence de moyens dédiés et autonomes de communication (téléphones satellitaires, radiotéléphones hors réseaux électrique...) sera assurée en cas de coupure complète du réseau d'alimentation électrique.

Planifier et professionnaliser la communication de crise

Dans un environnement caractérisé par la prolifération des messages, la dissémination des interlocuteurs et l'instantanéité des informations émanant des sources les plus diverses, le premier problème posé est celui de la légitimité et de la crédibilité de la parole « officielle ». Les commentaires pseudo-experts, la diffusion immédiate d'images brutes, la succession rapide des sujets supposés mobiliser l'attention du public créent des conditions difficiles pour la compréhension des déclarations émanant des autorités publiques. Pour être efficace dans ce contexte, la communication de crise devra avoir été pensée et organisée à l'avance.

À cette fin, *un volet relatif à la communication sera systématiquement inclus dans la planification de la gestion des crises*. Le plan « pandémie grippale » intègre ainsi la communication comme une véritable dimension opérationnelle, analysée et détaillée, au même titre que les autres actions du plan.

La planification s'accompagnera d'un effort collectif de préparation à la communication en situation d'urgence. Les plans sont en effet peu utiles si ceux qui auront à les mettre en œuvre ignorent le minimum nécessaire du contexte institutionnel et opérationnel. Sera donc désigné, sur une base permanente, *un réseau interministériel* d'experts identifiés, habitués à travailler ensemble et chargés de mettre en œuvre, le moment venu, les dispositions ainsi planifiées.

Les *exercices nationaux et zonaux* de validation des plans associeront l'ensemble des acteurs impliqués dans la gestion de crise, y compris les représentants des plus hautes autorités politiques, les médias, les élus locaux et les opérateurs publics et privés.

En outre, *le choix du lieu de prise de parole* influencera la perception qu'auront les populations de la gestion à proprement parler de la crise. *Sur le plan national*, le responsable politique assurant la *direction stratégique* des crises majeures sera appuyé par des capacités permettant une prise de parole étayée et informée. Les salles de conduite opérationnelle de crise seront équipées pour la prise de parole des *responsables opérationnels*. Au *niveau local*, les moyens nécessaires seront mis à la disposition du *représentant de l'État*.

Développer des outils interministériels permettant la diffusion de l'information, avant, pendant et après la crise

La France mettra en place au plus tôt *un portail Internet gouvernemental pour la sensibilisation aux risques et aux réactions en cas de crise*.

En outre, *un centre national d'appel* chargé de renseigner sur les causes des événements, de conseiller les personnes concernées par l'alerte, de répondre aux inquiétudes en faisant intervenir des spécialistes, sera désigné.

Il importe, dans ce domaine, de prendre en compte les expériences étrangères qui témoignent de la possibilité d'inciter les citoyens à se préparer à la crise, sans pour autant nourrir l'anxiété. Des sites Internet entièrement dédiés à la préparation individuelle aux situations de crise existent dans la plupart des pays européens.

Faire des médias d'information un partenaire majeur en cas de crise

Les médias sont aujourd'hui encore trop souvent perçus par les administrations comme susceptibles d'interférer négativement avec la gestion d'une crise. Au contraire, les journalistes doivent être reconnus, dans les hypothèses mettant en jeu la sécurité nationale, comme des partenaires de la chaîne de communication de crise, indépendants mais responsables. À l'image de ce qui se pratique au Royaume-Uni, leur information devra être la plus complète possible. Elle contribuera ainsi à améliorer celle de la population.

Cette orientation vaut à la fois avant et pendant la crise.

Avant l'événement, les journalistes devront avoir reçu une information suffisante et concrète sur l'organisation et les moyens de gestion de crise des pouvoirs publics, sans pour autant porter atteinte au nécessaire secret qui doit entourer certains dispositifs et modes d'action. Avec l'accord des responsables des médias, les professionnels seront en outre associés aux exercices de crise.

L'information de l'opinion sur les procédures et les moyens est susceptible de favoriser à la fois la vigilance nécessaire à l'égard de certains risques et la compréhension des mesures prises par l'État ou les principaux opérateurs. *Une vulnérabilité de la vie sociale ou économique connue de tous peut être mieux assumée*. Cette méthode permettra d'accroître la résilience de la société et sa capacité de prise en charge des risques avec les pouvoirs publics et l'ensemble de leurs partenaires.

Au cours de la crise, il faut prendre *l'initiative* d'expliquer rapidement les principaux faits à ceux qui ont pour métier d'en rendre compte. Les réalités de terrain, ou même une manœuvre militaire ou civile, sont de plus en plus connues à l'avance ou en temps réel par les professionnels les mieux aguerris des médias. Le principe du secret, s'il a lieu de s'appliquer, pendant un certain temps, au noyau du processus de décision ou des capacités de renseignement et d'action, ne doit pas devenir un obstacle à la réussite de la gestion d'une crise. La diffusion instantanée de l'information qui caractérise le rythme des crises impose *d'autres stratégies de communication et d'information tout au long de son déroulement*. Une ouverture beaucoup plus grande doit être mise en œuvre, notamment dans les cas relatifs aux opérations de secours ou de déploiement d'opérations de maintien de la paix. Le recours, dans la manœuvre, aux moyens d'information publics sera, plus encore qu'aujourd'hui, intégré comme tel dans le plan d'opération, à tous les niveaux.

Dans les mêmes conditions, sera préparé *un mécanisme de dialogue en temps de crise majeure* entre des interlocuteurs identifiés par avance, dans les administrations et les centres de gestion des crises et les grands médias.

Enfin, les responsables des médias intéressés seront associés aux analyses de « retour d'expérience » pour améliorer la connaissance par les pouvoirs publics des effets et de la perception de leur action.

Améliorer la gestion des crises sur le territoire national

Bien que, à la différence des États-Unis, de l'Espagne ou du Royaume-Uni, la France n'ait pas été confrontée sur son territoire, dans la période récente, à une crise de grande ampleur, cette chance pourrait se muer en faiblesse si les pouvoirs publics n'améliorent pas leur préparation collective à de tels événements.

AU NIVEAU CENTRAL

Des progrès importants ont été accomplis ces dernières années, avec notamment la refonte, à partir de 2001, de la planification « Vigipirate » contre le terrorisme. Mais les capacités de planification stratégique gouvernementale demeurent à la fois limitées, incomplètes et dispersées. Le dispositif n'est pas assez coordonné ni suffisamment articulé avec le réseau territorial au niveau des préfectures.

Cette situation est périlleuse, en raison des caractéristiques récurrentes des crises de ce début du XXIe siècle : impact sur les espaces nationaux terrestre, aérien, maritime et désormais cybernétique, simultanéité ou enchaînement en plusieurs points du territoire, multiplicité des intervenants, publics et privés.

Une organisation nouvelle est nécessaire pour préparer et conduire l'action des pouvoirs publics.

Au niveau du *Président de la République*, dans les conseils qu'il préside, seront arrêtés les grandes orientations et les plans gouvernementaux. Ces plans seront préparés sous l'autorité du *Premier ministre*, qui s'appuiera à cette fin sur le secrétariat général de la défense et de la sécurité nationale. Celui-ci en coordonnera l'élaboration et la validation, en associant tous les ministères concernés.

La *direction politique et stratégique de la réponse aux crises majeures* relève du Président de la République et du Premier ministre. Ils assurent l'impulsion et la prise de décision politiques au cours de la crise. Ils doivent pouvoir s'appuyer sur des moyens de commandement adaptés à des crises majeures, leur permettant d'être informés en temps réel du déroulement de la crise et de piloter la communication gouvernementale. Cette organisation doit être connue du public, des médias et des différents intervenants en France et à l'étranger. Elle sera *le point d'entrée naturel dans le dispositif de gestion de crise pour les interlocuteurs européens et internationaux au plus haut niveau.*

Le *ministre de l'Intérieur*, chargé de la sécurité intérieure, ainsi que de la sécurité et de la protection civiles, dans l'acception élargie que recevront ces termes dans les codes de la défense et de la sécurité intérieure (*cf.* chapitre 3), assurera, *au niveau opérationnel*, la conduite interministérielle de la crise sur le territoire. Ses capacités actuelles seront complétées par la création d'un *centre de gestion interministérielle de crise, Place Beauvau*, au sein duquel tous les ministères concernés (Économie, Transports, Santé...) devront prendre place. Ce centre travaillera en réseau avec les moyens des autres ministères, en particulier ceux des ministères chargés des Affaires étrangères, de l'Industrie, des Transports et de l'Énergie. La cohérence de la manœuvre civile avec celle des moyens militaires sera assurée par ce centre opérationnel et celui des armées.

En ce qui concerne la préparation aux crises, le ministère de l'Intérieur aura la charge des plans *à dominante d'ordre public et des plans à dominante de protection et de sécurité civiles*. Il jouera un rôle de premier rang dans l'élaboration des plans de protection contre le *terrorisme* sur le territoire national.

Le ministre de l'Intérieur disposera à cette fin d'une nouvelle direction chargée de la planification, placée auprès du secrétaire général du ministère (*cf.* chapitre 15). Cette direction agira en liaison étroite avec la direction générale de la police nationale, la direction générale de la gendarmerie nationale et la direction de la sécurité civile sur le plan opérationnel, ainsi que la nouvelle délégation à la prospective et à la stratégie pour la préparation à moyen et long termes des crises. Elle sera chargée de la conception et de l'actualisation des plans relevant de la responsabilité directe du ministre de l'Intérieur. Elle assurera la contribution du ministère aux plans gouvernementaux dépassant ce cadre. Elle pilotera la transposition de la planification gouvernementale aux échelons déconcentrés, afin de favoriser son adaptation au niveau local et le suivi de sa mise en œuvre. Elle s'appuiera, pour l'ensemble de ses missions, sur les préfets de zone de défense et de sécurité.

AU NIVEAU DÉCONCENTRÉ

Sur le territoire, la gestion des crises relève de la compétence des *préfets*. Les *préfets de zone de défense et de sécurité* verront leurs compétences étendues : ils deviendront *l'échelon de déconcentration interministérielle de premier rang en matière de préparation et de gestion des crises majeures relevant de la sécurité nationale.* Les préfets de département, pour leur part, conserveront leur compétence générale en matière de sécurité.

Les zones de défense et de sécurité assureront en particulier :

– le pilotage de la prévision et de la gestion des crises ;

– la synthèse de l'information en situation de crise ;

– l'appui aux départements en matière de planification, d'exercices et de formation ;

– l'animation de la politique de coopération transfrontalière en matière de sécurité et de protection civiles.

Les préfets de zone se verront confier, en outre, le pilotage d'une politique d'animation et de mise en cohérence des réserves de l'ensemble des ministères, en liaison avec les autorités militaires pour ce qui concerne les réserves militaires et en appui des préfets de département pour les réserves communales.

La coordination des moyens civils et des moyens militaires au niveau de la zone de défense et de sécurité devra franchir un palier.

Le préfet de zone s'appuiera sur un conseiller militaire, l'officier général de zone de défense, placé sous l'autorité directe du chef d'état-major des armées.

Les états-majors des préfets de zone et ceux des officiers généraux des zones de défense seront rapprochés. Les moyens militaires de planification seront insérés dans un état-major unique sous l'autorité du préfet de zone, afin que les plans gouvernementaux puissent être conjointement transposés à ce niveau sur le territoire.

L'officier général de zone de défense disposera en outre d'une délégation du chef d'état-major des armées pour l'emploi des moyens militaires courants de la zone, afin d'accroître la réactivité de leur mise à disposition du préfet en cas de crise.

Pour donner au rôle interministériel du préfet de zone toute sa portée, les organisations déconcentrées des ministères, lorsqu'elles concourent à la gestion des crises, seront alignées sur le niveau zonal ou mises en cohérence avec celui-ci.

Enfin, le ministre de l'Intérieur réunira régulièrement un comité des préfets de zone de défense et de sécurité, dont le secrétariat sera assuré par la direction chargée de la planification.

L'interopérabilité

L'interopérabilité technique des moyens intervenant dans la gestion de crise est aujourd'hui insuffisante. Elle sera accrue, en particulier les moyens d'information, de commandement et de communication des forces de sécurité publique, des forces de sécurité civile et des armées. La mise en place de liaisons fiables entre les différents acteurs conditionne en effet le déroulement de la gestion de la crise, en particulier dans les premières heures qui suivent son déclenchement. Le réseau intranet interministériel sécurisé (ISIS) sera étendu à court terme à l'ensemble de la chaîne de décision et de commandement sur le territoire métropolitain.

L'implication des collectivités territoriales et des opérateurs

Les effets de la politique de décentralisation et en particulier l'évolution des relations entre l'État, les opérateurs des secteurs d'importance vitale et les collectivités territoriales, devront être mieux pris en compte. Opérateurs et collectivités détiennent des compétences et des moyens clés, par exemple dans le domaine de la sécurité civile. Les différents régimes juridiques des réquisitions seront harmonisés, afin de garantir aux représentants de l'État, en cas de crise, le plein concours de l'ensemble des acteurs.

L'entraînement des intervenants

La cohérence de la réponse à une crise majeure nécessite que les différents intervenants se soient régulièrement entraînés ensemble, à tous les niveaux. Des progrès importants doivent encore être accomplis, dans ce domaine et dans l'analyse des retours d'expérience. Une planification interministérielle à long terme des exercices sera mise en place à cette fin sous l'autorité du secrétariat général de la défense et de la sécurité nationale. Les ressources financières qui doivent y être consacrées seront identifiées. Le processus de retour d'expérience sera formalisé.

C'est la chaîne complète de la gestion de crise, depuis les structures de pilotage stratégique jusqu'aux acteurs de terrain, qui devra être mieux entraînée, pour répondre, dans l'urgence aux situations de crise nouvelles auxquelles la population peut se trouver confrontée. L'implication personnelle – même si elle est occasionnelle – des hauts décideurs politiques ou de leurs représentants directs sera recherchée : elle est une condition du réalisme et de l'efficacité de tels exercices. Les élus locaux, qui sont toujours aux premiers rangs de la réponse à une catastrophe, devront également y être étroitement associés.

Mettre en place des objectifs et des contrats opérationnels pour le dispositif de sécurité intérieure et de sécurité civile et les armées

Quel que soit le scénario de crise, la première intervention terrestre est toujours conduite par le dispositif de sécurité intérieure et de sécurité civile. Les armées interviennent de manière complémentaire, avec les moyens et les savoir-faire spécifiques dont l'autorité civile responsable de la gestion de crise exprime le besoin.

Ainsi, le *dispositif de sécurité intérieure et de sécurité civile* est en première ligne pour faire face à l'ensemble des risques et menaces sur le territoire national. En cas d'événement majeur, la totalité des moyens proches, y compris les réserves opérationnelles, doit pouvoir être engagée immédiatement et renforcée rapidement, le cas échéant, par des unités d'intervention (RAID, GIGN, DCI, GIH) et par au moins *trente unités de forces mobiles* et *dix colonnes de renfort de la sécurité civile* dotées de moyens NRBC. *Des objectifs opérationnels* seront fixés en ce sens au dispositif de sécurité intérieure et de sécurité civile dans le cadre de la planification civilo-militaire de gestion de crise.

Dans le même esprit, *un contrat opérationnel de protection* est fixé aux armées sur le territoire national. Il s'ajoute aux missions de soutien général qu'y assurent l'ensemble des armées. Il comporte *une capacité de déploiement de forces terrestres pouvant si nécessaire monter jusqu'à 10 000 hommes en quelques jours*, permettant de contribuer, au bénéfice de l'autorité civile, en priorité à la sécurité des points d'importance vitale, à celle des flux terrestres essentiels pour la vie du pays, ainsi qu'au contrôle de l'accès au territoire.

Parallèlement, les armées doivent pouvoir assurer un renforcement de la posture permanente de *sûreté aérienne, jusqu'à six patrouilles opérationnelles* et quatre patrouilles opérationnelles spécialisées dans la lutte contre les aéronefs lents. Le renforcement de la posture permanente de *sûreté maritime* appelle le déploiement d'une *frégate*, de *deux chasseurs de mines et d'un avion de patrouille maritime sur chacune des trois façades maritimes.*

La *douane* interviendra de manière coordonnée avec les services concernés en cas de crise exigeant une surveillance renforcée, voire une fermeture des frontières. Elle sera en capacité de concentrer, dans les délais les plus brefs, *ses effectifs aux points d'entrée les plus sensibles*. Elle coordonnera ses *moyens maritimes et aériens* avec les armées afin d'assurer une couverture optimale du territoire.

Dans les DOM-COM, la coordination des moyens civils et militaires sera renforcée et les forces seront articulées selon les principes suivants, outre les moyens du service militaire adapté qui seront maintenus :

– redéfinition d'un dispositif à dominante aéromaritime, dans chaque collectivité, pour faire face aux missions de service public et de lutte contre les trafics de tous ordres ;

– mise en place en Guyane, à la Réunion et en Nouvelle-Calédonie de moyens de théâtre capables respectivement d'intervenir rapidement dans les trois zones Antilles-Guyane, océan Indien et Pacifique en cas de crise (catastrophe naturelle par exemple) ;

Les moyens de la gendarmerie nationale et de la sécurité civile seront adaptés et, le cas échéant, renforcés, s'agissant en particulier des hélicoptères.

Crise dans un département ou une collectivité d'outre-mer (DOM-COM)

À l'horizon des quinze prochaines années, des préoccupations spécifiques pèseront sur la défense et la sécurité des départements et collectivités d'outre-mer (DOM-COM) :
– le risque de catastrophes naturelles ;
– la sécurité du centre spatial guyanais, essentielle pour la France et pour l'Europe.
Même si tous les départements et collectivités d'outre-mer ne sont pas également menacés, les événements naturels sont parmi les plus dimensionnants en matière d'action de l'État.
L'éloignement des DOM-COM de la métropole (7 000 kilomètres pour la Guyane, 8 000 kilomètres pour Mayotte, 18 300 kilomètres pour la Nouvelle-Calédonie) peut rendre plus difficile une projection rapide de renforts, tant humains que matériels, et accroître les difficultés de gestion de la crise.
La probabilité d'actions hostiles, notamment militaires, de la part d'un acteur régional est jugée nettement plus faible. Le site de Kourou représente un cas particulier, justifiant des moyens spécifiques.

Renforcer la coopération avec les États européens

Les crises peuvent être transfrontalières, non seulement par leur nature (pandémie par exemple) ou par l'ampleur de leurs conséquences, mais également parce que toute crise majeure (attentat par exemple), même lorsque ses effets restent limités aux confins de notre pays, comporte une dimension internationale.

Les marges de progrès en matière de protection des citoyens européens sont considérables, compte tenu des habitudes et des cloisonnements existants.

Il conviendra d'exploiter l'ensemble des dispositifs que les États membres de l'Union européenne conviendront de mettre en œuvre dans le cadre de la clause de solidarité prévue dans le traité de Lisbonne.

Les modalités de la coordination entre États, à l'occasion d'une crise majeure, devront être clarifiées pour l'ensemble des acteurs. Dans cet esprit, la France désignera un *coordonnateur national*, connu de nos partenaires et alliés, placé auprès de la direction politique et stratégique de gestion de la crise.

En matière de communication de crise, des procédures de coordination devront être mises en place au sein de l'Union européenne. La pratique des exercices européens sera développée afin de tester la coordination des chaînes de commandement et des moyens nationaux de protection (et de communication) en cas de crise commune à plusieurs pays, voire à proximité de nos frontières extérieures.

La gestion intégrée de la coopération opérationnelle aux frontières de l'Union devra également être améliorée, en portant l'effort sur l'agence européenne Frontex.

En matière de sécurité civile, la France soutiendra le renforcement des capacités européennes de protection civile et de lutte contre la menace NRBC (*cf.* chapitre 4).

Principales décisions relatives à la protection de la population et du territoire

– Développer la surveillance des espaces nationaux et de ceux où la France a des intérêts, en particulier l'espace extra-atmosphérique.
– Renforcer significativement l'effort national en matière de lutte contre la menace NRBC, tant dans le domaine de la détection, de l'analyse et de l'intervention que dans celui du traitement des victimes.
– **Acquérir une capacité de défense informatique active, en profondeur, combinant protection intrinsèque des systèmes, surveillance permanente des réseaux sensibles et réaction rapide en cas d'attaque.**
– Acquérir une capacité de détection et d'alerte avancée afin de prendre en compte la menace balistique ; interopérable avec les moyens de nos alliés et partenaires, cette capacité reposera à la fois sur des moyens radars et sur un dispositif basé dans l'espace.
– Développer une nouvelle stratégie et moderniser les dispositifs d'alerte et d'information de la population, ainsi que de communication de crise.
– Renforcer substantiellement la capacité nationale de planification et de gestion de crise, en développant fortement la coordination des moyens civils et militaires et en structurant mieux la coordination avec nos voisins européens.
– Fixer des objectifs opérationnels pour le dispositif de sécurité intérieure et de sécurité civile et un contrat opérationnel de protection pour les armées, afin de faire face aux agressions et catastrophes de grande ampleur pouvant survenir sur le territoire national ; limiter la présence militaire dans les DOM-COM aux besoins correspondant strictement aux missions des armées et au service militaire adapté ; redéployer et, le cas échéant, renforcer les moyens de la gendarmerie nationale et de la sécurité civile pour y garantir la continuité du service public.

CHAPITRE 12

INTERVENIR

L'intervention à l'extérieur du territoire national demeure le mode d'action le plus important, parce que le plus exigeant, pour déterminer les dimensions de nos forces armées. Les besoins en opérations civiles jouent, de plus, un rôle croissant et imposent de constituer aussi une capacité clairement identifiée. Dans les régions où la France s'engage, il importe de disposer d'une vision stratégique d'ensemble de l'opération, incluant toutes les composantes, militaires et civiles, et recherchant les meilleures synergies.

Objectif général

La France entretiendra en permanence la capacité d'action extérieure nécessaire à la défense de ses intérêts de sécurité et à ses responsabilités. En cas d'opérations militaires de grande ampleur, qui seront nécessairement inscrites dans un cadre multinational, elle s'engagera avec une qualité et un volume de forces suffisants pour disposer d'une représentation adéquate dans les organes de planification et de commandement de l'opération, et garantir ainsi sa liberté d'appréciation et de décision.

La France développera ses capacités d'action à grande distance et dans la profondeur d'un dispositif adverse. La portée stratégique de son outil militaire, en toutes ses composantes, maritime, aérienne et terrestre, devra permettre de couvrir la totalité des zones stratégiques d'intérêt majeur. La qualité et la cohérence de son outil militaire seront préservées et développées, afin de conserver l'avantage sur tout adversaire plausible. À cet effet, la définition, le dimensionnement et l'implantation de nos forces *prendront en compte aussi bien une capacité d'engagement lourde que des missions de gestion de crise sur les quinze ans à venir.*

Les capacités d'intervention des forces armées françaises devront leur permettre de conduire les opérations militaires suivantes :

– opération « spéciale », autonome ou dans un cadre multilatéral restreint, consistant par exemple à libérer des otages ou poursuivre des auteurs d'actes de terrorisme ;

– opération « moyenne » autonome, telle que l'évacuation de ressortissants, y compris dans un environnement hostile, ou des actions de rétorsion ponctuelle à la suite d'une action directe contre nos intérêts ;

– opération « significative », soit dans un cadre bilatéral, soit dans un cadre multinational, au titre en particulier du maintien ou du rétablissement de la paix ;

– opération « majeure » à distance du territoire, nécessairement en alliance ou en coalition.

Dans tous les cas de figure, ces opérations devront pouvoir être associées à d'autres actions, en particulier pour *élever le degré de protection sur le territoire national, parallèlement à la crise justifiant l'intervention.*

En outre, pour conserver notre liberté d'action, une capacité de réaction en urgence doit demeurer disponible en permanence. Elle doit être adaptable d'emblée à des hypothèses d'emploi très différenciées. Cette capacité, indépendamment des réserves opérationnelles, doit permettre, par exemple, de procéder à une évacuation de ressortissants, à un renforcement ponctuel de la force principale déployée, ou à une opération secondaire de faible durée.

Les opérations spéciales

Les opérations spéciales sont des opérations militaires, ouvertes ou secrètes, distinctes des opérations clandestines qui relèvent de la DGSE. Les opérations spéciales diffèrent des opérations conventionnelles par leur cadre dans l'espace et dans le temps, la dimension stratégique de leurs objectifs, la spécificité de leurs modes opératoires et la discrétion qui entoure leur préparation et leur exécution. Elles sont réalisées par des formations spécialisées des trois armées, les forces spéciales, pour une action indépendante, généralement confidentielle, ou en complément d'une force « conventionnelle ».

Les forces spéciales ont vocation à s'engager dans la profondeur d'un dispositif adverse ou en zone hostile, afin d'effectuer des missions de renseignement, de neutralisation, de capture ou de récupération de personnes ou de matériels (par exemple, évacuation de ressortissants ou lutte contre le terrorisme). Elles peuvent être renforcées par les moyens spécialisés de la gendarmerie.

Perspectives des opérations à venir

Les capacités militaires à détenir et développer tiennent compte des enseignements des opérations récentes et en cours.

MULTINATIONALITÉ – INTEROPÉRABILITÉ

Sauf exception, toutes nos opérations militaires se dérouleront dans un cadre multinational. Celui-ci peut être préétabli, dans le cas de l'Alliance Atlantique et de l'Union européenne, ou *ad hoc*, dans le cas de coalitions de circonstance.

L'interopérabilité avec les alliés demeure la condition première de toute opération collective. Cette interopérabilité découle de mesures à long terme. L'interopérabilité matérielle, notamment pour tout ce qui a trait aux systèmes de communication et de commandement, en est la composante la mieux connue. Mais l'interopérabilité des doctrines et des procédures se développe et s'entretient également dans la durée. Les capacités militaires nationales intégreront donc d'emblée cet impératif d'interopérabilité avec nos alliés.

POLYVALENCE

Les opérations prévisibles sont appelées à durer et, au fil du temps, à évoluer profondément. En outre, sur un même théâtre et simultanément, des opérations très diverses peuvent avoir lieu, allant du combat de haute intensité à la sécurisation d'une zone, de l'escorte de convois à la protection d'un camp de réfugiés, ou à l'assistance à la population.

Ces deux facteurs, évolution dans le temps, diversité sur le moment, nécessitent de concevoir une capacité d'intervention polyvalente et réactive, capable de conduire toute la gamme des opérations, souvent avec les mêmes hommes.

La flexibilité de l'instrument militaire français découlera de la qualité de ses unités, de ses hommes et de son matériel, mais aussi d'une redondance raisonnable permettant de faire des choix parmi les moyens disponibles et de les adapter au fur et à mesure.

PROTECTION DES FORCES

Les opérations à venir ne seront pas moins dangereuses qu'avant, bien au contraire. Si l'éventualité de pertes massives semble s'être éloignée, la possibilité de pertes significatives est une réalité que la France et ses armées doivent être prêtes à assumer.

Les pertes subies par un contingent sur un théâtre exercent une profonde influence sur la perception que la nation se fait de l'opération. Un pic brutal de pertes ou un flux continu peuvent avoir des conséquences stratégiques.

Protéger les forces est donc non seulement un impératif humain, mais aussi une nécessité stratégique – pour préserver l'adhésion –, *et tactique* – pour assurer le succès. Lorsque les circonstances s'y prêtent, l'emploi d'armes de précision tirées à grande distance, sans exposer le combattant, représente en soi une forme de protection.

La protection des forces suppose en particulier :

– un investissement dans des matériels dont la protection a été renforcée, notamment en ce qui concerne les véhicules terrestres et les hélicoptères, les moyens de brouillage et de détection anti-IED[1], ainsi que les dispositifs contre les missiles tactiques et les équipements de protection NBC ;

– un entraînement et un aguerrissement des personnels, s'appuyant sur la mise en œuvre de procédures de sécurité constamment réadaptées en fonction du contexte et sur un dispositif de retour d'expérience (RETEX) performant et intégré dans les procédures de planification et de décision.

POPULATIONS

Les opérations d'aujourd'hui se déroulent de plus en plus au contact de la population, qui en est à la fois le milieu et l'enjeu. Pour opérer au sein de la population, il faut une culture militaire étendue et un matériel adapté, notamment pour protéger à la fois les civils et les combattants, dans le respect du droit international humanitaire. Il faut aussi les techniques, les tactiques et les procédures améliorant la synergie de forces diluées dans un environnement complexe et fragmenté.

Dans des dispositifs imbriqués et dépourvus de toute délimitation claire entre chaque camp, ou entre la force armée et la population, la multiplicité des acteurs ajoute un degré de complexité. La force armée doit pouvoir opérer avec, au profit ou à côté de nombre de parties prenantes militaires ou civiles, qu'il s'agisse des autorités locales, des représentants de la communauté internationale, des organisations non gouvernementales, de la presse. De la qualité de ces relations très diverses dépend le sort de l'opération dans son ensemble. Pour leur

---

1. IED : Improvised Explosive Device, « engin explosif improvisé ».

part, les forces déployées doivent, sans se substituer ou sans concurrencer les organisations civiles, disposer des moyens propres pour mener des actions civilo-militaires au profit des populations. Celles-ci concernent en particulier le domaine sanitaire et les investissements de proximité. À cette fin, les armées développeront leur savoir-faire dans ce domaine de l'action civilo-militaire, devenue indissociable de l'action militaire *stricto sensu*.

Hommes et forces morales

En définitive, la formation du combattant, son niveau d'entraînement, la légitimité de son action, la clarté des objectifs qui lui sont assignés conditionnent plus que jamais le succès sur le terrain. La primauté du facteur humain doit être réaffirmée.

À cet égard, rien ne pourra remplacer la force morale des unités confrontées au combat, qui est le fruit de l'entraînement où naît la cohésion, de la discipline qui règle l'engagement et du travail quotidien avec un encadrement fortement sélectionné et expérimenté, où se forge la confiance.

Nombre

Même si les armées développent toutes les qualités qui viennent d'être énoncées, le nombre reste un facteur déterminant de la plupart des opérations, qu'elles se déroulent sur terre, sur mer ou dans les airs. Nombre d'hommes sur le terrain pour contrôler les situations ; nombre de bâtiments pour assurer la projection vers la terre, surveiller une voie de communication maritime, arraisonner et contrôler des navires suspects ; nombre d'aéronefs pour entretenir une capacité immédiate de surveillance, de transport ou de frappe, en continu, à des distances parfois considérables. Les capacités dont disposeront les armées représentent un compromis raisonné, destiné à doter en matériel de qualité un nombre suffisant de soldats, de marins et d'aviateurs.

Les opérations de stabilisation

En 2008, plus de 35 opérations internationales sont en cours, mobilisant des effectifs très variables, d'une quinzaine d'observateurs à plus de 50 000 militaires, impliquant 2 à 35 pays contributeurs, offrant des contingents allant du personnel isolé à 20 000 hommes. La France contribue à 20 opérations, dans le cadre de l'ONU, de l'OTAN et de l'Union européenne, dont 6 pour lesquelles elle fournit des unités militaires. Elle demeurera, en toute hypothèse, fréquemment sollicitée pour de nombreuses opérations, militaires et civiles.
Dans le cadre d'une *opération à dominante militaire*, l'objectif poursuivi est généralement en rapport avec la cessation ou le contrôle des hostilités. Sur plusieurs théâtres, le durcissement déjà constaté des opérations est une évolution préoccupante.
Les *opérations civiles* constituent une forme d'action internationale en forte croissance. Combinant souvent leurs effets avec une opération militaire, l'objectif commun est généralement la consolidation de la paix, le rétablissement de l'ordre public, de l'État de droit, et d'une normalité sociale et économique permettant à des autorités légitimes de prendre l'action à leur compte.
Dans les *opérations humanitaires*, l'objectif est l'aide à la survie des populations.
Les opérations tendent désormais à fusionner dans un nouveau modèle d'opération civilo-militaire, qui nécessitera une coordination plus étroite et dans la durée de tous les instruments de la puissance publique engagés : forces militaires pour contribuer à un environnement sécurisé ; personnel et moyens de police et de justice pour contribuer à l'établissement de l'État de droit ; ingénieurs, personnel technique ou administratif apportant leur expertise pour la relance de l'économie. Les opérations de maintien de la paix et les opérations humanitaires relèvent donc d'une vision d'ensemble de la défense et de la sécurité, nécessitant le concours de tous les moyens civils et militaires de l'État, engagés dans des proportions variables selon les opérations.
Aussi la montée en puissance, sur le plan national, d'une organisation interministérielle permettant le soutien aux efforts de stabilisation et de reconstruction est-elle nécessaire et urgente (*cf.* chapitre 15). Elle assurera l'interface avec les structures homologues déjà mises en place chez nos partenaires et vis-à-vis des instances internationales, notamment européennes.
Pour ce qui est des opérations civiles, la France soutiendra aussi le développement des capacités de l'Union européenne.

Les clés de la supériorité opérationnelle

La supériorité opérationnelle doit être confortée. À l'horizon 2025, elle découlera pour une large part des facteurs qui suivent.

INFORMATION – COMMUNICATION – ESPACE

La maîtrise de l'information est nécessaire, on l'a vu, à toutes les fonctions stratégiques. Obtenir l'information nécessite un effort de renseignement ; trier, analyser et mettre en perspective l'information fondent la capacité d'anticipation ; diffuser l'information, à ceux qui en ont besoin et dans des formes et des délais compatibles avec leur action, est à la source de l'efficacité opérationnelle, militaire comme civile ; protéger l'information est un souci constant, s'appliquant à tous.

En termes de besoins opérationnels militaires, outre l'acquisition de l'information évoquée dans le cadre de la fonction stratégique connaissance et anticipation, il s'agit d'établir des communications sûres, fiables, protégées, et à haut débit, depuis les plus hautes autorités de l'État jusqu'aux acteurs de terrain. La France s'est dotée d'une gamme de moyens de qualité, incluant des satellites assurant son autonomie. Cet effort doit être entretenu et développé, pour faire face à des besoins sans cesse croissants.

La révolution de l'information voit se généraliser le concept de « *guerre en réseau* ». Les technologies en cours de déploiement permettent d'assurer la numérisation de l'espace opérationnel, transformant chaque combattant individuel, chaque engin, chaque avion ou bateau en « *node* » de communication intégré à un réseau global. L'efficacité des forces terrestres, aériennes ou maritimes en sera considérablement accrue.

La France ne peut se permettre d'être distancée dans cette évolution, tant pour dominer l'adversaire que pour rester interopérable avec ses principaux alliés. Les forces aériennes et navales sont aujourd'hui plus avancées que les forces terrestres dans cette voie. Les armées intensifieront leurs efforts dans ce domaine crucial pour la supériorité militaire.

Dans le cadre de l'intervention, l'accès garanti aux communications stratégiques, l'observation du champ de bataille, l'extension de la zone surveillée dépendent dans une large mesure de moyens déployés dans l'espace, satellites de transmission ou d'observation notamment. La maîtrise de l'espace extra-atmosphérique est donc une dimension incontournable de la capacité d'intervention ; cela est d'autant plus vrai dans un contexte de projection à distance du territoire national.

Les outils de commandement, de communication et de contrôle pour les opérations extérieures

Communication

Les réseaux de communication doivent permettre d'assurer des communications fiables et sécurisées, avec un débit suffisant. La France dispose d'un réseau, essentiellement à base de satellites de couverture très large. Mais l'explosion des besoins (par exemple : transmission d'images et de données en temps réel) nécessite un effort soutenu pour adapter ce réseau.

La modernisation des moyens de communication doit prendre en compte les impératifs suivants :

– la préservation de *l'interopérabilité*, tant entre les systèmes nationaux, toutes administrations confondues, qu'avec ceux de nos principaux alliés ;

– *l'harmonisation* des types et formats de données, des niveaux de sécurité des informations et des architectures techniques ;

– la protection par la mise en œuvre de *moyens de lutte défensive* (maintien d'une capacité nationale de cryptage en particulier).

Commandement

Les réseaux de télécommunications desservent des postes de commandement qui sont, selon le cas, fixes (PC d'infrastructure), déployables, ou mobiles (PC mobile d'unité terrestre, PC embarqué sur un bâtiment de la marine, PC volant).

À chaque niveau de responsabilité correspond une structure de commandement. *Au niveau national* : le centre de planification et de conduite des opérations (CPCO) militaire, le centre opérationnel du ministère de l'Intérieur.

Pour les opérations extérieures, il existe en Europe un ensemble de capacités de commandement. Ainsi, *au niveau stratégique*, l'Alliance Atlantique dispose de l'état-major du SHAPE. L'Union européenne dispose d'un état-major susceptible, le cas échéant, de se transformer en *Operation Headquarters (OHQ)*, et entretient une cellule permanente de direction des opérations civiles.

La France offre à l'Union européenne la possibilité d'activer un OHQ au bénéfice d'une opération européenne (OHQ Mont Valérien) ainsi qu'un état-major interarmées projetable (*Force Headquarters* ou FHQ, basé à Creil).

La France dispose en outre des *états-majors nécessaires pour commander des volumes de forces importants dans les milieux terrestre, maritime et aérien – dit commandements « de composante »* : CRR-FR de Lille pour la composante terrestre, FRMARFOR pour la composante maritime (Toulon ou PC embarqué), CNOA de Lyon Mont Verdun pour les opérations aériennes, SOCC pour les opérations spéciales. La capacité opérationnelle des états-majors est certifiée par l'OTAN.

Des *structures civiles* équivalentes existent pour les opérations civiles et sont activées en cas de besoin (COGIC Asnières pour les opérations de secours, par exemple).
La réactivité et l'efficacité de l'action, civile, militaire ou civilo-militaire, dépendent dans une large mesure de la performance de ces structures de commandement, elle-même fondée sur la cohérence de la doctrine, le réalisme de l'entraînement et les capacités des systèmes de commandement et de traitement de l'information.
La France poursuivra son effort pour rester au meilleur niveau opérationnel, tant militaire que civil. La création au ministère de l'Intérieur d'un centre permanent de conduite opérationnelle des opérations civiles apportera une efficacité supérieure dans ce domaine.

Lutte informatique offensive

L'efficacité à tous niveaux des forces de défense et de sécurité dépend et dépendra de plus en plus du bon fonctionnement de leurs systèmes d'information. La planification et l'exécution d'opérations combinées avec des actions cybernétiques tendent en effet à devenir la norme. Avant même que des cibles physiques ne soient détruites, tout système de défense pourra être en effet désorganisé et partiellement aveuglé au travers de frappes silencieuses et ciblées.

Dans le domaine informatique plus que dans tout autre milieu, il faudra, pour se défendre, savoir attaquer. Il faut donc connaître les formes et les techniques, multiples et diversifiées, de ces attaques potentielles (saturation, fichiers piégés, codes malveillants...), et savoir engager l'adversaire à la source même de l'agression, au travers de modes d'action offensifs.

Il convient donc de disposer d'une capacité de neutralisation à l'intérieur même des centres d'opérations adverses : c'est l'objet de la Lutte informatique offensive (LIO).

La France peut faire l'objet d'agressions directes ou indirectes dans ce domaine. Ses forces doivent être prêtes à conduire de telles actions et elle doit donc investir dans la durée sur les principaux axes suivants :

– la définition, par l'état-major des armées, d'un cadre d'emploi couvrant spécifiquement l'ensemble des actions relevant de la lutte informatique ;

– le développement d'outils spécialisés (armes numériques de réseaux, laboratoire technico-opérationnel...) ;

– la formulation d'une doctrine d'emploi pour les capacités de LIO (planification, conduite, évaluation des actions) ;

– la mise en œuvre d'une formation adaptée et régulièrement actualisée de personnels identifiés et rassemblés, dans une logique de métier, au sein de cellules spécialisées.

Compatible avec les principes juridiques du droit français, ce cadre d'emploi devra respecter le principe de riposte proportionnelle à l'attaque, visant en priorité les moyens opérationnels de l'adversaire.

Maîtrise technologique

La France continuera à développer les technologies de haut niveau nécessaires à ses armées. L'effort correspondant devra répondre en priorité aux critères des besoins opérationnels : ce sont eux qui justifient l'acquisition d'une capacité technologique.

Les besoins appelant un investissement majeur en recherche, développement et acquisition, portent sur :

– la surveillance et le renseignement, tant spatial qu'endo-atmosphérique, impliquant des vecteurs pilotés à distance (drones) ;

– la supériorité dans le domaine informatique, avec notamment le développement des moyens de lutte informatique défensive et offensive ;

– la numérisation de l'espace de bataille et, plus généralement, toutes les technologies de l'information appliquées au contexte de l'engagement de forces ;

– la frappe de précision et à distance, y compris à partir de drones armés ;

– les contre-mesures actives et passives neutralisant ou limitant les effets des armes de harcèlement rencontrées sur les théâtres (notamment les engins explosifs improvisés, les mines et pièges, les *snipers*) ;

– le matériel facilitant l'action militaire en milieu urbain, ce qui ne concerne pas uniquement les forces terrestres, même si elles en sont le premier bénéficiaire. La capacité de frappe de précision, de jour et de nuit, limitant le risque de dommage collatéral, s'applique à tous les vecteurs intervenant à partir de la terre, de la mer ou des airs ;

– la protection des forces contre tous types de menaces, et singulièrement la menace NRBC. À elle seule, la nécessité d'élever le degré de protection active et passive des forces conduit au renouvellement d'une part significative du matériel d'ancienne génération en parc (véhicules blindés de combat d'infanterie par exemple) ;

– la supériorité navale, en particulier dans les zones où se concentrent la plupart des menaces prévisibles à moyen terme. Elle nécessite la préservation de l'avance française en matière de lutte anti-sous-marine et de guerre des mines ;

– la supériorité aérienne sous toutes ses formes, allant de l'interception des drones et des aéronefs lents à la prise en compte de toutes les menaces au sol.

Mobilité

La mobilité stratégique résulte de la combinaison de moyens matériels ou de procédures impliquant de nombreux acteurs étatiques ou privés. Elle s'accompagne logiquement de la mobilité tactique. Celle-ci garantit la liberté d'action et l'efficacité des forces sur le théâtre. Aux deux niveaux, cette liberté repose aussi sur la qualité de la chaîne logistique. Les forces armées françaises souffrent, dans ces domaines, d'une faiblesse structurelle : l'aéromobilité tactique, à base d'hélicoptères et d'avions de transport tactique. L'effort en équipement doit viser à combler cette lacune, qui obère aujourd'hui l'efficacité et l'autonomie des forces françaises.

Le renouvellement du parc de transport aérien stratégique, voire son accroissement capacitaire, nécessitera un effort de longue haleine qui comporte l'acquisition d'appareils de nouvelle génération, MRTT et A400M notamment, mais ne s'y résume pas.

En ce qui concerne la mobilité par voie maritime, la France s'est dotée, notamment avec les bâtiments de projection et de commandement (BPC) et les transports de chalands de débarquement (TCD), d'une capacité d'emport et de débarquement. Leur renouvellement et même leur renforcement seront assurés.

À ce stade, la mutualisation européenne, ou au sein de l'Alliance Atlantique, n'apporte que des capacités limitées. Il en est de même pour le recours à l'affrètement civil, dont les conditions d'emploi peuvent générer des contraintes difficilement compatibles avec le contexte d'urgence et de menace présidant à un engagement national majeur. La recherche de la mutualisation devra cependant être poursuivie.

Âge moyen des matériels appelant un renouvellement

Avions ravitailleurs	45 ans
Véhicules de l'avant blindés	28
Avions de transport tactique (C 160 et C 130)	28
Véhicules blindés d'infanterie AMX10P et VBCI (41 livrés en 2008)	26
Pétroliers-ravitailleurs (coque unique = hors norme 2008)	24
Hélicoptères de manœuvre (Puma, Cougar, Lynx, SuperFrelon)	30
Blindés roue-canon (AMX 10 RC)	23
Frégates de combat	21
Véhicules tactiques (Peugeot P4)	20
Sous-marins nucléaires d'attaque (SNA) type Rubis	20
Poids lourds (TRM 10000, VTL)	20
Avions de chasse (hors Rafale)	20
Artillerie	18
Avions de détection aéroportée (AWACS)	17
Avions de patrouille maritime Atlantique 2	15

Les grands objectifs de capacités opérationnelles

Pour affronter un adversaire, les forces armées françaises doivent disposer d'un avantage opérationnel indiscutable, qui doit être apprécié à travers toute la chaîne, du niveau stratégique au niveau tactique. Le dimensionnement maximum retenu s'appuie sur une opération multinationale majeure. Il n'exclut évidemment pas la participation, à d'autres moments, à des opérations de nature différente engageant des moyens moindres.

LES GRANDES CAPACITÉS D'INTERVENTION MILITAIRE

Comme indiqué précédemment (chapitre 3), la France devra pouvoir concentrer ses capacités sur l'axe allant des approches occidentales du territoire jusqu'à la Méditerranée, au Golfe et à l'océan Indien, tout en conservant une capacité d'action sur la façade occidentale de l'Afrique, dans la bande sahélienne, ainsi qu'outre-mer. *Cette orientation permet de couvrir l'essentiel des hypothèses d'évolution prévisibles.* Des extensions de présence et de coopération vers l'Asie sont envisageables à partir de l'océan Indien.

Ce choix comporte par ailleurs une réduction de notre dispositif prépositionné par rapport à la situation actuelle et son évolution vers des capacités de coopération adaptées conformément aux objectifs décrits ci-dessus dans la fonction stratégique « prévention » (chapitre 9).

Il implique également une réduction du volume de nos forces militaires stationnées dans les départements et collectivités d'outre-mer, afin d'y conserver les moyens strictement nécessaires aux missions militaires elles-mêmes. Une capacité significative sera maintenue à la Réunion et en Guyane. Les dispositifs militaires en Polynésie française, aux Antilles et en Nouvelle-Calédonie seront diminués et rationalisés. La continuité du service de l'État pour les missions ne relevant pas strictement du domaine militaire sera assurée par la mise en place des moyens complémentaires éventuellement nécessaires de la gendarmerie et de la sécurité civile.

Pour la participation à la conduite d'*opérations de grande ampleur*, la France disposera des capacités spécifiques d'encadrement d'une opération au plus haut niveau – capacité dénommée « nation-cadre » dans le vocabulaire militaire international – lui permettant d'assumer les responsabilités de commandement interarmées multinational sur un théâtre d'opérations, ou pour les composantes terrestre, aérienne, maritime, ou encore pour des opérations spéciales.

Elle détiendra les aptitudes inhérentes aux phases critiques d'une opération de grande ampleur, tant au moment de son lancement, c'est-à-dire pour que ses forces aient la capacité d'« entrer en premier » sur un théâtre d'action, que lors de la transition d'une opération de coercition vers une opération de stabilisation, puis de consolidation de la paix.

Le volume de forces terrestres projetables, nécessaires pour répondre à ce besoin est évalué à *environ 30 000 hommes déployables en six mois pour une durée d'un an*, sans renouvellement, disposant de leur autonomie dans les principales fonctions opérationnelles interarmes (combat de contact, appui, soutien). Cette capacité couvrira toute la gamme allant de l'opération majeure à l'opération d'ampleur limitée, mais à réaction très rapide, ou à une opération de stabilisation de longue durée. Les forces terrestres devront permettre de régénérer cette force ou de l'adapter à l'évolution des conditions d'engagement.

En permanence, la France conservera en outre une capacité de réaction ou de renfort autonome, avec un dispositif d'alerte opérationnelle de l'ordre de 5 000 hommes pour les forces terrestres.

Engagement de la France dans un conflit régional majeur

Dans un tel scénario, la décision d'engagement de la France résulterait d'une atteinte directe à des intérêts stratégiques et serait conçue d'emblée dans un cadre multinational. Ce scénario est *déterminant* pour définir le volume et les capacités d'action des armées.

La France n'a pas vocation à intervenir dans tout conflit régional. En revanche, lorsque ses intérêts sont en jeu, elle doit, en conformité avec ses responsabilités de membre permanent du Conseil de sécurité des Nations unies, ou dans le respect de ses accords de défense, se préparer à agir, même si elle n'est pas explicitement visée, dans les zones où s'observent une conjonction d'intérêts stratégiques indiscutables et la persistance de facteurs de crise susceptibles de déboucher sur un conflit ouvert.

La France et l'Union européenne devront pouvoir, de façon autonome, identifier la montée des risques et des menaces. L'autonomie d'appréciation de la situation est un élément crucial de la stratégie de sécurité nationale. Elle s'appuie sur un effort permanent dans le domaine du renseignement.

Ce scénario ne conduirait pas forcément à une opération massive, unique, mais pourrait se développer en un ensemble d'opérations très diversifiées (de l'évacuation de ressortissants à l'opération de paix, en passant par toute la gamme des opérations spéciales ou des frappes ciblées) contribuant à l'action majeure ou la couvrant. Il pourrait nécessiter la sécurisation du trafic maritime dans des zones sensibles (détroits en particulier).

En parallèle, le renforcement de la posture de sûreté sur le territoire national et ses approches maritime et aérienne, à un niveau très élevé, doit être prévu dans la durée. Ce niveau serait à son maximum si cette action était précédée d'atteintes directes au territoire national (scénario d'attaques terroristes majeures, par exemple).

En toute hypothèse, l'action principale serait suivie d'opérations de longue durée, telles que :

– opérations militaires ciblées, conduisant à la réduction de résistances résiduelles, sécurisation de zones stratégiques ;

– opération civilo-militaire de désarmement, démobilisation et réintégration des forces combattantes, ou de réforme du secteur de la sécurité, ou de contrôle du désarmement ;

– opération à dominante civile de reconstruction, de rétablissement du fonctionnement des institutions publiques, de restauration des capacités économiques de base.

Seul un effort multinational serait à la mesure des enjeux de l'après-guerre et de la transition vers une situation de paix. Le cadre à privilégier pour ces opérations complexes serait l'ONU ou l'Union européenne.

Par ses implications pour la France, ce scénario semble le plus dimensionnant pour les capacités d'intervention, des opérations majeures, complexes et à grande distance nécessitant une action militaire rapide tout en s'inscrivant dans une certaine durée.

En dehors des situations d'opérations majeures, les forces terrestres auront la capacité de contribuer à plusieurs *opérations de stabilisation ou de maintien de la paix*.

La composante aérienne projetable reposera sur un parc unique d'avions de combat de type Rafale et Mirage 2000 – air et marine. L'objectif permanent est *une capacité de projection de l'ordre de 70 avions de combat capables de tenir un rythme opérationnel élevé pendant une phase de coercition*, puis un rythme soutenu pendant une phase de stabilisation. Les moyens aériens doivent être capables également de projeter une force de 1 500 hommes à 7 000-8 000 kilomètres en quelques jours, avec les moyens de commandement, de conduite, de détection et de contrôle aérien, ainsi que les bases aériennes nécessaires.

La composante aérienne conservera de plus une capacité d'intervention extérieure rapide et autonome, avec un dispositif d'alerte opérationnelle permanent de l'ordre de 10 avions de combat.

Les forces navales devront pouvoir déployer *le groupe aéronaval*, avec son groupe aérien complet et le nombre de frégates d'escorte, ainsi que les sous-marins nucléaires d'accompagnement nécessaires. Indépendamment de la disponibilité du porte-avions, les moyens aériens pourront être utilisés dans le cadre des interventions extérieures comme du renforcement nécessaire de la posture de protection aérienne au-dessus du territoire national. La France contribuera au développement et à la réalisation d'*une initiative de coopération aéronavale européenne* dont le principe a été décidé lors du sommet franco-britannique de 2008. En outre, elle renforcera ses moyens de déploiement naval et d'*action amphibie* à l'occasion du renouvellement des bâtiments, en se dotant de quatre bâtiments de projection et de commandement (BPC).

Un ou deux groupes navals, amphibie ou de protection du trafic maritime, avec leurs soutiens logistiques, seront également disponibles pour les missions d'intervention ou de présence. Simultanément, une capacité de réaction autonome, assortie d'un dispositif d'alerte, devra pouvoir être déployée pour des opérations ponctuelles telles qu'une évacuation de ressortissants, une action de contre-terrorisme maritime, ou une opération humanitaire.

Par ailleurs, dès lors qu'une menace d'agression armée explicite, imminente et engageant la sécurité nationale est identifiée, la France devra aussi être capable de planifier, conduire et exécuter des *actions militaires préemptives* seule ou en coalition. Ceci nécessitera de dispo-

Un deuxième porte-avions ?

L'intérêt opérationnel et politique pour la France du porte-avions tient en particulier à la liberté d'action qu'il confère à nos forces armées et aux possibilités qu'il offre au pouvoir politique, notamment dans les cas de conflits « non symétriques » qui caractérisent la période actuelle. La crédibilité de cette capacité repose logiquement sur sa permanence. Or le porte-avions *Charles de Gaulle* n'est disponible actuellement que *65 %* du temps, en raison de périodes d'entretien dont la plus importante l'immobilise dix-huit mois tous les sept ans. Cette immobilisation de longue durée est une des raisons essentielles qui ont conduit à examiner la question de la construction d'un deuxième porte-avions permettant d'atteindre une disponibilité à *100 %* de la capacité du groupe aéronaval.

Après analyse, la décision sur cette question est reportée pour les principales raisons suivantes :

– le déséquilibre qu'induirait aujourd'hui un tel choix par rapport à l'articulation générale des priorités retenues pour la stratégie de sécurité nationale ; la construction d'un second porte-avions risque d'obérer les investissements considérés comme essentiels, notamment pour la protection des forces au combat, le renseignement et la préparation de l'avenir ;

– le fort risque d'éviction qui affecterait d'autres programmes majeurs ;

– les délais de construction, qui rendent d'ores et déjà aléatoire la possibilité de disposer d'un deuxième porte-avions au début de la prochaine période d'entretien majeur du *Charles de Gaulle*, au milieu de la prochaine décennie ;

– les conditions économiques, qui ont changé depuis le choix fait en 2003 de la propulsion classique pour un nouveau porte-avions ; des études complémentaires sont aujourd'hui nécessaires pour apprécier le bilan des options classique et nucléaire.

Dans la période à venir, sans préjuger de la décision qui sera prise vers 2011-2012, l'accent sera mis en premier lieu sur l'initiative de coopération aéronavale européenne, à partir de la coopération franco-britannique lancée en 2008 et ouverte à d'autres partenaires. En second lieu, un accent nouveau sera mis sur les moyens de frappe à distance de sécurité par missiles de croisière navals, qui seront développés et acquis. Enfin, l'accord de nos partenaires sera recherché pour que le dispositif français à l'étranger puisse servir de point d'appui pour nos forces aériennes vers et sur les théâtres d'opération potentiels.

ser de moyens adaptés et autonomes en matière de renseignement, de ciblage et de frappe dans la profondeur dans les trois milieux, terre, air et mer. L'organisation de la planification devra offrir aux décideurs politiques et militaires un éventail d'options suffisant.

Les priorités et leur échelonnement dans le temps

L'adaptation et la modernisation des moyens militaires d'intervention de la France doivent tenir compte de priorités fixées pour une armée dont la caractéristique est d'être employée de façon récurrente sur les théâtres d'opérations. *D'ici 2025, ces priorités incluent* :

– la remise à niveau de la protection des forces et des hommes (blindés, équipements anti-IED, capacités NRBC, contre-mesures électroniques...) ;

– le maintien en condition opérationnelle de l'ensemble des matériels des forces ;

– la réalisation des programmes ayant un impact direct sur la cohérence opérationnelle ;

– la prise en compte de la lutte informatique, défensive (LID) et offensive (LIO) ;

– le comblement des lacunes en matière de transport aérien stratégique et tactique, et en aéromobilité ;

– la modernisation progressive de l'outil de combat aérien, en priorité dans les capacités directement utiles à l'appui des forces terrestres (précision, létalité, zones urbaines) ;

– la maîtrise du milieu sous-marin et le contrôle des zones littorales ;

– les moyens de frappe à distance de sécurité, notamment les missiles de croisière délivrés par sous-marins ;

– les opérations en réseaux, et plus généralement la recherche de multiplicateurs d'effets.

La réalisation de ces investissements, souvent considérables, nécessite un échelonnement dans le temps jusqu'à 2025. Bien que les priorités ne soient pas mutuellement exclusives et que nombre d'opérations doivent être conduites simultanément, il est apparu indispensable de déterminer deux étapes.

Dans une première phase, de court-moyen terme (2015), l'accent sera porté sur les opérations suivantes, avec en particulier *la remise à niveau des moyens terrestres* :

– la modernisation de l'outil de combat aéroterrestre, couvrant tout le spectre des capacités nécessaires à l'objectif opérationnel retenu (30 000 hommes déployables en six mois), parallèlement à la réduction du format. Une attention particulière sera portée sur les programmes de protection des forces et de cohérence opérationnelle attachés à cette capacité. Ce format nouveau induira une reconfiguration profonde de l'armée de terre, avec l'abandon ou la réduction des capacités jugées excédentaires ou marginales ;

– la modernisation progressive de l'outil de combat aérien, parallèlement à la réduction de son format, en privilégiant les capacités de pénétration et de frappe en soutien des forces terrestres les plus utiles dans le contexte des opérations en cours ou prévisibles ;

– la modernisation de la capacité de maîtrise du milieu sous-marin (frégates anti-sous-marin et SNA) ;

– la résorption du déficit capacitaire en transport aérien stratégique (avions de transport Airbus A400M et ravitailleurs en vol MRTT) et de l'aéromobilité (hélicoptères de manœuvre) ;

– l'adaptation de la capacité amphibie ;

– la mise à niveau des stocks de munitions.

Dans une deuxième phase, de moyen-long terme (2025), l'accent sera porté sur les opérations maritimes, aériennes et aéromaritimes, avec :

– l'accélération du renouvellement de la flotte de surface, notamment des frégates, en vue de renforcer la capacité de présence sur l'ensemble des théâtres ;

– l'accélération de la modernisation de l'outil aérien, notamment en volume et en drones, pour conduire le renouvellement de génération en fin de phase ;

– la poursuite de la modernisation des forces terrestres ;

– le renforcement des capacités de frappe de précision dans la profondeur à grande distance en quantités significatives et sur plusieurs porteurs (aériens, navals, voire terrestres).

Les objectifs pour les capacités civiles

L'intervention militaire a pour objectif premier de mettre fin à des hostilités ouvertes, de réduire le niveau de tension, d'assurer un environnement suffisamment sûr pour que les acteurs locaux et internationaux puissent agir sans menace ou entrave. La consolidation de la paix, la reconstruction, l'assistance aux institutions locales émergentes exigent des capacités civiles clairement identifiées, déployables dans des conditions réalistes de délai et de durée.

La France dispose de facultés propres permettant de faire face à certains de ces besoins :

– la gendarmerie nationale, dans le domaine de l'action de police. Ce personnel spécialisé, de statut militaire et disposant de toute la gamme des compétences requises – renseignement, sécurité générale, sécurité publique, protection des personnes, maintien de l'ordre, enquête et criminologie –, est déjà mis à contribution sur de nombreux théâtres jugés essentiels ;

– la sécurité civile, qui dispose d'unités militaires spécialisées, toutes projetables, mais aussi d'unités civiles relevant des collectivités territoriales. Certains de ces moyens sont projetés, soit en unités de circonstances, soit individuellement. La mise sur pied de ces unités fait l'objet d'exercices et de procédures, y compris européennes, en plein développement ;

– le service de santé des armées, qui apporte une capacité médicale de très haute technicité, à statut militaire.

Pour autant, l'extension des opérations civiles fait désormais appel, de façon toujours plus pressante, à de nouvelles compétences qui ne sont pas détenues par du personnel à statut militaire. Il s'agit, par exemple, d'administrateurs, de magistrats, de policiers, d'experts dans tous les domaines de la vie économique et sociale.

La police nationale, pour sa part, est appelée à participer, dans ses domaines de compétences, aux actions des organisations internationales, notamment celles de l'ONU, au titre de la formation au maintien de l'ordre. Elle dispose, de plus, d'un réseau d'attachés de sécurité intérieure (ASI) qui couvre 150 pays et permet de relayer localement les actions de coopération et de formation avec les services et forces de sécurité intérieure.

Le ministère des Affaires étrangères et européennes et le secrétariat général de la défense et de la sécurité nationale mettront en place les moyens nécessaires pour constituer une liste de personnels volontaires et obtenir une plus grande synergie entre les administrations, ainsi qu'un meilleur effet sur le terrain.

La stratégie de sécurité nationale s'appuiera donc sur un instrument civil amélioré, plus disponible, mieux adapté aux conditions locales.

Trois axes d'effort seront privilégiés :

– l'identification et le recrutement de personnel civil dans les spécialités recherchées de façon récurrente, et aux niveaux conformes aux responsabilités internationales et à l'intérêt stratégique de la France. Il s'agit essentiellement d'administrateurs, de juristes ou magistrats, de policiers, d'experts en génie civil, de personnel sanitaire et d'enseignants ;

– la cohérence entre l'effort militaire consenti et l'effort financier et économique ;

– l'établissement d'une doctrine interministérielle et de procédures adaptées à la mise sur pied de la composante nationale d'une opération civile (négociation, génération de la composante, déploiement, suivi, redéploiement).

La participation de la France à des opérations civiles est directement conditionnée par sa capacité à répondre aux appels à contribution de l'Organisation des Nations unies ou de l'Union européenne, pour la plupart des opérations envisagées. Cette réponse doit être apportée en temps opportun, en quantité et en qualité, à un niveau conforme aux objectifs stratégiques poursuivis.

Seules des solutions statutaires adaptées et attractives, pour le personnel concerné, pourront générer les moyens civils nécessaires aux opérations de ce type.

L'efficacité de cette nouvelle organisation reposera sur les moyens financiers et humains mobilisés à cette fin. Dans cette perspective, une *organisation nouvelle et réactive de la mobilisation des fonds pour l'après-crise* sera mise en place sous l'égide du ministère des Affaires étrangères et européennes. L'objectif sera de mieux financer les activités civiles de nature à faciliter la stabilisation locale dans un environnement sécuritaire dégradé, en priorité dans les pays où sont déployées nos forces armées. La capacité d'engagement d'experts civils dans les opérations sera améliorée, pour renforcer nos propres moyens et pour appuyer les missions internationales.

Le soutien du combattant

Le soutien de l'homme en opération, qu'il s'agisse d'opérations civiles ou militaires, pourvoit aux besoins du personnel engagé loin de chez lui, dans des conditions matérielles souvent précaires, parfois confronté à l'adversité, voire à l'hostilité.

Les unités militaires sont structurées pour prendre en compte ce soutien, considéré comme une composante de la capacité opérationnelle au même titre que l'armement. En revanche, la capacité de la France à entretenir et renouveler du personnel civil pour des opérations de longue durée nécessite la mise en place de structures dédiées et adaptées aux spécificités de ce personnel.

Le soutien santé et le service de santé des armées

Le soutien santé est déterminant pour l'efficacité opérationnelle, quel que soit le type d'opération. Il est d'abord et avant tout une obligation morale que l'État assume vis-à-vis de ses ressortissants, surtout lorsqu'ils sont confrontés à un risque accru.

Le service de santé des armées (SSA) est responsable du soutien santé des forces en opération, tout comme sur le territoire national. Il contribue aussi à des opérations civiles, au sein de détachements humanitaires. Ses infrastructures, polyvalentes, sont ouvertes aussi bien aux personnels du ministère de la Défense qu'à la population.

La France veillera en permanence à la qualité de son personnel sanitaire militaire, et à l'adéquation entre le besoin et la ressource. Si le rythme des opérations ou le taux de pertes constatées l'exigent, le taux de médicalisation des unités sera renforcé. Dans l'urgence, la capacité du service peut être accrue en sollicitant la réserve opérationnelle. En cas de montée en puissance des risques, la ressource en praticiens sera accrue en augmentant le seuil des recrutements en formation initiale.

Les principales décisions en matière d'intervention

Les capacités d'intervention de la France devront être guidées par les logiques de concentration, de polyvalence et d'emploi des forces. Elles devront être dimensionnées pour pouvoir se concentrer sur les zones géographiques les plus probables de conflits majeurs impliquant directement les intérêts français et européens, en particulier sur l'axe allant de l'Atlantique à l'océan Indien. Elles seront également utilisables en prévention ou en intervention, là où se déploient les trafics de stupéfiants, la circulation clandestine des matériels entrant dans la confection d'armes interdites ou limitées par les conventions internationales, et là où peuvent agir des groupes terroristes.

L'intervention de moyens militaires ou civils dans des opérations complexes à l'extérieur du territoire national doit reposer sur les caractéristiques et qualités suivantes :

- l'interopérabilité avec les forces de nos alliés et partenaires ;
- la polyvalence, nos forces devant être capables de s'adapter à des évolutions rapides du contexte des opérations ;
- la protection des forces, aussi bien terrestres que navales et aériennes ;
- l'aptitude à opérer au sein des populations ;
- un nombre suffisant de moyens et de forces engagés sur le terrain ;
- la sécurisation des flux logistiques entre la métropole et les théâtres d'opérations.

Pour assurer la supériorité dans les engagements, l'accent devra être mis plus particulièrement sur :

- la maîtrise de l'information et la capacité de lutte informatique ;
- la mobilité stratégique et tactique ;
- la capacité d'action et de frappe à distance de sécurité ;
- la synergie entre les composantes militaire et civile des interventions.

Le dimensionnement des forces terrestres, navales et aériennes sera défini compte tenu de la possibilité de voir la France impliquée dans une guerre interétatique majeure. Elle devra également tenir compte de la plausibilité de contributions importantes de la France à des opérations de stabilisation, en particulier dans ses zones d'intérêt stratégique.

L'identification d'une ressource mobilisable en personnel civil qualifié permettra à la France de participer à bon niveau aux missions civiles de l'Union européenne et de l'Organisation des Nations unies. Cette capacité bénéficiera de nouvelles procédures financières et d'une organisation du soutien optimisant l'emploi des ressources indissociables d'opérations de ce genre.

La modernisation de nos armées sera réalisée en deux temps. La première phase mettra la priorité sur les forces terrestres et la protection des forces, la mobilité et l'aéromobilité, l'appui aérien rapproché, la frappe à distance de sécurité, la maîtrise du milieu sous-marin, la lutte informatique et les opérations en réseau. La seconde phase verra l'accélération de la modernisation de la flotte de surface et des forces aériennes de combat.

CHAPITRE 13

LES FORCES

La définition et l'articulation des grandes fonctions stratégiques qui doivent assurer la sécurité nationale résultent de l'analyse conduite en 2007-2008. Elles fixent de grandes orientations, mais doivent rester souples et adaptables, *éviter de se figer dans un modèle* supposé intangible qui deviendrait vite un cadre excessivement rigide, alors que notre environnement est caractérisé comme instable, incertain et volatil. C'est pourquoi, de façon délibérée, il n'est pas proposé de déterminer un « modèle d'armée » dans ce Livre blanc, mais simplement de présenter *les grands objectifs opérationnels et de capacités* assignés aux principales forces et aux pouvoirs publics engagés dans la stratégie de sécurité nationale. L'articulation générale comme les objectifs devront être régulièrement actualisés, en même temps que le Livre blanc, comme proposé plus haut (chapitre 3).

Les armées

Pour les quinze ans à venir, les armées devront remplir les objectifs opérationnels suivants :
- assurer la *connaissance* des risques et des menaces, des ruptures potentielles de tous types et anticiper les crises ;
- assurer la posture de *dissuasion* avec le niveau de permanence, de réactivité et de sûreté fixé par le Président de la République ;

– contribuer à bref délai, si besoin dans la durée, à la *protection de la population* sur le territoire national et à la résilience de la nation, face aux risques et menaces de toute nature :
- en renforçant la sécurité des installations d'importance vitale, la sécurisation des mouvements sur le territoire et l'accès à celui-ci (jusqu'à 10 000 hommes des forces terrestres) ;
- en renforçant en métropole le dispositif de défense aérienne (jusqu'à 6 patrouilles opérationnelles) et de sauvegarde maritime (une frégate et un avion de patrouille maritime sur chacune des trois façades maritimes) ;
- en soutenant le dispositif de sécurité intérieure et de sécurité civile, notamment avec des capacités spécifiques (transport, santé, aide au déploiement, NRBC...) ;

– contribuer *à la stabilité et à la paix dans le monde* :
- en participant à des opérations de stabilisation ou de maintien de la paix avec les moyens terrestres et une présence navale et aérienne appropriés ;
- tout en renforçant selon le besoin les postures de prévention, de protection et de sauvegarde sur le territoire national.

– faire face à un *conflit majeur à l'extérieur du territoire*, dans un cadre multinational, et être capable de projeter :
- en six mois, une force terrestre pouvant aller jusqu'à 30 000 hommes pour une durée d'un an, suivie d'une action de stabilisation ;
- une force aérienne de combat de 70 avions ;
- une force navale ou aéronavale de combat ;
- tout en renforçant les postures de dissuasion, de protection et de sauvegarde sur le territoire national ;

– tenir prête une *capacité d'action et de réaction autonome*, pouvant être placée en délai d'alerte réduit (un à quelques jours), et être engagée dans un cadre national ou multinational, et constituée :
- d'éléments d'action terrestre (5 000 hommes), aérienne et maritime et des forces de présence et de souveraineté ;
- de moyens de projection aérienne ou navale et d'activation des points d'appui.

À partir de ces contrats opérationnels, de la définition des effets politiques et militaires recherchés, les aptitudes à détenir et les forces nécessaires en opérations ont été évaluées, quantitativement et qualitativement. La polyvalence et la souplesse d'emploi des moyens ont été recherchées pour garder aux armées la flexibilité leur permettant de couvrir au mieux toute la gamme des opérations.

Les moyens nécessaires pour disposer de ces forces dans les délais, dans les zones d'intérêt et pour les durées fixés ont ensuite été évalués, en prenant en compte les performances et la disponibilité des matériels futurs, ainsi que les normes d'entraînement.

Les formats actuels des forces armées feront l'objet d'une réduction maîtrisée, combinant d'une part les effets de la concentration des implantations territoriales, de la rationalisation des fonctions d'administration et de soutien et, d'autre part la redéfinition des contrats opérationnels. La diminution du volume des forces prépositionnées et des forces stationnées outre-mer s'inscrit dans la même perspective.

Les nouveaux contrats opérationnels et la reconfiguration des forces ont été définis selon une approche interarmées systématique. Ils conduisent à diminuer le volume de certaines forces et à rééquilibrer les fonctions opérationnelles et les aptitudes visées.

Le dimensionnement général est synthétisé ci-après par grandes composantes.

Composante terrestre

Les forces terrestres devront pouvoir assurer simultanément les missions suivantes :

– la participation à la protection du territoire national en renfort du dispositif de sécurité publique et de sécurité civile, avec des moyens pouvant impliquer jusqu'à 10 000 hommes en quelques jours ;

– l'intervention dans le cadre d'un engagement majeur multinational, sur un théâtre distant de 7 000 à 8 000 kilomètres, en déployant 30 000 hommes en six mois, pour une durée d'un an, sans renouvellement. Le format des forces terrestres devra permettre de régénérer cette force ou de l'adapter à l'évolution des conditions d'engagement ;

– le maintien d'une capacité permanente d'action et de réaction autonome permettant d'intervenir avec 5 000 hommes dans des délais réduits ;

– le maintien d'un dispositif de prévention, hors du territoire national, concentré sur un point d'appui par façade africaine et un ou plusieurs dans le golfe Arabo-Persique. Une capacité permanente mais adaptée d'aguerrissement et d'intervention sera maintenue. Dans un premier temps, ce dispositif entretiendra un stock d'équipement prépositionné permettant un déploiement d'urgence depuis la métropole. Le renforcement restera toujours possible, par exemple par le déploiement d'une force amphibie ;

– la présence dans les DOM-COM au titre des forces de souveraineté, avec des moyens de théâtre concentrés sur la Guyane, la Réunion et la Nouvelle-Calédonie et une capacité régionale de projection en cas de crise.

En dehors des situations où une opération majeure est engagée, les forces terrestres pourront être sollicitées dans plusieurs opérations de stabilisation ou de maintien de la paix.

La structure de l'armée de terre combinera des forces « de décision » adaptées aux combats les plus violents, « *multirôles* », orientées vers l'entrée en premier sur un théâtre d'opérations, les phases de transition et les opérations de stabilisation, enfin « *d'urgence* », à forte mobilité stratégique.

Conservant les capacités nécessaires à la fonction de nation-cadre en coalition, le dimensionnement des forces terrestres permettra en outre :

– d'assumer le commandement d'une composante terrestre de force interarmées du niveau de corps d'armée (Land Component Command ou LCC) ;

– de constituer l'ossature d'une division OTAN renforcée (à deux ou trois brigades interarmes françaises et une ou deux brigades alliées), disposant de son autonomie tactique dans toutes les fonctions opérationnelles interarmes (combat de contact, appui, soutien) ;

– d'organiser le soutien logistique de la composante terrestre, voire de la force interarmées.

Les efforts de modernisation porteront en priorité sur la *protection* des forces, la *numérisation* de l'espace opérationnel, le rétablissement de la capacité *aéromobile*, l'acquisition de capacités de *frappe dans la profondeur*.

Avec un format général de 131 000 personnes, les forces terrestres constitueront une force opérationnelle de 88 000 hommes, organisée en :

– 8 brigades interarmes, disposant de l'ordre de 250 chars lourds de bataille de type Leclerc, d'environ 650 véhicules blindés de combat de type VBCI, 80 hélicoptères de combat, 130 hélicoptères de manœuvre, et de l'ordre de 25 000 équipements individuels du combattant de type Félin ;

– 3 brigades spécialisées ;

– moyens d'appui correspondants.

Composante navale

Les forces navales assureront *la permanence à la mer de la force océanique stratégique, garante de la capacité de frappe en second de la dissuasion*. Elles garantiront la mise en œuvre autonome et en sûreté de la composante océanique, en acquérant la meilleure connaissance possible des espaces de déploiement des SNLE et des mouvements des forces étrangères qui y sont présentes. Elles conserveront une maîtrise permanente des approches du port de soutien. Ces missions pourront mobiliser deux sous-marins nucléaires d'attaque et jusqu'à quatre frégates anti-sous-marines, ainsi que des moyens de guerre des mines et des avions de patrouille maritime.

Elles surveilleront et contrôleront *les approches* du territoire national, en métropole comme outre-mer. Elles devront en permanence pouvoir renforcer la posture permanente de sûreté maritime en métropole, par le déploiement d'une frégate, de deux chasseurs de mines et d'un avion de patrouille maritime Atlantique 2 par façade maritime.

Elles matérialiseront la souveraineté française dans les espaces sous juridiction nationale (mer territoriale, zone économique exclusive), participeront à la protection et à la sauvegarde des personnes et des biens, à la sécurité et à la sûreté maritimes, à la protection de l'environnement marin et des ressources maritimes (espace protégé, pêche...). Ces missions ressortent de *l'action de l'État en mer* (AEM) et nécessitent le déploiement, tant en métropole que dans les DOM-COM, des moyens de présence en haute mer adaptés à de telles tâches.

Au titre de la *prévention*, les forces navales devront pouvoir participer à la maîtrise et au contrôle des espaces aéromaritimes dans nos zones d'intérêt (Afrique de l'Ouest, golfe Arabo-Persique et océan Indien en particulier), à la sécurisation des voies de communication, au contrôle de la navigation dans le cadre de la lutte contre le terrorisme, contre les trafics illicites et contre l'immigration clandestine.

Pour contribuer à la résolution d'une crise dans le monde, le groupe aéronaval devra pouvoir être déployé sur un théâtre distant de 7 000 à 8 000 kilomètres, avec son groupe aérien complet et les frégates d'escorte, ainsi que les sous-marins nucléaires d'accompagnement nécessaires. Indépendamment de la disponibilité du porte-avions, les moyens aériens pourront être utilisés dans le cadre des interventions extérieures comme du renforcement de la posture de protection aérienne au-dessus du territoire national.

Un ou deux groupes navals, amphibie ou de protection du trafic maritime, avec leur soutien logistique, seront également disponibles pour des missions d'intervention et de présence. Simultanément, une capacité de réaction autonome, assortie d'un dispositif d'alerte, devra pouvoir être engagée dans des opérations ponctuelles telles qu'une évacuation de ressortissants, une action de contre-terrorisme maritime, ou une opération humanitaire.

Le dimensionnement général des forces navales leur permettra en outre :

– de contribuer au recueil du renseignement, tant dans nos approches maritimes que sur les théâtres d'opérations ;

– d'assumer le commandement d'une composante maritime embarquée de force interarmées (Maritime Component Command ou MCC) ;

– de projeter une capacité de guerre des mines ;

– de disposer d'une flotte de soutien dimensionnée pour l'ensemble de leurs missions.

Les efforts de modernisation porteront en priorité sur *les capacités de maîtrise du milieu sous-marin* (sous-marins nucléaires d'attaque et frégates anti-sous-marin), sur les capacités de *frappe de précision dans la profondeur par missile de croisière naval*, et sur le renforcement de *la capacité de commandement et de projection à partir de la mer*.

Dans ce cadre, le renouvellement des sous-marins nucléaires d'attaque constitue une *priorité stratégique*. Par leur discrétion et leur ubiquité, ils apportent en particulier une contribution essentielle à la sûreté de la FOST et à la protection du groupe aéronaval. La construction des 6 Barracuda devra permettre de disposer en permanence d'au moins 5 sous-marins en parc pour faire face, durant toute cette période, à ces missions.

Pour assurer l'ensemble de ces objectifs, la marine, avec un effectif de 44 000 personnes, sera dotée notamment :

– de 4 sous-marins nucléaires lanceurs d'engins ;

– de 6 sous-marins nucléaires d'attaque ;

– d'un porte-avions avec son groupe aérien embarqué ;

– de 18 frégates de premier rang ;

– de 4 bâtiments de projection et de commandement.

Composante aérienne

La composante aérienne de combat sera modernisée pour disposer d'un parc homogène de 300 avions polyvalents de type Rafale et Mirage 2000 D, dont 270 en ligne. Elle assurera la mise en œuvre de la *composante aéroportée de la dissuasion*, avec 2 escadrons nucléaires et une capacité de ravitaillement associée, à quoi s'ajouteront les moyens emportés par le porte-avions *Charles de Gaulle*.

Hors dissuasion, les forces aériennes assureront de façon permanente *la surveillance et le contrôle des approches aériennes du territoire national* (métropole et DOM-COM, notamment Guyane), et disposeront à cet effet d'appareils et d'infrastructure radar de guet aérien. Elles seront capables de renforcer la posture permanente de sûreté, jusqu'à 6 patrouilles opérationnelles et 4 patrouilles opérationnelles spécialisées dans la lutte contre les aéronefs lents, ainsi que d'armer des dispositifs de protection à l'occasion de grands événements (deux ou trois « bulles » de défense aérienne).

Les forces aériennes, tant de l'armée de l'air que de l'aéronavale, contribueront au recueil du *renseignement* nécessaire aux opérations, à la surveillance du territoire, de ses approches et du milieu aérospatial. Au titre de la *prévention*, un dispositif sera maintenu en Afrique, en particulier à Djibouti et dans le Golfe.

En cas d'implication de la France dans un conflit majeur à l'extérieur du territoire, les armées devront pouvoir projeter, sur un théâtre situé jusqu'à une distance de 7 000 à 8 000 kilomètres, une force aérienne de l'ordre de 70 avions de combat, incluant les avions de l'aéronautique navale, à quoi s'ajouteront les avions de soutien opérationnel associés. Devront aussi pouvoir être projetés *les moyens de commandement, de conduite, de détection et de contrôle aérien et le nombre de bases aériennes projetables* nécessaires, jusqu'à deux bases majeures simultanément.

Une capacité de réaction autonome, assortie d'un dispositif d'alerte, devra, en permanence, pouvoir être déployée dans des opérations ponctuelles telles qu'une évacuation de ressortissants, une opération de rétorsion ou une opération humanitaire.

Le dimensionnement général de l'armée de l'air, avec un format de 50 000 personnes, lui permettra en outre :

– d'assumer le commandement d'une composante aérienne de force interarmées (*Joint Forces Air Component Command* ou JFACC) ;

– de projeter en cinq jours l'échelon d'urgence d'une force (1 500 hommes équipés) à 7 000 à 8 000 kilomètres, avec son autonomie.

Les efforts de modernisation porteront sur la capacité de *mobilité stratégique et tactique* qui sera portée à une élongation de 7 000 à 8 000 kilomètres, sur la capacité d'appui des forces terrestres (précision, protection, permanence sur zone et tout temps) et la capacité de frappe dans la profondeur. La capacité de *drones* tactiques et de longue endurance sera également renforcée, aussi bien pour la surveillance et le renseignement que pour l'appui aux forces terrestres par des drones armés. Les avions de combat de l'armée de l'air et de l'aéronautique navale seront regroupés, sous le commandement opérationnel du chef d'état-major des armées, en un *parc unique*, qui ne comprendra à terme que des Rafale et des Mirage 2000 D modernisés, dont la gestion sera assurée par l'armée de l'air. Cette dernière veillera, en liaison avec la marine nationale, à dégager toutes les synergies possibles en matière d'organisation, de soutien et de préparation de ces forces. Par ailleurs, l'armée de l'air, sous la direction du *commandement interarmées chargé de l'espace*, assurera la surveillance de l'espace extra-atmosphérique et verra ses compétences accrues dans la mise en œuvre des capacités spatiales.

Pour remplir l'ensemble de ces missions, les forces aériennes comprendront les parcs suivants :

– 300 avions de combat modernes (Rafale et Mirage 2000 D modernisés), incluant ceux de l'aéronautique navale ;
– 4 systèmes de détection et de contrôle avancés de type Awacs ;
– une flotte d'avions de ravitaillement et de transport comprenant de l'ordre de 14 appareils de type MRTT et environ 70 avions de transport.

Capacités interarmées

Pendant les quinze ans à venir, les capacités interarmées connaîtront les évolutions principales qui suivent :
– la poursuite des efforts d'amélioration des capacités de *commandement* et de planification interarmées ;
– le renforcement de la *composante spatiale* et la création d'un *commandement interarmées* chargé de l'espace extra-atmosphérique ;
– la mise en place d'une capacité interarmées de *lutte informatique* ;
– le renforcement des capacités d'*opérations spéciales*, avec notamment la mutualisation des hélicoptères spécialisés avec ceux dédiés à la récupération des équipages de combat ;
– l'amélioration du *renseignement* militaire, qui bénéficiera de l'effort global réalisé pour l'ensemble de la fonction stratégique connaissance-anticipation, au niveau tant stratégique, qu'opératif et tactique ;
– une attention particulière portée à la *logistique interarmées,* s'agissant en particulier des mouvements stratégiques, du soutien santé et du soutien pétrolier.

Formats généraux

La prise en compte des nouveaux contrats opérationnels assignés aux armées d'une part, de l'effort de réduction des soutiens et de l'administration d'autre part, conduit à ramener l'effectif global des armées de 271 000, civils et militaires, en 2008 à 225 000 en 2014-2015. L'ensemble de cette déflation sera réalisé sur une période de six à sept années. L'effort portera essentiellement sur les soutiens, les effectifs nécessaires à la réalisation des objectifs opérationnels énoncés précédemment devant être impérativement préservés.

Les formats généraux évolueront ainsi :
– l'armée de terre reposera, à terme, sur un effectif de 131 000 hommes ;
– la marine, de 44 000 hommes ;
– l'armée de l'air, de 50 000 hommes.

Les dispositifs de sécurité intérieure et de sécurité civile

Pour s'adapter aux enjeux de la sécurité nationale des quinze prochaines années, les efforts principaux qui suivent seront entrepris sous l'autorité du ministre de l'Intérieur :

– le *rapprochement de la police et de la gendarmerie* ; le ministère de l'Intérieur intégrera pleinement la gendarmerie nationale au 1er janvier 2009 ; il définira l'emploi, l'organisation, les objectifs et les moyens d'investissement et de fonctionnement des forces de police et de gendarmerie, cette dernière conservant son statut militaire ;

– la *fusion des services de renseignement intérieur* ; le renseignement intérieur s'incarnera désormais dans une direction unique, la Direction centrale du renseignement intérieur (DCRI), chargée des missions actuelles de la Direction de la surveillance du territoire et de celles de la Direction centrale des renseignements généraux qui touchent directement la sécurité nationale. Cette direction centrale assurera quatre grandes missions :

- la lutte contre l'espionnage et les ingérences étrangères ;
- la lutte contre le terrorisme ;
- la protection du patrimoine et la sécurité économique ;
- la surveillance des mouvements subversifs violents.

POLICE NATIONALE

S'agissant de la police nationale, les principaux efforts d'adaptation porteront sur :

– l'équipement en moyens de protection NRBC en commençant par le RAID et les compagnies de CRS d'Île-de-France, qui seront rapidement dotées de systèmes d'aide à la respiration, essentiels en cas d'attaques NRBC. La détection, la prévention des risques NRBC et la capacité d'effectuer des constatations en milieu contaminé feront l'objet d'efforts significatifs à court terme (2009-2011). L'équipement de tous les primo-intervenants en matériel de protection adapté (panachage masques et tenues légères de décontamination) sera progressivement réalisé ;

– le triplement en deux ans du nombre de caméras de voie publique jusqu'à un total de 60 000, avec une généralisation du déport des images vers la police et la gendarmerie ; le parc installé dans les transports publics sera également triplé et 450 caméras supplémentaires seront embarquées dans les véhicules d'intervention ;

– le développement d'une capacité aérienne (hélicoptères, drones), partagée avec la gendarmerie.

Les réorganisations de services viseront à dégager les marges de manœuvre nécessaires pour renforcer les effectifs destinés à répondre à l'accroissement des missions.

Gendarmerie nationale

Pour s'adapter aux enjeux de la sécurité nationale des quinze prochaines années, la gendarmerie développera des *partenariats avec la police nationale* dans les domaines communs d'activité, de façon à assurer à la fois une meilleure cohérence de la réponse aux risques, le développement des initiatives conjointes à tous niveaux et des économies budgétaires. Cette recherche de synergie concernera en particulier les aspects logistiques (passations de marchés en commun) et technologiques (logiciels).

La gendarmerie demeurera une force armée et continuera de remplir ses missions de défense militaire. Elle restera en mesure de participer aux dispositifs de sécurité dans tous les contextes : en temps de paix et de crise de toute intensité, jusqu'aux situations de conflit armé, sur le territoire national (métropole et outre-mer) comme dans les opérations extérieures.

L'amélioration des capacités de la gendarmerie dans les quinze années à venir sera recherchée en priorité par le développement et *l'utilisation des nouvelles technologies* : exploitation améliorée des données disponibles par le développement des capacités d'analyse, utilisation de lecteurs automatisés des plaques minéralogiques (LAPI), cartographie numérique, géolocalisation des patrouilles, durcissement des capacités de commandement et de communication.

La capacité blindée sera rénovée et réduite. Les capacités d'*aéromobilité* seront améliorées par le renouvellement de la flotte d'hélicoptères.

La gendarmerie accroîtra son potentiel dans le *domaine NRBC*, en équipant l'ensemble des forces opérationnelles de masques et de cartouches filtrantes et en équipant deux e fscadrons de gendarmerie mobile par zone de défense de tenues filtrantes. Les capacités d'investigations judiciaires (IRCGN, gendarmerie de la sécurité de l'armement nucléaire) et d'intervention (GIGN) en atmosphère contaminée seront également développées.

L'organisation de la gendarmerie sera rationalisée, notamment en réduisant le format des écoles et en transformant, sur dix ans, 6 000 postes d'officiers et de sous-officiers de gendarmerie en 4 000 postes de civils et 2 000 CSTAG (Corps de soutien technique et administratif de la gendarmerie).

Sécurité civile

Sur les quinze prochaines années, les capacités de défense et de protection civile devront évoluer afin de *mieux prendre en compte le changement d'échelle prévisible des risques*. Il s'agira en particulier :

– de mieux se préparer à faire face aux *risques sanitaires*, en collaborant étroitement avec le ministère chargé de la Santé, notamment pour prendre en compte les hypothèses de pertes civiles importantes ;

– de renforcer les moyens de *lutte contre la menace NRBC*, qu'elle soit d'origine intentionnelle ou non intentionnelle ; le renforcement des capacités de sécurité civile reposera en particulier sur le triplement des moyens de décontamination, l'acquisition de moyens mobiles d'analyse couvrant les seize plus grandes agglomérations et la création d'un centre unique destiné à l'entraînement des acteurs du secours ;

– de renforcer les *moyens logistiques* permettant de faire face à des déplacements massifs de population, organisés ou spontanés ;

– de mettre en place un *nouveau système d'alerte des populations*, conçu sur le plan national et sur la base d'une approche centrée sur les « bassins de risques » ;

– de mieux prendre en compte les *risques induits par les changements climatiques*. Dans le cadre des travaux présidés par l'Unesco, la France, soutenue par l'Union européenne, créera un centre régional d'alerte aux tsunamis qui intégrera la détection du phénomène, l'analyse et la transmission de l'alerte aux populations ;

– de réorganiser le dispositif de *secours aux personnes* à partir d'*hélicoptères légers et moyens* dans les DOM-COM, en coopération avec les armées.

La sécurité civile continuera à reposer, au plus près de la population, sur des moyens territoriaux, 250 000 sapeurs-pompiers, 300 000 secouristes qui s'appuieront sur les moyens nationaux : formations militaires de la sécurité civile (1 500 hommes), avions et hélicoptères et unités logistiques d'intervention (hébergement, inondations, traitement de l'eau...).

Une grande partie des capacités du pays reposera sur la mobilisation des moyens des collectivités territoriales autour des objectifs décrits au titre de la sécurité nationale. Cette mobilisation devra être concertée et planifiée avec les collectivités.

DOUANES

Les douanes contribuent aux capacités de réaction rapide de l'État sur le territoire national en cas de crise majeure, pour renforcer le contrôle aux frontières ou les moyens de surveillance mobiles.

L'administration des douanes développera sur les quinze années à venir un dispositif de suivi de véhicules surveillés, grâce à un ensemble de lecteurs automatisés de plaques d'immatriculation en cours d'élaboration en partenariat avec la gendarmerie et la police nationales.

Elle veillera à accentuer ses capacités de détection de produits contribuant à la prolifération, par l'utilisation, en tout point du territoire national, de nouvelles technologies de contrôle non intrusives, applicables au fret, y compris aux conteneurs.

Elle développera de nouveaux modèles d'analyse de risques, à partir de l'exploitation des données disponibles sur les passagers et les marchandises transportées par voie maritime et aérienne, dont elle exigera la mise à disposition en amont du franchissement de la frontière.

Elle proposera un dispositif juridique permettant l'interconnexion des fichiers de lutte contre la fraude des différentes administrations, afin d'étendre ses capacités de détection.

Quatrième partie

LA DYNAMIQUE DE LA RÉFORME

CHAPITRE 14

DES PROFESSIONNELS AU SERVICE DE LA NATION

La sécurité nationale repose sur des hommes et des femmes qui ont choisi de servir leur pays, leur patrie et leurs concitoyens. Cet engagement doit être reconnu et respecté.

La France bénéficie d'une tradition militaire vivante. L'exercice du métier des armes y demeure attractif. Pour les forces armées, la professionnalisation, engagée il y a dix ans, a représenté une modernisation sans équivalent dans l'État. Cette mutation est indiscutablement une réussite, qui vaut aux armées françaises une reconnaissance nationale et internationale. L'armée professionnelle a conduit sans nostalgie la conversion de son organisation et de sa culture. Elle a réussi l'intégration des personnels féminins. Elle a fait face sans hésiter aux mesures lourdes de restructurations et de déflation des effectifs qui ont accompagné cette réforme[1]. Avec un plein sentiment de son utilité pour la société, elle adhère aux missions qui lui sont assignées. Elle est légitimement fière du haut niveau des compétences qu'elle mobilise. Cette réussite doit être attestée et parachevée.

Le professionnalisme de la police et de la gendarmerie nationales est reconnu. L'une et l'autre se dotent de moyens modernisés depuis la mise en œuvre de la première loi d'orientation et de programmation pour la sécurité intérieure. Les fonctionnaires et les agents publics participant à la sécurité intérieure, dans les préfectures, la sécurité civile, les hôpitaux, ou les douanes, comme à l'action extérieure, dans les

1. Trois cent soixante-dix dissolutions et 250 transferts ou réorganisations de bases ou d'unités, ayant concerné 45 600 militaires et 23 000 civils, suppression notamment d'une centaine de régiments, recrutement, à l'inverse, de 180 000 militaires sur la période.

services diplomatiques et consulaires, sont compétents et dévoués au service public. La France bénéficie aussi d'un réseau dense de volontaires qui peuvent être mobilisés pour des causes nationales, de solidarité ou de sécurité.

Plusieurs défis doivent cependant être relevés aujourd'hui.

En premier lieu, le défi de l'adaptation. La redéfinition de notre stratégie s'accompagne, comme on vient de le voir (IIIe partie), d'une redéfinition des contrats opérationnels assignés aux armées. Simultanément, la nécessité de restructurer en profondeur l'administration générale du ministère de la Défense et les structures de soutien des forces armées sur le territoire a été mise en évidence par la révision générale des politiques publiques. La réorganisation des armées sur le plan géographique était restée inachevée à l'issue de la professionnalisation. La dispersion excessive des implantations militaires est source de duplications, de cloisonnements entre armées et de surcoûts non justifiés en termes militaires ou de sécurité. Il faut tenir compte de la nouvelle géographie des engagements des forces et procéder à leur nécessaire regroupement, qui bénéficiera à nos objectifs stratégiques et à la qualité opérationnelle de nos unités. Ces restructurations se traduiront par une déflation d'effectifs importante.

En deuxième lieu, le défi de la coopération. La sécurité nationale, associant étroitement la sécurité intérieure et extérieure, implique une coopération accrue entre forces civiles et militaires, ministères, organismes concernés de l'État et des autres collectivités. Ses finalités doivent être connues de tous ceux qui vont s'engager. Elle n'entraîne aucune confusion des rôles, ni des identités professionnelles, mais une meilleure coopération et des mutualisations accrues entre tous les acteurs militaires, civils, policiers, gendarmes, sapeurs-pompiers, secouristes. Tous doivent avoir le sentiment de servir des objectifs communs, chacun selon le cadre d'emploi dans lequel il a choisi d'exercer.

En troisième lieu, le défi de la préparation aux crises et de la résilience. Ni les pouvoirs publics ni la société ne sont suffisamment préparés à faire face à des crises majeures. Le recrutement, la formation, l'entraînement des agents publics concernés doivent être améliorés.

Enfin, le défi de l'attractivité. Les métiers de la défense et de la sécurité doivent continuer à privilégier des valeurs fortes : dévouement, altruisme, sens collectif et esprit de sacrifice. Dans un contexte de raréfaction de la main-d'œuvre, les armées et les forces de sécurité civile ou de sécurité intérieure ne demeureront attractives qu'en gérant leur recrutement de façon moderne, en offrant des perspectives professionnelles, sociales et humaines attractives.

Une armée professionnelle adaptée au nouvel équilibre de ses missions

Les missions quotidiennes de protection du territoire, la prise en charge des responsabilités de la France au titre de la sécurité internationale reposent sur l'armée. Parmi ceux qui s'y engagent, certains suivent une vocation et d'autres optent simplement pour un métier qui les attire. Mais, dans tous les cas, ils acceptent les sujétions très particulières de la condition militaire. Les personnels militaires ne sont pas des civils revêtus d'un uniforme. Ils assument les exigences du métier des armes et ses responsabilités, ils souhaitent que leur choix soit reconnu. La motivation des personnels de la défense continuera à reposer sur le sentiment d'appartenir à une communauté disposant de perspectives d'avenir et de valeurs partagées.

L'ENJEU DES RESTRUCTURATIONS

Le premier enjeu, pour les armées, est de réussir, dans les prochaines années, la restructuration de leurs soutiens et de leur administration, ainsi que la réduction de leur format.

Cette adaptation devra respecter des principes clairs.

La restructuration devra porter en priorité sur les structures de soutien et d'administration, souvent redondantes, dispersées, cloisonnées et inadaptées aux engagements des forces. Les capacités opérationnelles de celles-ci devront être au maximum préservées et modernisées. *L'accent sur les missions opérationnelles et sur les sujétions qui en résultent devra guider, avant toute autre considération, l'adaptation des structures et des moyens de notre défense sur tout le territoire et à l'étranger.*

Les personnels militaires devront se concentrer sur les missions opérationnelles, les personnels civils sur les tâches administratives et de soutien, dès lors qu'elles ne sont pas l'objet d'une externalisation. La préservation des compétences au sein de l'armée, la capacité à faire face à de brusques changements de contexte et à monter en puissance seront également au centre des préoccupations.

Ces objectifs sont d'autant plus essentiels que le métier des armes est soumis, plus qu'un autre, à un renouvellement rapide des effectifs, qui contraste avec les carrières longues de la fonction publique et de la gendarmerie. *Un niveau élevé de recrutement de jeunes militaires devra donc être maintenu* pour garantir l'aptitude au combat et l'adaptation de l'armée à ses missions. Le recrutement, la fidélisation des personnels et la reconversion devront faire l'objet d'un effort prioritaire.

L'articulation entre carrière courte ou longue et contrat, spécifique aux armées, doit être préservée. La contractualisation continuera d'être privilégiée par rapport aux carrières.

Le régime actuel des pensions militaires encourage à la fois le recrutement, la fidélisation de ceux qui s'engagent et l'acceptation des départs et des reconversions. Plus qu'un régime de retraites au sens strict, il s'agit pour le personnel militaire, plus que pour toute autre catégorie, d'une rémunération différée, visant à faciliter une deuxième carrière et à préserver la jeunesse des forces opérationnelles. Ce système répond donc aux besoins de l'armée professionnelle et doit être préservé à ce titre.

La politique de reconversion du personnel, notamment vers le secteur privé, constituera un élément absolument déterminant dans la phase qui s'ouvre. Cet effort suppose une meilleure valorisation des acquis professionnels des militaires. Des conventions avec des entreprises et des organismes de formation et d'insertion professionnelles seront mises en place. Les contrats d'externalisation de services, qui sont encouragés pour accompagner le redéploiement et la restructuration de l'appareil de défense, pourront être liés, dans le respect de la déontologie et des textes, à l'embauche de militaires quittant l'institution.

La reconversion vers la fonction publique civile, et au sein des corps de fonctionnaires en uniforme, sera renforcée. Cette politique permettra aussi de continuer à faire bénéficier l'État et les autres fonctions publiques des services de personnels qualifiés et compétents, pour lesquels un investissement important en terme de formation a été réalisé.

Les formules d'intégration des militaires dans la fonction publique seront développées, par exemple en accroissant les recrutements au titre du dispositif de détachement-intégration prévu à l'article 4139-2 du statut général des militaires et au titre du dispositif des emplois réservés.

Un dispositif d'accompagnement social et professionnel des restructurations sera mis en place, en tirant les enseignements des expériences passées. Une partie des mesures aura pour objet de faciliter et indemniser la mobilité géographique et professionnelle du personnel civil. Elles comprendront un dispositif spécifique pour les ouvriers de l'État auxquels ne s'appliquent pas les mesures destinées aux fonctionnaires. Un second ensemble de mesures accompagnera l'incitation à la reconversion de personnels civils et militaires – sous forme d'indemnités de départ ou de pécules, accompagnant notamment des projets personnels. Enfin, les aides à l'accès au logement et à l'emploi des conjoints seront renforcées.

À terme, les personnels militaires pourront bénéficier des effets positifs de la concentration géographique sur leurs conditions de vie et celles de leur famille : obligation de mobilité géographique diminuée, mobilité professionnelle favorisée, y compris pour les agents civils, facilitation de l'activité professionnelle du conjoint et accès à la propriété. Tous ces sujets constituent autant de points de forte sensibilité, mis en évidence de manière récurrente par le haut comité d'évaluation de la condition militaire.

L'amélioration du dialogue et de la concertation avec l'ensemble des catégories de personnels s'impose plus que jamais.

En ce qui concerne les personnels civils, la charte du dialogue social entre l'administration du ministère de la Défense et les représentants des personnels garantit une meilleure reconnaissance des droits syndicaux par les employeurs, ainsi que l'association des organisations syndicales en amont de l'instruction des dossiers.

En ce qui concerne les militaires, les missions et l'engagement supposent une disponibilité et l'acceptation de contraintes qui s'accordent mal avec le bénéfice des droits syndicaux. En revanche, les différents dispositifs de concertation ou de recours devront être utilisés et renforcés. Les mécanismes de concertation locale, comme les commissions participatives d'unités, doivent être pleinement employés. La circulation de l'information, le dialogue de proximité avec les présidents des différentes catégories de personnel militaire et la transparence des processus de décision devront être garantis à tous les niveaux.

Le Conseil supérieur de la fonction militaire et les conseils de la fonction militaire de chaque armée verront leurs compétences renforcées. Leurs membres doivent pouvoir disposer du temps et de la disponibilité nécessaires pour se consacrer à cette tâche. Ils bénéficieront d'une formation appropriée pour leur mission. En outre, les conseils disposeront d'une capacité d'initiative sur l'ordre du jour de leurs sessions.

L'ADAPTATION AUX MISSIONS

L'aptitude au combat des hommes et des femmes qui s'engagent demeurera l'une des clés de la sécurité de la France. Elle suppose de pouvoir faire face au danger, à la brutalité de la menace, à la montée soudaine de la violence et du stress. Dans ces situations, la pression psychologique ne peut être surmontée que grâce au mélange de capacité professionnelle et de force morale forgé dans l'entraînement et la vie collective des unités, des équipages, des escadrons. L'engagement suppose aussi, et de plus en plus, une capacité à quitter fréquemment le territoire, la famille et les siens, pour combattre ou pour assister ceux qui combattent, protéger une action humanitaire ou aider au règlement pacifique d'une crise. Il faut s'insérer dans des milieux hostiles ou bouleversés, dialoguer et agir de concert avec les armées d'autres pays, issues d'autres horizons et parlant d'autres langues. La répétition des absences exerce une pression très importante sur les militaires et leur famille, qui est susceptible de peser sur la fidélisation des personnels.

En outre, dans les années à venir, les armées devront être davantage préparées à prévenir des agressions de type nouveau sur le territoire, à sécuriser les installations les plus vitales, à porter secours aux populations dans des circonstances imprévues et peut-être extrêmes. Les jeunes recrutés devront être familiers des technologies les plus nouvelles, car les combattants évolueront dans des environnements transformés par les outils qui seront à leur disposition, tout en devant puiser dans les mêmes ressources physiques et psychologiques que leurs aînés. Les personnels militaires devront ainsi devenir familiers de tous les moyens de la guerre de l'information, en demeurant aptes à l'engagement physique sur le terrain.

Les forces devront être entraînées à opérer en milieux interarmées, interallié et européen, et à entrer dans la logique de polyvalence qui est l'une des clés des choix d'organisation et d'équipement de nos armées.

Il importe donc au plus haut point qu'elles bénéficient d'une formation de qualité. Les questions historiques et éthiques revêtiront une importance d'autant plus grande que leur rapidité de réaction et leur capacité d'adaptation seront de plus en plus sollicitées.

Les charges et les contraintes de la vie militaire, acceptées au début d'une carrière, deviennent souvent excessivement pesantes dans la vie conjugale et sociale. Les difficultés liées au logement et l'incidence des sujétions militaires sur la vie familiale constituent des motifs de désaffection. Les particularités des métiers doivent donc pouvoir, pour ceux qui les éprouvent effectivement, être l'objet de compensations équitables.

Les officiers

Les tâches de commandement et d'encadrement évolueront. La mission première des officiers sera toujours de commander leurs hommes au combat et de les y préparer. Mais il leur reviendra aussi de conduire l'adaptation du corps militaire aux contextes d'emploi nouveaux qui ont été décrits, en métropole, outre-mer ou dans les engagements extérieurs.

La carrière des officiers a la particularité d'être explicitement sélective, avec notamment un enseignement militaire intervenant en milieu de carrière. Un tel système a le mérite de fournir à l'État un corps d'encadrement supérieur de haut niveau, conforté à la fois par l'expérience opérationnelle acquise en début de carrière et par la sélection dans le cadre d'un concours. Il doit être encouragé et renforcé.

Pour s'adapter – conformément à leurs traditions – à un contexte très mobile sur le territoire ou sur les théâtres d'opérations, les officiers devront être sélectionnés avec attention et recevoir une formation régulièrement mise à jour, sans pour autant que ces périodes ne nuisent à la continuité des responsabilités opérationnelles.

Le besoin en officiers aptes à occuper des fonctions de direction et de conception, dans des postes interarmées et internationaux, ira en effet croissant. Les officiers devront donc plus que jamais s'appuyer sur une culture interarmées, une expérience européenne et internationale, une connaissance de l'approche des grands interlocuteurs civils, responsables des administrations, grands opérateurs et acteurs de la vie économique ou de la société civile, et une connaissance approfondie du contexte juridique de leurs métiers. Le côtoiement régulier des autres officiers européens et de ceux relevant de l'Alliance Atlantique, aux divers stades de la formation et de la carrière, la maîtrise des langues étrangères, notamment de l'anglais, sont désormais indispensables.

Les formations communes réunissant officiers des armées, des corps de l'armement et des services devront être multipliées pour développer une culture commune et accroître la cohésion. La fusion de l'Institut des hautes études de la Défense nationale et du Centre des hautes études de l'armement (*cf.* chapitre 18) s'inscrit dans cette logique. Dans le même esprit, le nombre d'officiers provenant des corps de l'armement et des services sera accru au sein du Collège interarmées de défense, ainsi que les échanges de personnels entre grands services du ministère de la Défense (armées, DGA, SGA).

Les rémunérations devront mieux prendre en compte les responsabilités accrues des officiers, mieux s'adapter au niveau de qualification, mieux compenser les effets pour les familles de la mobilité, mieux récompenser, enfin, le personnel fortement sollicité ponctuellement sur certains emplois au cours de leur carrière d'officier.

La fonction de commandement devra être assumée dans la plénitude de ses dimensions, autorité, capacité d'écoute et respect de chacun, subordonnés, sous-officiers, soldats engagés, ou personnels civils.

Les sous-officiers

Placés à l'articulation de la conception et de l'exécution, les sous-officiers sont une pièce maîtresse de l'institution militaire. Ils forment un corps marqué par la variété des spécialités, des cultures d'armes et d'armées, des types d'activité et de styles de vie des formations au sein desquelles ils exercent leurs responsabilités.

À terme, la nouvelle grille indiciaire tiendra compte, par une meilleure rémunération, d'une prise de responsabilités accrue. Elle devrait permettre de mieux différencier le passage du corps des militaires du rang à celui des sous-officiers, en reconnaissant le diplôme, la compétence technique et l'exercice de l'autorité. Pour autant, de nombreux problèmes devront être résolus :

– l'accès aux grades supérieurs, qui suppose un parcours qualifiant, long et coûteux, ou au corps des officiers ;

– le maintien de l'attractivité des carrières afin de conserver les compétences de sous-officiers très expérimentés, en particulier dans les fonctions techniques ;

– le besoin d'une reconversion professionnelle adaptée pour nombre de sous-officiers exerçant des emplois physiquement et moralement exigeants.

Plusieurs leviers peuvent être utilisés :

– les sous-officiers doivent être recentrés sur les métiers opérationnels. Pour les autres missions, un recours plus important à des fonctionnaires de l'ordre technique ou administratif ou à des sociétés externes doit être encouragé ;

– les charges doivent être mieux réparties entre les sous-officiers en début de carrière et les sous-officiers supérieurs qui peuvent recevoir des responsabilités plus larges ;

– des passerelles doivent être organisées, pour un nombre raisonnable de sous-officiers, afin de permettre le passage de certaines spécialités initiales à forte exigence physique à des fonctions plus proches du soutien opérationnel. Le système de formation doit avoir la flexibilité nécessaire pour accompagner ce type d'évolution.

Les militaires du rang

La professionnalisation s'est traduite par un important recrutement de militaires du rang. Les projections démographiques à l'horizon 2020 laissent penser que les besoins de recrutement des armées resteront importants. Cependant, la concurrence à laquelle il faut s'attendre sur le marché du travail et la désaffection rapide que peuvent susciter certains aspects du métier des armes pourraient fragiliser l'ancrage définitif de l'armée professionnelle en France. La fidélisation de cette catégorie de personnel doit faire l'objet d'efforts significatifs.

Le niveau de rémunération sera garanti par la nouvelle grille indiciaire, facteur important de l'attractivité, en particulier pour les postes qualifiés. Mais les questions probablement les plus sensibles pour le recrutement et la fidélisation des hommes sont l'état d'entretien et la disponibilité des équipements, y compris les petits équipements du quotidien. Là résident certains des motifs d'insatisfaction les plus courants chez les militaires du rang. Le décalage entre le niveau des missions qui leur sont confiées et celui des moyens qui leur sont alloués est propre à susciter le découragement. Dès lors, des progrès qui seront faits dans ce domaine, souvent sacrifié compte tenu des contraintes financières, dépendront pour une part importante la qualité de nos armées.

La nature de l'emploi et la considération qui lui est attachée seront déterminantes pour la fidélisation des jeunes engagés. Les militaires du rang entendent tenir des emplois d'action au sein d'une organisation dont ils espèrent qu'elle les considérera comme des professionnels disposant de compétences techniques et humaines reconnues. Pour valoriser leurs progrès et favoriser leur promotion, l'orientation initiale lors du recrutement doit être améliorée, et les attentes dans le métier opérationnel mieux prises en compte. L'accession au corps des sous-officiers continuera de constituer une motivation majeure.

L'expérience et l'ancienneté acquises devront faire l'objet d'une attention particulière dans la formation des sous-officiers et des caporaux-chefs. Une voie spéciale d'intégration en fin de contrat long dans la police et la gendarmerie nationale sera créée, pour accroître la fluidité des ressources humaines dans les métiers contribuant à la sécurité nationale. Elle requiert la mise en place d'un système de validation préalable des acquis professionnels.

Les personnels civils de la défense

Les personnels civils sont une composante à part entière d'une défense professionnalisée. Non soumis statutairement aux mêmes obligations que leurs collègues militaires, ils font également preuve d'un engagement et d'une compétence remarquables. Leur bonne intégration dans les unités en soutien de l'effectif militaire opérationnel est fondamentale, comme le montrent les exemples étrangers. Or la montée en puissance de la composante civile s'est interrompue depuis plusieurs années au niveau de 19 % du total des effectifs des armées.

Les efforts engagés pour intégrer le personnel civil devront donc être poursuivis. Ces personnels doivent en effet être toujours mieux associés aux enjeux opérationnels des organismes et unités où ils servent. Leur efficacité en est accrue. Bien plus, ils doivent occuper désormais une part plus importante dans les fonctions de soutien, parallèlement à la concentration des personnels militaires sur leur métier opérationnel.

La distinction entre les emplois qui permettent un engagement dans l'action extérieure au territoire national et ceux qui ne le permettent pas sera supprimée. Sur la base du volontariat, la participation des personnels civils aux opérations extérieures sera encouragée, notamment dans le cadre d'opérations civilo-militaires ou d'opérations civiles, pour des interventions de stabilisation ou de reconstruction d'une zone touchée par un conflit.

Les réservistes

Les réservistes opérationnels sont statutairement des militaires qui assument des fonctions militaires et relèvent de l'armée professionnelle.

La professionnalisation et les réductions de format des armées rendent plus que jamais nécessaire le franchissement d'un seuil dans la constitution d'une réserve, si nécessaire moins nombreuse, mais plus spécialisée, mieux formée et mieux intégrée dans le dispositif militaire. L'accroissement sensible de l'emploi des forces et les besoins qui s'expriment régulièrement dans certaines spécialités appellent un effort significatif dans les années à venir. Cet effort s'impose d'autant plus que l'investissement dans la réserve manifeste puissamment la contribution des citoyens à la sécurité nationale.

De ce point de vue, des améliorations s'imposent. La réserve opérationnelle doit se détacher définitivement de l'image de la réserve de l'armée de conscription. La politique des réserves, le recrutement, la gestion, les missions doivent s'adapter à la nature des opérations qui seront demandées aujourd'hui et demain aux forces armées.

Par ailleurs, le vivier de réserve issu du service national est actuellement tari. Il est donc essentiel d'accroître les efforts en direction de la société civile, au sein de laquelle se jouera désormais, pour l'essentiel, l'avenir des réserves opérationnelles. Dans l'effort de recrutement, il conviendra donc de distinguer les anciens militaires d'active, tenus d'y servir cinq années après la fin de leur engagement, des réservistes issus de la société civile, qui doivent entreprendre une démarche volontaire pour les rejoindre. L'effort prioritaire d'information et de recrutement sera entrepris au profit des seconds.

Les forces armées encourageront les recours aux réservistes agissant soit en renfort des unités d'active, soit au sein d'unités constituées sur le territoire national, au titre de la fonction de protection, soit, dans la mesure du possible, en opérations extérieures. Leur emploi dans des fonctions où leur expertise spécialisée peut être mise à la disposition d'un commandement de haut niveau sera encouragé. Dans les organismes chargés de la gestion des crises, au niveau central ou dans les zones de défense, dans la gendarmerie nationale ou dans les unités, du fait du départ des unités en opérations extérieures, la réserve opérationnelle représente un atout important pour la sécurité de demain. Le succès rencontré par la réserve de la gendarmerie nationale doit être amplifié et utilisé au service de la sécurité nationale sur tout le territoire, notamment en cas de crise.

Un effort important de recrutement devra être fait, en particulier, dans les pôles d'excellence de l'enseignement supérieur civil et militaire. Afin de renforcer les capacités de haut niveau de la réserve, des mesures incitatives devront aussi être prises pour les cadres supérieurs exerçant des responsabilités dans le secteur civil.

Bien qu'il ait été récemment révisé, le système actuel des réserves apparaît trop rigide et les taux de déperdition trop élevés. L'objectif devrait être de disposer de réservistes capables de s'engager non plus cinq jours, mais au moins trente jours par an – et dans certains cas jusqu'à deux cents jours.

Le recrutement de la réserve doit en outre être encouragé, en assurant les aménagements juridiques et pratiques autorisant les interruptions de vie professionnelle qui en résultent. Ces mesures concernent le réserviste lui-même, mais aussi son employeur, et la société dans son ensemble. En tout état de cause, une activité dans la réserve opérationnelle ne devrait pas entraîner une diminution de revenu des réservistes. Dans l'hypothèse où la solde versée serait inférieure au revenu de l'activité professionnelle, une compensation devra être prévue.

Par ailleurs, les blocages culturels de notre société doivent être surmontés. Ainsi, une proportion trop importante de réservistes dissimule son engagement à son employeur, public ou privé. Il est pour le moins anormal qu'il faille se cacher pour servir son pays. Il faut valoriser le rôle des réservistes et mieux assurer son acceptabilité dans les entreprises et les administrations.

Dans le même esprit, les employeurs ne doivent pas subir de préjudice financier disproportionné lors des engagements. Des partenariats entre les entreprises ou les collectivités publiques et le ministère de la Défense devront faciliter et valoriser l'engagement des réservistes.

À terme, compte tenu de la diversité des besoins, il sera nécessaire de constituer, à côté des réserves opérationnelles correspondant aux filières de métiers, un dispositif interministériel de renfort opérationnel pour la gestion des crises. Ce dispositif, qui dispensera une formation commune à plusieurs administrations, favorisera le recrutement et évitera les duplications.

Les ressources humaines de la sécurité nationale

La mise en place d'une coopération interministérielle sur les ressources humaines

La coordination des politiques de recrutement, de formation, de parcours qualifiants, de carrières, de fidélisation et de reconversion sera accrue par la mise en réseau des responsables de ces différentes politiques. Elle devrait permettre une vision d'ensemble et contribuer à susciter des démarches communes, concertées et programmées.

Compte tenu des recrutements nécessaires à la sécurité nationale, et de l'élévation des niveaux de qualification requis, un partenariat étroit avec le ministère de l'Éducation nationale devrait permettre la création d'une filière d'enseignement professionnel adaptée aux métiers de la sécurité. Cette filière constituera la première étape d'un parcours professionnel dans ces métiers. Elle assurera une meilleure lisibilité sur les débouchés et favorisera les progressions professionnelles des intéressés.

Les politiques d'information sur les métiers doivent gagner en cohérence et permettre d'orienter les candidats vers les voies répondant le mieux à leurs vœux et compétences. À cette fin, le ministère de la Défense poursuivra la mise en place des centres assurant l'accueil centralisé des offres d'emploi. Ces centres offriront également un guichet unique aux organisations privées et publiques désireuses de recruter des personnels qualifiés parmi les militaires quittant le service. Ils seront implantés au niveau de chaque région et seront susceptibles d'accueillir des services destinés aux familles et aux associations.

Par ailleurs, compte tenu de la proximité de certains savoir-faire requis dans les métiers de la défense et de la sécurité, la mutualisation des formations sera favorisée. La pratique existe déjà pour la formation des pilotes d'hélicoptère. Elle pourrait être étendue à des métiers tels que le renseignement et la sécurité civile, s'agissant en particulier des besoins importants existant dans les domaines de la lutte contre les agents radiologiques, biologiques et chimiques, de la protection contre les explosifs et du déminage.

Une gestion commune des réserves relevant de différents ministères sera mise en place, afin de répondre de façon coordonnée aux besoins liés à des crises aiguës sur le territoire national. La multiplication des filières (armées, gendarmerie, police, santé, sécurité civile) fait craindre que les mêmes personnes soient recensées plusieurs fois, ce qui crée des risques lorsque la ressource est rare (spécialistes, personnel médical...). Cet inconvénient ne sera évité que par la concertation interministérielle et une coordination territoriale au niveau des préfets de zone de défense et de sécurité.

Le renforcement de la préparation à la gestion des crises

La préparation à la gestion des crises implique que l'État, la fonction publique territoriale et la fonction publique hospitalière soient assurés de la disponibilité permanente d'agents prêts – dans un cadre juridique adapté – à assurer leur mission dans des circonstances extraordinaires. Trois conditions doivent être réunies.

1) Il importe que les militaires et les agents de catégories A et B des trois fonctions publiques soient mis en présence des questions de sécurité nationale dès leur formation initiale, avec un enseignement sur la description des enjeux globaux de sécurité et de défense et sur le partage des rôles entre les différentes institutions confrontées à ces enjeux.

2) Le recentrage des militaires et des fonctionnaires en uniforme sur leurs métiers opérationnels devra être poursuivi et amplifié. Pour être pleinement acceptées par les intéressés, les exigences de discipline et de neutralité, d'une part, les contraintes et les sujétions, d'autre part, doivent être cohérentes avec l'emploi et la mission pour lesquels ils ont été recrutés. De même, le bénéfice des compensations prévues en contrepartie des sujétions propres à l'engagement militaire ne doit s'appliquer qu'aux personnes subissant effectivement dans leur emploi quotidien des contraintes spécifiques.

3) Enfin, la cohésion des cadres administratifs, policiers et militaires doit être systématiquement recherchée. En situation de crise, les missions qui leur incombent convergent nécessairement. Or il n'existe pas, aujourd'hui, de vision suffisamment claire et partagée des risques qui pèsent sur la vie nationale et de la politique d'ensemble que conduit l'État pour les prévenir et y répondre. De nombreux domaines indispensables à la sécurité nationale – comme le renseignement, l'exploitation de l'information économique ou la protection et la confidentialité des informations sensibles – sont considérablement sous-estimés. À échéance de quinze ans, la méconnaissance des enjeux de la défense militaire pourrait s'aggraver parmi les cadres de la nation, faute d'une sensibilisation à ces questions des cadres accédant au plus haut niveau de l'encadrement administratif et policier.

Il est souhaitable d'accroître *les échanges susceptibles de renforcer la cohésion entre le corps militaire et la haute fonction publique*. Ainsi, une *obligation de mobilité hors de leur armée d'origine sera prévue pour les officiers brevetés*, dès lors que ceux-ci auront été identifiés comme offrant un « haut potentiel ». Cette mobilité – d'une durée de deux ans à l'instar de celle des administrateurs civils – devra être effectuée entre la fin du Collège interarmées de défense et l'accès au premier grade d'officier général. Son accomplissement devrait être normalement une condition de promotion à ce grade.

Par ailleurs, au sein de tous les organismes de formation supérieure des cadres de l'État et de la magistrature – particulièrement à l'École nationale d'administration, à l'École nationale supérieure de la police et à l'École nationale de la magistrature –, un module d'enseignement sur les questions de stratégie et de sécurité nationale aura pour objet de les familiariser avec les grandes problématiques de la défense et de la sécurité.

Enfin, pour faire face à une crise de manière efficace, l'État doit pouvoir s'appuyer rapidement sur tous les personnels nécessaires. Le statut général des militaires répond à cette exigence, puisqu'il pose les principes d'engagement et de disponibilité qui découlent des missions confiées aux forces armées en temps de paix comme en temps de guerre. Les statuts spéciaux des personnels du corps préfectoral, de la police nationale, mais aussi de la DGSE ou de l'administration pénitentiaire, traduisent également des sujétions particulières. Ces contraintes statutaires n'ont pas vocation à être renforcées. En revanche, *la manière de faire appel aux agents publics civils sous statut général, ou encore aux entreprises privées œuvrant dans les secteurs intéressant la sécurité, doit être repensée.*

Le « service de défense » est le cadre qui devait permettre d'assurer, en cas de crise majeure, la continuité de l'action publique et des entreprises contribuant à la défense, à la sécurité et à l'intégrité du territoire et des populations. Ce système, créé à la fin des années 1950, souffre, sous sa forme actuelle, d'insuffisances importantes. Bien qu'adapté en 1999 il n'est pas mis en œuvre. Son dispositif juridique le lie étroitement à des situations, comme la mobilisation, devenues aujourd'hui improbables. Enfin, il ne comporte pas d'obligation en matière de formation, ni de préparation.

Le « service de défense » sera remplacé par un « *service de sécurité nationale* ». Son utilisation sera prévue *en cas de déclaration de l'état d'urgence*.

Les métiers du renseignement

L'importance accordée au renseignement dans la stratégie de sécurité nationale impose une politique de ressources humaines particulièrement ambitieuse. La mise en place de filières de formation et de carrières, ainsi qu'une mutualisation des enseignements, doit accompagner les réorganisations et l'effort d'investissement. Le renseignement doit s'imposer comme une véritable spécialité. Cela implique de pouvoir recruter non seulement dans les filières spécialisées ou techniques de la fonction publique, mais également dans les grandes écoles et les universités. Ces filières qui existent déjà, à des degrés divers, dans les armées, sont embryonnaires dans la police nationale et la gendarmerie nationale. Elles devront être développées. Une spécialité « renseignement » sera créée dans les écoles de cadres de ces deux forces.

Le recrutement de contractuels devra faire l'objet de facilités sur les plans financiers et juridiques, notamment pour aider à la mobilité entre services dans le cadre de carrières propres au renseignement. Des politiques particulières de recrutement et d'accompagnement de carrière seront mises en place pour les spécialistes détenteurs des compétences les plus rares.

Des normes communes de gestion des carrières dans les métiers du renseignement seront définies, notamment pour le recrutement du personnel, et des troncs communs de formation initiale et continue seront développés.

Enfin, la création d'une académie du renseignement (*cf.* chapitre 8) contribuera à une meilleure interpénétration des cultures propres à chaque service et à une bonne connaissance mutuelle.

Les perspectives européennes et internationales

Dès lors que nos forces seront appelées à être engagées, de façon très majoritaire, dans un cadre multinational, en particulier européen ou allié, l'ouverture européenne et internationale de la formation et des parcours des personnels militaires et civils de la défense et de la sécurité s'amplifiera.

Les propositions avancées par la France en vue d'une montée en puissance de l'Union européenne en matière de défense et de sécurité imposent ce mouvement, notamment pour la formation. Nous devons donc chercher à renforcer la politique européenne de formation. Cette politique visera la *constitution d'un espace commun européen* pour la défense et la sécurité. Si nos partenaires en sont d'accord, le projet sera conduit sous l'égide du Collège européen de sécurité et de défense, doté de moyens accrus et permanents, afin de constituer un point de passage classique dans la carrière des militaires professionnels.

Pour faire fonctionner cet « espace européen », il faut *simplifier les conditions de circulation et de stationnement des militaires européens* sur le territoire des pays de l'Union.

À terme, l'espace européen devrait se traduire par :

– l'inclusion systématique de modules européens dans les formations initiales et permanentes. Il s'agit d'une priorité à forte valeur ajoutée dans le domaine opérationnel puisque, formées ensemble, les forces seront plus efficaces lorsqu'elles seront engagées ensemble. Elle est en outre propice à l'émergence de réflexes de partenariats européens dans les encadrements administratifs et militaires ;

– des formations plus techniques communes à plusieurs pays européens, notamment pour l'usage des équipements conçus et acquis en coopération. Cette possibilité est illustrée aujourd'hui par l'école franco-allemande pour les hélicoptères Tigre, ou le projet relatif aux pilotes européens d'avions de combat ;

– une formation commune à la doctrine et aux concepts d'emploi. Dans la mesure où l'Union conduit des opérations militaires, il paraît naturel qu'elle se dote d'une réflexion propre sur la stratégie militaire et la manière d'agir en opérations. Des retours d'expériences réguliers entre partenaires revenant des théâtres d'opérations devraient être systématisés.

CHAPITRE 15

LA RÉORGANISATION DES POUVOIRS PUBLICS

L'organisation des pouvoirs publics résultant de l'ordonnance du 7 janvier 1959 portant organisation générale de la défense, codifiée dans le code de la défense, est le produit d'un contexte historique et stratégique radicalement différent de celui qui se présente devant nous. Elle ne répond plus aux exigences de l'heure. Les missions qu'elle assigne aux différents acteurs de la sécurité nationale, notamment aux ministères, ne correspondent plus que lointainement à ce qui doit être leur rôle aujourd'hui. En outre, l'organisation actuelle n'associe pas suffisamment la représentation nationale.

La stratégie de sécurité nationale exige donc de réorganiser les pouvoirs publics pour qu'ils répondent mieux à ses priorités. Cette réorganisation passera, dans le respect d'un cadre constitutionnel lui-même rénové, par une refonte du code de la défense et par une adaptation du futur code de la sécurité intérieure.

Une nouvelle organisation au sommet de l'État

Le Président de la République et le Conseil de défense et de sécurité nationale

Le Président de la République est, en vertu de l'article 15 de la Constitution, le chef des armées ; à ce titre, il « préside les conseils et les comités supérieurs de la défense nationale » et c'est à lui seul qu'incombe la responsabilité de donner l'ordre d'engagement des forces nucléaires (art. R* 1411-1 et suivants du code de la défense). Le Président de la République est aussi, en vertu de l'article 5 de la Constitution, le « garant de l'indépendance nationale, de l'intégrité du territoire et du respect des traités ». Il lui incombe d'assurer « le fonctionnement régulier des pouvoirs publics ainsi que la continuité de l'État ». Sur ce fondement, il peut notamment mettre en œuvre les pouvoirs exceptionnels qu'il tient de l'article 16. Il préside en outre le conseil de politique nucléaire créé, dans sa forme actuelle, par décret du 21 avril 2008. Ces dispositions, confortées par une pratique institutionnelle constante, confèrent au Président de la République, dans tout le champ de la sécurité nationale, une responsabilité éminente. Il doit avoir les moyens de l'assumer pleinement.

Le premier de ces moyens est la *présidence des conseils* que l'article 15 de la Constitution désigne par l'expression générique de « conseils et comités supérieurs de la défense nationale ». C'est au sein du conseil de défense que sont aujourd'hui arrêtées, sans préjudice de la compétence du Conseil des ministres, les « décisions en matière de direction générale de la défense ». La pratique de la Ve République et la mise en œuvre de l'ordonnance de 1959 ont également développé les conseils restreints, réunis en cas de crise ou de décision d'engagement des forces françaises. Enfin, un décret du 15 mai 2002 a créé un Conseil de sécurité intérieure.

Afin de tirer les conséquences d'une stratégie qui fait de la sécurité nationale l'objectif fédérateur et mobilisateur de l'action des pouvoirs publics, sera institué un *« Conseil de défense et de sécurité nationale », dont le champ de compétence couvrira l'ensemble des questions et des politiques publiques intéressant les domaines de la défense et de la sécurité nationale pour lesquelles la Constitution attribue une responsabilité au Président de la République.*

L'État disposera ainsi, au plus haut niveau, d'une enceinte où pourront être abordés, dans toutes leurs implications, des sujets tels que la programmation militaire, la politique de dissuasion, la programmation de sécurité intérieure dans ses aspects relevant de la sécurité nationale, la lutte contre le terrorisme ou la planification des réponses aux crises majeures. Le conseil rassemblera, outre le Président de la République et le Premier ministre, le ministre des Affaires étrangères et européennes, le ministre de l'Intérieur, le ministre de la Défense, le ministre chargé de l'Économie et le ministre chargé du Budget. Les autres ministres pourront y être associés en tant que de besoin, par exemple le ministre de la Justice en matière de lutte contre le terrorisme, ou le ministre de la Santé en matière de prévention des crises sanitaires.

Le Conseil de défense et de sécurité nationale pourra se réunir en plusieurs formations spécialisées, notamment en conseil restreint s'agissant en particulier de la conduite des opérations extérieures, ou pour certaines questions touchant la dissuasion nucléaire. Il comprendra aussi le conseil national du renseignement (*cf.* chapitre 8) et sa formation restreinte (conseil restreint du renseignement). Le décret du 15 mai 2002 relatif au conseil de sécurité intérieure sera abrogé. Les questions de sécurité quotidienne des personnes et des biens seront traitées dans des enceintes différentes et spécifiques, présidées, selon le cas, par le Président de la République ou par le Premier ministre.

La mise en place de ce conseil aux compétences larges n'implique par elle-même aucun bouleversement du mode de fonctionnement du Conseil de défense pour les questions de stratégie et de moyens militaires. Mais elle permettra d'inscrire ces questions dans un cadre adapté aux nouveaux types de risques et de crises et offrira au Président de la République et au Premier ministre la possibilité d'appréhender globalement les objectifs et les contraintes de la sécurité nationale, en surmontant les cloisonnements internes de l'État et des administrations.

Une telle institution n'est cependant pas, à elle seule, de nature à garantir l'efficacité nouvelle qui est recherchée pour le processus de décision. Encore faut-il que le Président de la République et le Premier ministre disposent, au bon moment, d'éléments diversifiés d'appréciation et d'éclairage, provenant de plusieurs sources, internes et externes à l'administration. Les différentes dimensions des décisions, politiques, financières, opérationnelles et internationales, doivent faire l'objet de débats contradictoires et être présentées sous forme de choix ouverts à la décision finale.

Dans cette perspective, le Président de la République et le Premier ministre disposeront des analyses d'experts indépendants, dans le cadre d'un *conseil consultatif sur la défense et la sécurité nationale*, créé auprès du Président de la République et réunissant des personnalités indépendantes nommées par lui.

Le secrétariat général de la défense nationale évoluera en un *secrétariat général de la défense et de la sécurité nationale*, placé auprès du Premier ministre et travaillant en étroite liaison avec la Présidence de la République. Chargé de la préparation et du suivi des décisions prises par le Conseil de défense et de sécurité nationale, ce secrétariat général garantira les conditions du dialogue interministériel et l'expression, comme la présentation au chef de l'État et au Premier ministre, des points de vue éventuellement contradictoires.

Le Premier ministre, garant de la cohérence de l'action gouvernementale

Dans la continuité du rôle qui lui est assigné par une pratique institutionnelle constante depuis les origines de la Ve République, le

Premier ministre dirigera l'application de l'ensemble des décisions prises en conseil de défense et de sécurité nationale.

Chef du gouvernement qui, selon l'article 20 de la Constitution, dispose de l'administration et de la force armée, il assume devant le Parlement, avec les ministres concernés, la responsabilité des différentes politiques qui concourent à la sécurité nationale : politique de défense, politique de sécurité intérieure et de sécurité civile, politique étrangère, politique de sécurité économique, etc.

Il est le garant de la cohérence de l'action gouvernementale dans tout le champ de la sécurité nationale ; cette cohérence est une condition impérative de l'efficacité de l'action de l'État, qu'il s'agisse par exemple des choix d'investissement, de la gestion des crises, dont il assure le pilotage stratégique en liaison avec le Président de la République, de la politique industrielle, de la sécurité des systèmes d'information.

Dans l'exercice de cette compétence, il s'appuiera sur le secrétariat général de la défense et de la sécurité nationale. Celui-ci coordonnera la préparation et s'assurera de la mise en œuvre des mesures concourant à la stratégie de sécurité nationale, par exemple la préparation aux crises majeures.

Le rôle renforcé du Parlement

L'implication de la représentation nationale dans la stratégie de sécurité nationale est l'une des clés de l'adhésion du pays à cette stratégie. Elle est indispensable pour étayer le sentiment de cohésion avec la nation de ceux qui s'engagent à son service. La France rejoindra le concert des grandes démocraties en renforçant le rôle des assemblées, aussi bien en termes d'information et de proposition, que de décision et de contrôle dans tout le champ de la sécurité nationale.

En premier lieu, il est proposé que l'intervention des forces armées à l'étranger fasse l'objet d'une procédure d'information et d'autorisation, inscrite dans la Constitution, ce qui représente une innovation radicale. Les interventions extérieures donneront lieu, s'agissant de leur nature et de leurs objectifs, à une information du Parlement dans les trois jours au plus tard suivant le déploiement des forces sur le théâtre des opérations. Il pourra s'ensuivre un débat sans vote. Toute prolongation d'une intervention au-delà d'un délai qui ne saurait être inférieur à quatre mois devra faire l'objet d'une autorisation, par un vote du Parlement. Chaque fois que cela sera possible, par exemple pour les opérations de maintien de la paix qui se préparent, le plus souvent, sur plusieurs mois et sauf urgence ou légitime défense, l'information du Parlement sera préalable à l'engagement des unités sur les théâtres extérieurs. Au-delà de l'autorisation du Parlement, les interventions feront l'objet, le cas échéant, d'un examen lors de la discussion des lois de finances initiales, qui comportent la provision budgétaire proposée pour les opérations extérieures. Afin de respecter le principe de séparation entre le pouvoir exécutif et le pouvoir législatif, les conditions et modalités opérationnelles d'engagement de nos forces resteront du seul ressort du chef de l'État et du gouvernement.

En deuxième lieu, le Parlement se verra conforté dans son rôle de législateur. La pratique des lois de programmation militaire et des lois de programmation sur la sécurité intérieure, assorties d'un rapport fixant les grandes orientations des politiques de défense et de sécurité intérieure, sera pérennisée.

Plus généralement, la représentation nationale sera davantage associée à la définition de la stratégie de sécurité nationale et à l'orientation des politiques y concourant, notamment à l'occasion de débats d'orientation. Elle sera en particulier consultée lors de l'actualisation du Livre blanc sur la défense et la sécurité nationale précédant chaque nouvelle loi de programmation.

S'agissant des accords de défense, le Parlement sera informé des accords liant la France à des partenaires étrangers, dès lors qu'ils peuvent conduire à engager, au bénéfice d'autres États, les moyens de défense du pays. Il autorisera, en outre, la ratification ou l'approbation de ces accords, lorsque la Constitution le prévoit.

Le Parlement sera enfin mieux informé. La création d'une délégation parlementaire au renseignement, par la loi du 9 octobre 2007, permet déjà aux parlementaires d'avoir connaissance des activités des services de renseignement sans nuire à leur confidentialité, face notamment au défi du terrorisme (*cf.* chapitre 8). Il sera aussi régulièrement tenu informé, par le Premier ministre et par le ministre de la Défense, de la politique d'exportation d'armements.

Des responsabilités ministérielles clarifiées et une gouvernance améliorée

Les ministres sont responsables de la contribution à la sécurité nationale des politiques publiques dont ils ont la charge. Ils s'appuient notamment sur un haut fonctionnaire de défense et de sécurité qui est leur conseiller pour l'ensemble des questions relatives à la défense et à la sécurité nationale.

Le ministère de la Défense

Le *ministre de la Défense* est en charge, au sein du gouvernement, de la politique de défense, dont il assume, avec le Premier ministre, la responsabilité devant le Parlement.

À ce titre, il est responsable de la préparation et de l'emploi des forces décidés par le Président de la République ; de la qualité du renseignement extérieur et d'intérêt militaire, de la prospective, de l'anticipation et du suivi des crises ; de la cohérence de l'effort de défense et des capacités des forces armées ; de la cohérence de l'action du ministère avec les objectifs de la sécurité nationale, de la politique extérieure, de la politique de modernisation de l'État et de la politique des finances publiques du gouvernement ; de la politique industrielle et la politique sociale propres au secteur de la défense.

La clarification des responsabilités au sein du ministère implique une modification des décrets régissant son organisation. La priorité donnée aux besoins opérationnels des forces sera réaffirmée. Le chef d'état-major des armées demeurera à la fois le commandant, sous l'autorité du Président de la République et du gouvernement, des opérations militaires, sous réserve des dispositions propres à la dissuasion, et le conseiller militaire du gouvernement. Il continuera à assumer, dans le cadre des directives qui lui sont données par le ministre, la préparation de la programmation militaire et l'animation des relations militaires internationales. Son autorité sur les chefs d'état-major d'armée sera renforcée.

Compte tenu des difficultés récurrentes rencontrées dans les investissements du ministère, les conditions de lancement et de conduite de ces opérations seront modifiées. Deux objectifs seront privilégiés : une meilleure connaissance des coûts complets des investissements et une meilleure organisation du dialogue avec le ministère chargé du Budget.

Pour chaque investissement envisagé (armement, maintien en condition opérationnelle, infrastructures, systèmes d'information, études amont), l'instruction préalable à la décision de lancement comprendra, outre l'analyse du besoin opérationnel qu'il s'agit de satisfaire, un examen de l'ensemble des informations financières et économiques relevant de l'objectif poursuivi. Le *comité ministériel des investissements de défense*, présidé par le ministre et dont le secrétariat est confié au secrétariat général pour l'administration, examinera donc systématiquement : la satisfaction du besoin opérationnel, la stratégie de maîtrise des risques, le coût prévisionnel d'acquisition, le coût global de possession (*cf.* chapitre 15), la faisabilité financière d'ensemble, la stratégie d'acquisition à retenir (acquisition patrimoniale, contrat de partenariat ou de service...), la politique de soutien et le potentiel de l'équipement à l'exportation.

La concertation avec le ministère chargé du budget sera améliorée. Les travaux du présent Livre blanc ont donné lieu à des échanges d'informations et de documentations sans précédent entre les ministères, portant, entre autres, sur l'intégralité des données financières relatives aux programmes d'armement. Cette politique doit être poursuivie et amplifiée. À cette fin, sera mis en place, dans le cadre de la réforme d'ensemble du contrôle budgétaire et comptable ministériel, un *comité financier*, présidé par le secrétaire général pour l'administration ou le directeur des affaires financières, où siégeront les responsables de programmes du ministère, au sens de la loi organique sur les lois de finances, ainsi que le représentant du ministre chargé du Budget. Cette instance permettra un examen contradictoire de la « soutenabilité » financière de la programmation, et un suivi plus régulier, par le ministère du Budget, de la politique d'engagement du ministère dans le domaine des investissements.

Les outils de cadrage, de prévision et de suivi économique et financier à la disposition du ministre seront développés, à partir de l'expertise de la direction des affaires financières. Une fonction d'audit interne sera mise en place, de façon à assurer la production d'une information financière transparente, incontestable et partagée ; elle s'appuiera notamment sur le contrôle général des armées. Enfin, le secrétariat général pour l'administration pilotera les politiques communes du ministère (finances, ressources humaines, affaires juridiques...). La fonction financière en son sein sera renforcée et agira au bénéfice de l'ensemble du ministère.

Les moyens de connaissance, d'analyse, d'arbitrage et de contrôle dont dispose le ministre seront renforcés, afin de lui permettre de bénéficier d'analyses diversifiées et fiables, dans les domaines stratégiques, techniques et opérationnels. Plus particulièrement, les capacités d'analyse stratégique et de prospective du ministère seront accrues et placées sous un pilotage unique, assuré par la délégation aux affaires stratégiques. Le directeur chargé des affaires stratégiques devra donner une impulsion et une cohérence globale aux travaux de prospective réalisés dans l'ensemble du ministère, par la délégation elle-même, à l'état-major des armées, à la direction générale de l'armement et dans les organismes dépendant du secrétaire général pour l'administration. La délégation bénéficiera aussi, dans ce but, des analyses et des travaux des directions du renseignement placées sous l'autorité du ministre de la Défense.

Enfin, ce mouvement de réorganisation se matérialisera par le regroupement de l'ensemble de l'administration centrale, aujourd'hui dispersée, dans un format resserré, sur un site parisien unique.

Le ministère de l'Intérieur

Le *ministre de l'Intérieur* est en charge de la sécurité des biens et des personnes sur l'ensemble du territoire national. Il est responsable des politiques de sécurité intérieure et de sécurité civile, qui, toutes deux, concourent à la sécurité nationale.

Le ministre de l'Intérieur coordonne en particulier la gestion des crises sur le territoire national ainsi que le renseignement intérieur. Son action s'appuie sur les préfets de département et de zone de défense et de sécurité, qui sont, aux termes de l'article 72 de la Constitution, les représentants de chacun des membres du gouvernement et ont la charge des intérêts nationaux, du contrôle administratif et du respect des lois.

Pour assurer une pleine prise en compte des priorités de la stratégie de sécurité nationale, l'organisation et la gouvernance du ministère de l'Intérieur évolueront dans plusieurs directions.

Le regroupement de l'ensemble des moyens de la sécurité intérieure sous l'autorité du ministre de l'Intérieur sera achevé avec la pleine intégration, y compris sur le plan budgétaire, de la gendarmerie nationale à compter du 1er janvier 2009. Celle-ci conservera son statut militaire. Ses moyens seront étroitement coordonnés avec ceux de la police nationale pour les actions de protection sur le territoire métropolitain et outre-mer.

La priorité donnée à la connaissance et à l'anticipation se traduira par l'action de la nouvelle direction centrale du renseignement intérieur (DCRI), qui regroupe la direction centrale des renseignements généraux et la direction de la surveillance du territoire. Les missions et les moyens de cette direction centrale seront renforcés significativement dans le cadre de la nouvelle planification du renseignement d'une part, des lois de programmation de la sécurité intérieure d'autre part.

Au titre des capacités d'anticipation du ministère, la création d'une délégation à la prospective et à la stratégie viendra renforcer les moyens de prévision et de préparation du ministère et accroîtra la cohérence de son action dans ses différents champs d'intervention.

Les capacités de conduite opérationnelle des crises du ministère seront substantiellement renforcées. Un centre opérationnel sera créé, d'ici 2009, dans les locaux de la Place Beauvau ; il constituera l'échelon central de la conduite opérationnelle des crises sur le territoire. La communication de crise sera réorganisée sous l'égide du porte-parole du ministère récemment créé.

La fonction de haut fonctionnaire de défense, actuellement exercée par le directeur chargé de la défense et de la sécurité civiles, sera dévolue au secrétaire général du ministère qui aura, dans cette capacité, autorité sur l'ensemble des services du ministère. Il sera assisté dans cette tâche d'un directeur chargé de la planification, dont le rôle comprendra l'élaboration et le suivi de la planification, le pilotage des zones de défense, la sécurité des systèmes d'information du ministère, aux niveaux central et territorial, et l'intelligence économique territoriale (*cf.* chapitre 11). Dans le domaine de la sécurité économique, sans préjudice des compétences propres du ministère de la Défense dans le domaine de l'armement, le ministère de l'Intérieur assurera la protection du patrimoine matériel et immatériel du secteur économique français (entreprises, laboratoires, centres d'études et de recherche), les actions de contre-ingérence et le maintien d'un environnement de sécurité pour les entreprises.

Le ministère des Affaires étrangères et européennes

Le *ministre des Affaires étrangères et européennes* assure la coordination de l'action extérieure de la France. Il traduit, dans la conduite diplomatique, les priorités de la stratégie de sécurité nationale, en particulier s'agissant de la contribution de la France à la sécurité européenne et internationale. Il anime la coopération de défense et de sécurité. À cette fin, il présidera les comités interministériels de pilotage des actions conduites avec les moyens du ministère de la Défense, du ministère de l'Intérieur et des autres ministères impliqués dans la coopération de défense et de sécurité.

Il assurera en outre le pilotage interministériel de la gestion des crises extérieures, quelle que soit leur nature.

Il s'appuiera à cet effet sur une *capacité de planification civile* et sur un *centre opérationnel de veille et d'appui à la gestion des crises extérieures*, placés sous l'autorité du secrétaire général.

Ce centre aura vocation à assumer trois types de fonctions :

– avant la crise, il sera chargé de la veille et de l'alerte précoce. Il préparera aussi l'action des pouvoirs publics, par l'identification préalable des personnels et des matériels nécessaires en situation de crise et par l'organisation d'exercices *ad hoc* ;

– pendant la crise, il jouera un rôle de coordination opérationnelle de manière à assurer la mise en œuvre efficace des orientations stratégiques arrêtées par l'autorité politique. Le décloisonnement administratif, la centralisation et la diffusion rapide de l'information guideront son action ;

– après la crise, il coordonnera plus particulièrement les retours d'expérience sur les crises extérieures.

Pour mener à bien ces missions, le centre s'appuiera sur les capacités des ministères et des services de l'État concernés, en plus de celles du ministère des Affaires étrangères et européennes.

Le ministère de l'Économie

Le *ministre chargé de l'Économie* est responsable de la politique de sécurité économique, notion qui se substituera, dans les textes, à celle de défense économique (chapitre 3). À ce titre, il lui appartiendra de prendre les mesures de sa compétence garantissant la continuité de l'activité économique en cas de crise majeure et, plus largement, d'assurer la protection des intérêts économiques de la nation, en temps normal comme en temps de crise.

Le ministre chargé de l'Économie veillera, en liaison avec les autres ministères concernés, à la protection des secteurs et entreprises sensibles, ainsi qu'à la protection de l'information utile au développement de la compétitivité des acteurs économiques. Il s'assurera de la diffusion efficace de l'information économique stratégique, dans le cadre de la politique d'intelligence économique définie par le gouvernement.

L'organisation en matière d'intelligence économique continuera à reposer sur un haut responsable chargé de l'intelligence économique, placé auprès du SGDSN, disposant de correspondants dans les principaux ministères, en particulier les ministères chargés de l'Économie, de la Défense, de l'Intérieur, des Affaires étrangères et européennes, et de l'Écologie, de l'Énergie, du Développement du territoire et de l'Aménagement du territoire. Le ministère de l'Intérieur animera, pour sa part, le dispositif territorial placé sous la responsabilité des préfets.

Les autres ministères

Le *ministre chargé du Budget* veille à la cohérence des choix proposés avec la stratégie générale des finances publiques. Il contribuera à la stratégie de sécurité nationale par l'action de ses services, qui disposeront de pouvoirs étendus (contrôle des personnes, des marchandises, des moyens de transport, des flux financiers et des activités taxables) et peuvent intervenir sur les flux extra- et intracommunautaires.

Enfin, les autres ministres, notamment le *ministre chargé de la Santé* – en ce qui concerne la prévention et la gestion des crises sanitaires –, le *ministre chargé des Transports, de l'Énergie et de l'Environnement* – sur qui reposent la sécurité de nombreuses infrastructures critiques et les relations avec des opérateurs majeurs –, le *ministre de la Justice* – dont le rôle est central en matière de lutte contre le terrorisme – sont également appelés à apporter une contribution essentielle à la stratégie de sécurité nationale. L'organisation et les moyens de leurs administrations seront adaptés pour mieux prendre en compte cette exigence.

CHAPITRE 16

L'INDUSTRIE ET LA RECHERCHE

Les compétences scientifiques, technologiques et industrielles de la France conditionnent sa capacité à satisfaire les besoins des armées, ceux de nos partenaires européens, et de plus en plus ceux des forces de sécurité intérieure et de sécurité civile. Elles doivent permettre à la France de conserver son autonomie stratégique et contribuent à promouvoir l'Europe comme un pôle d'excellence industriel et technologique.

Une industrie compétitive mais fragmentée

UNE INDUSTRIE FRANÇAISE COMPÉTITIVE

Le marché mondial de l'armement, évalué à 300 milliards d'euros, est largement dominé par l'industrie américaine, qui détient à elle seule plus de 50 % de parts du marché. L'activité industrielle de défense en Europe représente aujourd'hui un chiffre d'affaires total d'environ 55 milliards d'euros. Elle est concentrée, à 90 %, sur six pays : Allemagne, Espagne, France, Italie, Royaume-Uni et Suède. Quatre groupes européens (BAE Systems, EADS, Finmeccanica, Thalès) figurent parmi les quinze premiers mondiaux, les onze autres étant américains. Ils ont atteint la taille, la surface financière, la compétitivité et les capacités leur permettant d'assumer la responsabilité de projets complexes. Sur les dix premiers groupes européens, quatre sont français (Thalès, DCNS, Safran, Dassault Aviation), auxquels s'ajoute EADS, dont la composante française est importante.

À partir de la fin des années 1950, la France a mis en œuvre une politique industrielle de défense orientée vers la recherche de l'autonomie stratégique et technologique, structurée autour de grands projets exploitant les technologies de rupture (nucléaire, aéronautique, missiles), en s'appuyant, à quelques exceptions près, sur de grands groupes nationaux étatiques. L'acquisition d'une force de dissuasion nationale fut un succès de cette politique.

La France possède aujourd'hui une industrie importante et performante, au deuxième rang en Europe, juste derrière le Royaume-Uni. Elle représente 165 000 emplois directs, au moins autant d'emplois indirects et un chiffre d'affaires de l'ordre de 15 milliards d'euros, dont le tiers environ est réalisé à l'exportation, la France se plaçant au quatrième rang mondial des exportateurs.

Les performances financières et la rentabilité des plus grandes entreprises françaises de défense se situent dans la moyenne sur le plan mondial, avec certaines nuances suivant les critères observés : croissance plus forte du chiffre d'affaires moyen, faiblesse relative des marges nettes malgré un taux moyen d'endettement un peu plus faible que celui des entreprises américaines.

La recherche et le développement représentent 10 à 20 % du chiffre d'affaires des dix plus grands groupes de défense présents en France, qui emploient dans leurs bureaux d'études de l'ordre de quelque 20 000 personnes.

La recherche favorise l'innovation technologique et joue un rôle moteur pour un grand nombre de technologies majeures, dont beaucoup ont des applications civiles. L'industrie aéronautique militaire est ainsi à l'origine de nombreuses applications dans les domaines de l'avionique, des commandes de vol électriques, de l'informatique et de la communication, de la simulation, de la modélisation et de la fabrication assistées par ordinateur, des matériaux innovants. Ces avancées soutiennent fortement la compétitivité internationale de l'industrie civile.

Une industrie de défense française et européenne fragmentée

L'industrie de défense française s'est fortement restructurée depuis le milieu des années 1980, pour s'adapter à un marché international de plus en plus concurrentiel. Celui-ci a vu l'émergence d'Israël, de la Russie et de la Chine, laquelle sera probablement suivie par celle de pays comme le Brésil, l'Inde, le Pakistan, et d'autres puissances asiatiques. La restructuration de la société Giat Industries, aujourd'hui Nexter, mise en œuvre à partir de 2003, celle du domaine de l'électronique de défense, ou plus récemment la transformation et le développement de la direction des constructions navales, ont contribué à consolider la base industrielle et technologique nationale. Mais les industries de défense françaises et européennes demeurent fragmentées. Les préoccupations nationales des États et le recours de certains d'entre eux à des fournisseurs non européens ont contribué au morcellement de l'ensemble.

Certains secteurs, essentiellement l'aéronautique et l'électronique de défense, ont vu l'émergence de grands groupes européens. Mais les rapprochements industriels sont fondés sur des organisations internes qui reflètent les logiques nationales. Ces logiques ont conduit à une répartition des capacités technologiques et industrielles en fonction non d'une stratégie économique, mais de la volonté des États de conserver sur leur territoire des capacités de R&D, de production et de maintenance jugées stratégiques. Cette tendance a représenté un frein très important à l'intégration et à la spécialisation industrielles. Le niveau d'intégration entre les différentes filiales nationales de ces grands groupes européens reste donc aujourd'hui très limité.

La plupart des autres secteurs industriels sont restés en marge de ces mouvements de concentration transnationaux. Pour l'aviation de combat, cinq entreprises significatives se partagent trois programmes concurrents. La situation sera rapidement comparable dans le domaine des drones, si aucune stratégie industrielle européenne n'est mise en place. Dans le domaine des télécommunications spatiales militaires, la France, le Royaume-Uni, l'Allemagne, l'Italie et l'Espagne sont aujourd'hui engagés dans cinq programmes nationaux différents. L'industrie navale européenne a certes commencé à se restructurer progressivement. Mais, avec six grands maîtres d'œuvre qui gèrent plus de vingt chantiers navals importants, elle soutient difficilement la comparaison avec les États-Unis, où les restructurations des années 1990 ont conduit à rationaliser l'industrie navale autour de deux maîtres d'œuvre majeurs et de six chantiers. Dans le secteur de l'armement terrestre, aux côtés de groupes transnationaux sous influence américaine, on trouve quelques acteurs globaux nationaux (Allemagne, France) et une multitude d'acteurs locaux ou de « niches ». Une dizaine d'entreprises en Europe peuvent prétendre détenir les compétences nécessaires à la maîtrise d'œuvre de véhicules blindés. Dans tous ces secteurs, les différents maîtres d'œuvre captent l'essentiel de leur marché domestique et se livrent à une concurrence acharnée à l'exportation.

L'écart entre les États-Unis et l'Europe

En 2006, le budget consacré à l'équipement de défense par les États-Unis s'est élevé à 116 milliards d'euros, soit *trois fois plus que les dépenses d'équipement de l'Union européenne*. Celle-ci ne consacre que 18 % de ses dépenses d'équipement à des coopérations. La comparaison est encore plus défavorable si l'on compare l'*effort de recherche et de développement* de défense, auquel les États-Unis ont consacré 67 milliards d'euros en 2006, soit *six fois plus que l'effort européen*, qui de surcroît est lui aussi dispersé.

Une stratégie industrielle tournée vers l'Europe

Les trois cercles de la politique industrielle

Aucun pays européen ne peut plus se permettre l'actuelle dispersion des efforts, compte tenu du niveau actuel des ressources financières et du coût croissant des systèmes d'armes. Aucune nation en Europe – pas même la France, ni le Royaume-Uni – n'a plus la capacité d'assumer seule le poids d'une industrie de défense répondant à l'ensemble des besoins de ses forces.

Dès lors, la stratégie d'acquisition d'armement de la France se définira selon trois niveaux.

La France conservera la maîtrise nationale des technologies et des capacités de concevoir, fabriquer et soutenir les *équipements nécessaires aux domaines de souveraineté* pour lesquels elle estime ne pas pouvoir envisager un partage ou une mutualisation compte tenu de ses choix politiques.

Pour la majorité des acquisitions de défense et de sécurité, sa stratégie ira dans le sens d'une *interdépendance européenne*. Il s'agit de construire une interdépendance librement consentie entre États et non, comme cela est trop souvent perçu, de subir des dépendances. L'interdépendance européenne doit donc se concevoir sur une base de réciprocité, de sécurité des approvisionnements et sur un équilibre global. Elle doit aussi bénéficier de procédures d'acquisition performantes.

Pour tous les cas où la sécurité d'approvisionnement n'est pas directement en jeu, soit parce qu'elle peut être assurée grâce à la pluralité des sources, soit parce qu'il est possible de constituer des stocks stratégiques pour faire face à une rupture d'approvisionnement, la

France recourra au *marché mondial*. L'acquisition sur le marché sera considérée par l'acheteur public comme une solution à part entière de la stratégie d'acquisition, et non comme un pis-aller venant après l'épuisement de toutes les autres options. Le recours au marché mondial impose de conserver des compétences nationales importantes, afin de définir, commander, expertiser et qualifier les équipements ainsi acquis.

Une volonté politique forte, partagée avec nos partenaires de l'Union européenne, est indispensable pour le développement d'une stratégie européenne.

Le développement de champions européens de niveau mondial

Afin de promouvoir une industrie compétitive en France et en Europe, la France favorisera le développement de groupes industriels européens de niveau mondial. Les entreprises ont un rôle essentiel à jouer dans cette perspective. Mais, la commande publique étant particulièrement structurante pour l'offre industrielle, il revient aux États de créer un cadre favorable à l'émergence de tels champions. Les États doivent, en premier lieu, créer un marché domestique européen en recourant à ces groupes chaque fois qu'il s'agit d'équiper leurs armées. Ils doivent ensuite faire converger des besoins opérationnels communs susceptibles de déboucher sur des programmes en coopération, pour réduire les coûts de développement et produire des séries longues.

L'harmonisation des besoins militaires des pays européens conditionnera la rationalisation de l'industrie européenne. Afin de progresser de manière pragmatique, la France nouera des partenariats bi- ou trilatéraux structurants. Par ces partenariats concrets, l'ambition européenne en matière d'armement pourra prendre forme. L'Agence européenne de défense (AED) poursuivra le processus de génération de programmes qu'elle a engagé et qui intègre l'expression des besoins militaires coordonnée avec le comité militaire et l'état-major de l'Union européenne. Il est primordial que l'Agence se voie dès que possible confier la préparation de programmes répondant à ces besoins.

L'émergence de groupes industriels européens de niveau mondial dépend également de l'évolution des réglementations nationales et européennes : une entreprise de défense établie dans plusieurs États membres doit pouvoir fonctionner comme une entreprise implantée sur le territoire d'un seul État. Or, la réglementation impose aujourd'hui qu'une entreprise de défense européenne obtienne une autorisation d'exportation pour transférer un équipement de défense d'un État membre à un autre, ce qui freine considérablement l'intégration des entreprises.

L'amélioration des conditions de circulation des produits de défense entre pays européens concernés est donc indispensable. La France est favorable à l'institution de mécanismes de licences générales ou globales pour les industriels européens. Elle souhaite la mise en place, à terme, d'un espace européen de libre-échange des équipements de défense entre les pays disposant de procédures de contrôle comparables et proposera cet objectif à tous ses partenaires.

Les priorités technologiques et industrielles découlant des objectifs stratégiques de la sécurité nationale à l'horizon 2025

Secteur nucléaire

La capacité à concevoir des armes nucléaires, à les développer, à les fabriquer et à en garantir la sûreté, demeurera un domaine de souveraineté. Cette priorité doit conduire à doter les laboratoires, les centres scientifiques et les centres de fabrication des ressources humaines, techniques et industrielles indispensables à la stratégie de dissuasion nucléaire.

Secteur spatial

La France est le seul pays européen à développer des missiles balistiques. La concomitance de la fin des développements du missile M51 et du lanceur Ariane V pose un problème de maintien des compétences de cette filière stratégique pour notre dissuasion et pour l'accès européen à l'espace. La France maintiendra les compétences nationales très spécifiques développées dans le secteur des missiles balistiques. En particulier, les compétences technologiques et industrielles en matière de guidage inertiel haute performance et de propulsion solide seront pérennisées.

Pour les autres activités du domaine spatial, en particulier les satellites, les efforts sont aujourd'hui trop dispersés en Europe. La France agira en faveur de la rationalisation de l'industrie européenne en matière de satellites dans les domaines du renseignement d'origine spatiale, de la navigation et des télécommunications.

Secteur naval

Les capacités sous-marines sont stratégiques aussi bien pour la dissuasion et le renseignement que pour l'intervention. Elles permettent l'exécution de frappes de précision à distance de sécurité. Elles peuvent faciliter les opérations spéciales.

La maîtrise de la conception et de la réalisation des sous-marins à propulsion nucléaire devra donc être conservée et même développée au niveau national. Celle des autres composantes, qu'il s'agisse de sous-marins à propulsion classique ou de bâtiments de surface, devra faire l'objet d'une approche européenne.

Secteur aéronautique

La crédibilité de la composante nucléaire aéroportée implique de conserver sur le plan national, la capacité de conduite technique d'un programme d'avion de combat et de définition et d'adaptation du système à la mission nucléaire.

Cependant, face à l'étalement et à la raréfaction des programmes d'avion de combat, l'ensemble des acteurs européens du secteur est confronté, à plus ou moins long terme, à un problème de maintien des compétences.

Le gouvernement britannique a officiellement indiqué, dans sa Defence Industrial Strategy, qu'il ne prévoyait pas d'entretenir en propre l'ensemble des compétences pour le développement et la fabrication de la prochaine génération d'avion de combat. Le Royaume-Uni, avec d'autres pays européens, est engagé dans le programme américain d'avion de combat Joint Strike Fighter.

La France, pour sa part, soutiendra l'émergence d'un avionneur européen complet, capable de concevoir les futures plates-formes de combat, pilotées ou non.

Elle contribuera activement à la mise en œuvre rapide, aux niveaux national et européen, d'une stratégie de conception ou d'acquisition d'engins pilotés à distance, qu'il s'agisse de drones de surveillance ou de drones armés.

Secteur terrestre

La France favorisera l'émergence d'un pôle industriel terrestre européen disposant d'une filière de production de munitions.

Secteur des missiles

Les missiles en général, et les missiles de croisière en particulier, constituent l'une des composantes essentielles de nos capacités d'intervention.

La France contribuera à la pérennisation des capacités européennes dans ce secteur, autour de la coopération franco-britannique, étant entendu que devront être maintenues sur le plan national certaines compétences stratégiques, en particulier la maîtrise des vecteurs de la composante nucléaire aéroportée.

Secteur de la sécurité des systèmes d'information

Le développement des menaces sur les systèmes d'information et les réseaux implique de disposer de capacités industrielles nationales solides permettant de développer une offre de produits de sécurité et de cryptologie totalement maîtrisés au niveau national.

Ces capacités sont aujourd'hui insuffisantes et dispersées.

La France établira une stratégie industrielle, permettant le renforcement de capacités nationales de conception et de réalisation dans le domaine de la sécurité des systèmes d'information.

Secteur des composants électroniques de défense
Le tissu industriel national et européen dans le domaine des composants électroniques de défense est éclaté. Afin d'établir un nouveau rapport de forces avec les pays imposant leur réglementation dans ce domaine, au premier rang desquels les États-Unis avec les règles ITAR, la France soutiendra une approche européenne permettant de faire émerger un tissu industriel européen. L'enjeu est d'éviter les dépendances critiques qui se développent et limitent de fait de plus en plus notre autonomie en matière d'exportation.

UNE STRATÉGIE INDUSTRIELLE ÉTENDUE À TOUS LES SECTEURS DE LA SÉCURITÉ

Il existe, entre tous les acteurs de la sécurité nationale, des problématiques technologiques partagées, pour lesquelles seule une approche d'ensemble est de nature à dégager des synergies. Des approches séparées pourraient créer des duplications et nuire à l'interopérabilité des équipements.

C'est le cas des systèmes de communication et de gestion de crise, de la sauvegarde maritime, de la surveillance des frontières, de l'identification biométrique des personnes, de la détection NRBC, de la sécurité des systèmes d'information, des drones et, plus généralement, des systèmes de renseignement.

Si des progrès ont été réalisés ces dernières années, il est nécessaire d'aller plus loin, en associant plus étroitement les acteurs du dispositif de sécurité publique et de sécurité civile (police, gendarmerie, sécurité civile, douanes...) et les services du ministère de la Défense.

La veille technologique doit être mise en commun, ainsi que la détection et le suivi concerté des entreprises les plus importantes. De même seront recherchées une expression aussi harmonisée que possible des besoins en matière de sécurité, ainsi qu'une mutualisation des développements et des acquisitions d'équipements.

Le rôle stratégique de la recherche

Soutenir une politique active de recherche aujourd'hui, c'est se donner les moyens de maîtriser les technologies des systèmes de défense, préparer les réponses technologiques aux besoins opérationnels à moyen et long termes, et faire émerger les technologies de rupture de demain. Un effort important sera consacré aux technologies spatiales, afin de préparer les futurs programmes de télécommunications, d'observation, de surveillance, compte tenu de la priorité donnée à la fonction connaissance et anticipation.

Développer la recherche, c'est aussi maintenir dans la durée les compétences critiques menacées par les cycles des équipements de défense, où des phases de production de matériels de série alternent avec des phases de développement technologique. La France s'inscrit, depuis la dernière loi de programmation militaire, dans une période marquée durablement par l'achèvement des développements et la montée en puissance de la production de la plupart des grands programmes (Rafale, Tigre, NH90, A400M, VBCI, ASMPA, Meteor, Horizon, M51, SNLE, Helios 2, Syracuse 3, etc.), avec pour corollaire une diminution des crédits consacrés à la recherche de défense et de sécurité. Cette situation implique de consentir un effort accru dans les années à venir en matière de recherche et technologie (R&T), pour éviter de voir certaines capacités technologiques importantes abandonnées. L'État mettra donc en œuvre une politique de maintien des compétences critiques, tant dans le domaine de la R&T pour les compétences des bureaux d'études, que dans celui de l'industrialisation. Cette politique comprendra la réalisation de démonstrateurs technologiques.

MUTUALISER LES DÉMARCHES DE RECHERCHE EN MATIÈRE DE DÉFENSE ET DE SÉCURITÉ

L'efficience de l'effort national de recherche sera accrue, en *mutualisant les démarches de recherche en matière de défense et de sécurité.* Sans créer de nouvelles structures, les synergies des programmes de R&T de sécurité et de défense seront renforcées dans le cadre d'une coordination interministérielle.

La fonction de pilotage de la R&T de défense et de sécurité au sein du ministère de la Défense sera renforcée. La capacité du ministère de l'Intérieur à assurer le pilotage et l'évaluation des actions de recherche en sécurité intérieure sera accrue.

Le *ministère de l'Intérieur* établira le dialogue avec les différents acteurs de la sécurité au sein d'un conseil économique et scientifique de la sécurité, regroupant les principaux organismes impliqués dans la recherche, les opérateurs de la sécurité, les industriels fournisseurs de solutions techniques et des représentants des ministères de la Défense et de la Recherche.

Favoriser les synergies entre la recherche civile et la recherche de défense et de sécurité

La France et l'Europe doivent favoriser les synergies entre la recherche civile et la recherche de défense et de sécurité. En effet, 60 % de la recherche financée par la Défense ont des retombées dans le secteur civil, contre 20 % seulement en sens inverse.

Les ministères de l'Intérieur et de la Défense devront donc intensifier leurs relations avec les grands établissements publics de recherche, les industriels, les universités mais aussi les plus petits laboratoires. Ils devront être représentés à haut niveau dans les programmes de l'Agence nationale de la recherche (ANR). Le volume d'appels à projets provenant de partenariats entre les ministères de l'Intérieur et de la Défense devra être augmenté.

Les programmes de technologies duales, civiles et militaires, occuperont une place plus importante dans la programmation annuelle de l'Agence nationale de la recherche. Le programme budgétaire « recherches duales » dépendant du ministre chargé de la Défense sera plus clairement orienté vers la recherche de base dans le domaine de la défense et de la sécurité. Sa mise en œuvre devra évoluer d'une logique de subvention vers une logique de financement de projets identifiés.

Soutenir les PME les plus innovantes

Le soutien des PME, au moins aussi dynamiques que les grands groupes en matière d'innovation, contribue lui aussi directement au renforcement de la recherche. La France leur ouvrira davantage l'accès aux marchés de défense et incitera les grands groupes de défense et de sécurité à s'associer aux plus innovantes des PME.

Fédérer les efforts de recherche au niveau européen

Le *cadre européen* constitue également une opportunité pour fédérer les efforts en matière de recherche et technologie (R&T). L'Agence européenne de défense portera cette ambition. À partir du recensement des besoins communs des États membres, l'AED doit identifier des capacités technologiques clés et élaborer une stratégie pour les porter à maturité. La France proposera à l'Agence des projets mobilisateurs. Elle est favorable à un accroissement significatif de son budget propre de R&T. Par ailleurs, le rapprochement de la recherche technique dans les domaines de la défense et de la sécurité doit se traduire, au niveau européen, par une coordination très nettement renforcée entre l'Agence européenne de défense, pour la recherche de défense, et la Commission européenne, pour la recherche en matière de sécurité.

Quelques ruptures technologiques et scientifiques pressenties à l'horizon 2020-2030

– **La robotique et les systèmes cognitifs** : drones, véhicules autonomes, systèmes d'analyse automatique pour détecter les événements anormaux ;
– **Les nouveaux matériaux fonctionnels** : matériaux des munitions pénétrantes pour la destruction d'objectifs durcis ; matériaux pour la protection du combattant et des engins légers (armure liquide) ; matériaux énergétiques permettant de concentrer la puissance et l'énergie embarquée pour accroître l'autonomie des systèmes sur les théâtres d'opérations ; nouveaux matériaux pour la furtivité électromagnétique, optique et acoustique ; nouveaux matériaux énergétiques pour la propulsion des missiles hypervéloces ;
– **Les nouvelles technologies de détection active** (radar TéraHerz, radar ou laser impulsionnels large bande) : disponibles à l'horizon 2020-2030, ces technologies permettront de détecter au travers ou derrière les obstacles (combat urbain) et d'identifier des substances au travers de parois ou de vêtements (détection d'engins explosifs improvisés, d'agents biologiques ou chimiques) ;
– **Les émetteurs à énergie dirigée** (micro-ondes et laser à forte puissance) : disponibles à l'horizon 2020-2030, ces émetteurs pourront être utilisés pour la neutralisation de menaces terroristes, le brouillage ou l'aveuglement de senseurs infrarouges, la destruction précise de cibles mobiles ou encore les systèmes de communication discrets ;
– **La thérapie cellulaire par nanobiotechnologie** : disponible vers 2025, cette technologie permettra la réparation des tissus endommagés par brûlure, irradiation ou agression mécanique et la guérison du combattant ;

– **L'informatique quantique** : disponible au plus tôt à l'horizon 2030, cette technologie, si elle débouche effectivement, pourrait être utilisée, entre autres, dans le domaine de la sécurité des systèmes d'information ;
– **Les nouvelles techniques de traitement de l'information** : confrontation des informations (multilingues, hétérogènes, etc.) issues de l'Internet, de bases de données, de capteurs (Web sémantique, analyse de contenus multimédia) ;
– **Les techniques de retournement temporel et d'analyse du bruit,** aujourd'hui au stade de la recherche fondamentale, ne devraient pas être disponibles avant l'horizon 2030. Elles devraient améliorer considérablement la détection de cibles très furtives, ou permettre la destruction d'émetteurs. Elles devraient également accroître très significativement la performance des capteurs en améliorant le traitement du signal.

Un nouveau partenariat entre l'industrie de défense et l'État

Les acquisitions de l'État en matière d'équipements de défense sont d'une nature très différente des achats d'une entreprise commerciale. La recherche de la supériorité technologique conduit à équiper les forces de systèmes nécessitant la plupart du temps des développements spécifiques, mettant en œuvre des technologies de pointe et des produits en petites séries. Le marché de ces équipements n'existe pratiquement pas en dehors des commandes d'un petit nombre d'États. Ceux-ci s'adressent à des fournisseurs très peu nombreux, lesquels sont tous largement dépendants des choix et des obligations qui leur sont imposés. Dans ce contexte, le levier le plus efficace de la stratégie industrielle est la commande publique et la politique d'acquisition, qui s'exercent dans toutes les phases des programmes, de l'amont au retrait de service.

ACHETER PLUS EFFICACEMENT

L'État doit être capable de faire connaître ses stratégies d'acquisition à long terme, permettant aux entreprises de se consolider et de se positionner sur le marché mondial. Pour élaborer ces stratégies comme pour être efficace dans le processus d'achat, il doit donc être doté d'une *expertise technique et économique solide*, appuyée sur une bonne connaissance des moyens industriels.

C'est à cette condition seulement que l'État pourra apprécier économiquement et techniquement les propositions de ses fournisseurs et instruire les décisions qui lui permettront de respecter les limites que lui fixe la stratégie générale des finances publiques.

Maîtriser le coût de possession des équipements

Pour acheter plus efficacement, l'État créera les conditions d'une véritable maîtrise du coût de possession à travers le cycle de vie des matériels.

La connaissance du coût de possession permet d'apprécier équitablement les différentes solutions industrielles proposées pour répondre au besoin opérationnel et de mesurer l'impact pluriannuel des décisions. Il est indispensable, à la fois pour la politique industrielle et pour la maîtrise financière de l'effort de défense, que les ministères se dotent d'une méthodologie leur permettant de planifier sur la durée les coûts complets des équipements et des capacités dont ils entendent se doter.

Cette méthodologie doit permettre à la France d'exploiter au maximum, beaucoup plus qu'elle ne l'a fait jusqu'à présent, les potentialités offertes par les *partenariats public-privé* (PPP). Ceux-ci reposent sur un partage optimisé des responsabilités et des risques entre les partenaires publics et privés. Une fois leur intérêt opérationnel et économique démontré, ils doivent permettre une meilleure maîtrise du coût global de possession des infrastructures ou des équipements, en particulier *dans les domaines duaux* que sont la formation, les télécommunications, la logistique de l'arrière, le soutien – en particulier le maintien en condition opérationnelle industriel – ou encore l'infrastructure.

Améliorer la conduite des programmes d'armement

L'analyse du déroulement des programmes d'armement fait apparaître, dans plusieurs cas, des insuffisances graves, qui se sont traduites par des dérives de coûts, de délais et parfois de performances. Leur conduite sera entièrement réorganisée.

La rigueur du processus de lancement et de planification financière des opérations d'investissement doit être considérablement accrue. Les ministères chargés du Budget d'une part, de l'Économie d'autre part, doivent être étroitement associés aux processus de décision.

Dans la nouvelle organisation du ministère de la Défense, un programme sera conçu, préparé et réalisé par *une même équipe dédiée, placée sous la responsabilité d'un directeur de programme désigné pour toute la durée du programme*. L'équipe de programme associera systématiquement un officier responsable de l'évaluation du besoin opérationnel (EMA), un ingénieur responsable de l'exper-

Le coût de possession

L'acquisition d'équipements de sécurité engage l'État sur le long terme. Les coûts supportés par l'État sur la durée de vie, souvent très longue, d'un équipement ne se limitent pas au seul coût d'*acquisition* de celui-ci. S'y ajoutent en effet :
– le coût d'*exploitation* : rémunérations et charges sociales des opérateurs de l'équipement, consommables tels que le carburant ;
– le coût de *soutien en service* : entretien et réparation de l'équipement, formation des opérateurs ;
– le coût de *mise à niveau* et de modernisation de l'équipement ;
– le coût de *démantèlement* : déconstruction et recyclage dans le respect des normes environnementales.
À titre d'illustration, le coût de soutien d'un bâtiment de combat, dont la durée de vie peut dépasser une trentaine d'années, peut atteindre un montant comparable à son coût d'acquisition. Il en est de même de son coût d'exploitation. Sur la durée de vie du bâtiment, sans compter le coût du démantèlement, *c'est donc globalement une dépense correspondant à plusieurs fois le coût d'acquisition du navire que l'État devra planifier*.
La maîtrise du coût de possession nécessite que la conception du matériel soit optimisée non seulement en fonction de son coût d'acquisition, mais aussi en fonction de l'ensemble des postes qui constituent le coût de possession.

tise technique, industrielle et économique (DGA) et un expert budgétaire et financier (SGA). Des dispositions spécifiques seront maintenues pour les programmes d'armes nucléaires, eu égard au rôle particulier du Commissariat à l'énergie atomique dans ce domaine.

Le regroupement de l'ensemble de l'administration centrale du ministère sur un site unique favorisera le travail de cette équipe sur un même « plateau ».

Afin que les forces soient pleinement responsabilisées sur le *besoin opérationnel* et sur la stratégie proposée pour le satisfaire au mieux, l'équipe de programme sera placée pendant les phases de *définition et de conception*[1] des systèmes d'armes *sous l'autorité du chef d'état-major des armées*. Celui-ci assumera la responsabilité de maîtrise d'ouvrage du programme *jusqu'à la négociation du contrat*. Il

1. Conception : phases qui recouvrent ici, aux termes de l'organisation actuelle de la gestion des programmes d'armement, le stade de préparation et une partie du stade de conception qui va jusqu'au lancement de la négociation avec l'industriel.

Renforcer la maîtrise technique, économique et financière des programmes d'armement

Le suivi des opérations d'investissement est assuré, dans l'organisation actuelle du ministère de la Défense, par des enceintes nombreuses dont aucune ne dispose d'une vision d'ensemble. Pour y remédier, les orientations suivantes seront mises en œuvre :

– **Les capacités d'analyse économique et financière du ministère de la Défense seront renforcées.** Un dispositif remanié sera mis en place. Appuyé sur une expertise financière accrue dans l'ensemble du ministère et sur la constitution d'une capacité de synthèse unique au niveau central, confiée à la direction des affaires financières du ministère, ce dispositif permettra de fiabiliser les données financières et d'accéder à une meilleure évaluation, dès la phase amont des programmes, du coût de possession des équipements, aujourd'hui insuffisamment connu et maîtrisé. Il permettra également de systématiser l'évaluation de l'intérêt de recourir à un partenariat public-privé.

– **Un comité ministériel des investissements de défense sera mis en place** (*cf.* chapitre 15). Cette instance permettra de rationaliser les processus relatifs aux investissements et de donner au ministre de la Défense les moyens d'exercer pleinement ses responsabilités tout au long de la vie des programmes d'armement.

– **Un référentiel commun des programmes, unique,** partagé entre tous les principaux subordonnés du ministre de la Défense, sera établi. Ce référentiel devra porter à la fois sur les données financières et les contenus physiques des opérations d'armement.

– **Le ministère chargé du Budget sera mieux informé** sur les besoins financiers des programmes, tant avant leur lancement qu'après. Dans cette optique, le référentiel commun des programmes lui sera communiqué régulièrement ; les représentants du ministère siégeront en outre au *comité financier* (*cf.* chapitre 15).

– **Le devis des programmes** sera progressivement consolidé. Le devis d'un programme sera affiné à mesure de l'avancement des travaux de préparation et ce n'est qu'au moment du lancement de sa réalisation qu'il sera figé et associé à un calendrier et à un contenu précis.

– **Une expertise technique suffisante sera maintenue par l'État**. Cette expertise est essentielle pour l'évaluation des programmes et des solutions proposées pour répondre aux besoins opérationnels ; elle permet aussi de soutenir des systèmes militaires, qui sont soumis en permanence aux aléas résultant des opérations et des entraînements et doivent régulièrement incorporer de nouvelles technologies et être rénovés.

soumettra au ministre les décisions relevant de ces phases. Pour arrêter ses décisions, le ministre se verra présenter, dans le cadre du comité ministériel d'investissement (*cf.* chapitre 15), l'ensemble des éléments permettant de juger de la pertinence et des mérites respectifs des solutions proposées, tant en termes de performances, de coûts d'achat et de possession, d'enjeux de coopération, d'impact industriel, que de stratégie d'achat (recours au partenariat public-privé, acquisition patrimoniale)...

Pour la négociation du contrat, l'équipe de programme passera *sous l'autorité du directeur général de l'armement,* qui devient maître d'ouvrage pour préparer et négocier le contrat. Au terme de cette phase intermédiaire, la décision de lancement de la réalisation du programme sera prise par le ministre, sur proposition du directeur général de l'armement, *après avis du chef d'état-major des armées,* sur la base d'un dossier prenant en compte l'aboutissement des négociations avec l'industrie.

Pendant la phase de réalisation, l'équipe de programme restera placée *sous l'autorité du directeur général de l'armement.* Durant cette phase, le chef d'état-major des armées sera associé à toutes les évolutions, qu'elles concernent le devis, les aspects techniques ou le calendrier, de nature à affecter la satisfaction du besoin opérationnel.

Pendant la phase d'utilisation, c'est-à-dire après la mise en service de l'équipement dans les armées, cette équipe repassera *sous l'autorité du chef d'état-major des armées.*

Ainsi, les responsabilités respectives du chef d'état-major des armées et du directeur général de l'armement seront clairement définies lors de chacune des phases du programme. L'un et l'autre s'appuieront pour les exercer sur une seule et même équipe qui disposera d'une vision complète de la vie du programme. À chaque phase majeure, le ministre prendra la décision au vu de leurs propositions et des consultations menées dans le cadre du comité ministériel d'investissement.

Doter l'État de capacités d'acquisition plus réactives et plus souples

La France devra mettre en place une stratégie et des capacités d'acquisition beaucoup plus réactives, ce qui implique d'adapter les processus de décision de l'État et d'associer étroitement les entreprises à cet objectif.

En effet, l'évolution des besoins des armées est de plus en plus rapide. Il est donc nécessaire de raccourcir les cycles entre l'expression du besoin opérationnel et la mise en service des équipements. L'acquisition des équipements de sécurité doit, elle aussi, être aussi réactive que possible, afin de tenir compte de l'évolution très rapide des modes d'action criminelle.

Des capacités d'acquisition plus réactives

Les cycles d'acquisition doivent être raccourcis, notamment par :
– *une adaptation de l'expression du besoin opérationnel* davantage fondée sur le processus de « retour d'expérience » ;
– *une élaboration plus rapide des concepts* et des doctrines d'emploi, tirant parti des possibilités offertes par la simulation et l'expérimentation ;
– *des expérimentations technologiques ciblées*, visant à évaluer l'adaptation au besoin des produits ou des technologies disponibles « sur étagères » ;
– *une approche par étapes*, fournissant très rapidement une première capacité opérationnelle et remettant à des étapes ultérieures d'éventuels perfectionnements du système requis au vu du retour d'expérience ;
– *un dialogue renforcé avec les partenaires européens et étrangers* sur les sujets jugés prioritaires, afin de mutualiser les efforts et, pour des étapes ultérieures, de jeter les bases de coopérations futures en matière de recherche et technologie.

Certaines règles d'achat public constituent un frein au développement de processus d'achat innovants et réactifs. Elles devront évoluer. Le code des marchés publics devra prévoir la possibilité de stipulations spécifiques dans le cadre de l'acquisition de matériels ou de prestations particulièrement innovants et complexes. Il devra également faciliter l'implication des industriels dans des phases de coconception. Le recours à des moyens modernes comme le Laboratoire technico-opérationnel (LTO), environnement commun d'analyse partagé par le ministère de la Défense et l'Industrie, devra être rendu plus aisé.

MODERNISER LE MAINTIEN EN CONDITION OPÉRATIONNELLE

Le maintien en condition opérationnelle (MCO) conditionne directement la disponibilité et l'engagement des forces. Son efficacité doit être considérablement renforcée et modernisée, en accélérant le transfert des activités de maîtrise d'œuvre industrielle de l'État vers les entreprises.

La *réalisation en régie interne* au sein de l'État des opérations industrielles de maintien en condition opérationnelle doit être strictement limitée à ce qui ne pourrait être satisfait avec une sûreté et une réactivité suffisantes par un acteur industriel. L'outil industriel étatique permettra en particulier de garantir l'exploitation des matériels vieillissants.

L'approche séquentielle traditionnelle (fabrication par l'industrie, naguère étatique, maintien en service par l'État, rénovation à mi-vie, démantèlement) est souvent dépassée. Le maintien en condition opérationnelle doit, dès la mise en service des premiers équipements, permettre de réaliser simultanément l'entretien et l'évolution des équipements répondant aux accélérations technologiques. Dès lors, il faut décloisonner les processus, en particulier dans les domaines de l'approvisionnement des pièces de rechange, de la maîtrise technique, de la gestion des parcs et de l'évolution des matériels.

Une nouvelle relation entre l'État et les entreprises doit être définie dans ce but. Cette volonté donnera en outre aux entreprises une vision à long terme sur leurs plans de charge et participera au maintien de leurs compétences.

La recherche d'un partenariat avec les entreprises s'appuiera sur une expertise et des *compétences étatiques suffisantes*.

Le succès de cette politique de partenariat passe par une responsabilisation globale des maîtres d'œuvre du maintien en condition opérationnelle. Il implique d'avoir recours à des *marchés de service, fondés sur des obligations de résultats, énoncés en termes de disponibilité*, d'heures de fonctionnement, ou d'autres performances directement liées à l'utilité opérationnelle, avec des niveaux d'intéressement incitatifs.

Cette nouvelle démarche passe également par le développement d'une plus grande cohérence, au sein du ministère de la Défense, entre le processus d'acquisition et le processus de soutien en service des équipements.

Les structures intégrées de soutien (service de soutien de la flotte [SSF] pour le matériel naval et Structure intégrée du maintien en condition opérationnelle des matériels aéronautiques de la défense [SIMMAD] pour le matériel aéronautique) resteront rattachées aux armées dans la phase qui s'ouvre. Elles devront travailler avec la direction générale de l'armement de manière plus intégrée, tout au long de la vie des programmes. Cette intégration accrue permettra un renforcement des capacités de négociation avec les entreprises, une utilisation optimisée des ressources humaines spécifiques en matière d'achat et d'expertise technique et une plus grande maîtrise du coût global de possession.

À cette fin, la responsabilité des équipes de programmes intégrées, comprenant notamment un spécialiste du soutien en service, sera progressivement étendue aux stades d'utilisation et aux opérations de démantèlement.

Dynamiser les exportations

La France est un acteur majeur sur le marché international de l'armement. Les exportations constituent un volet essentiel de la stratégie industrielle du pays. Elles permettent d'allonger les séries et de réduire, ou à tout le moins de limiter, le coût unitaire des matériels commandés par l'État. Elles rendent les entreprises moins dépendantes du marché national, tout en contribuant au maintien de leurs compétences.

Le marché international est actuellement particulièrement difficile, du fait de l'émergence de nouveaux pays exportateurs, et appelle donc une politique publique de soutien résolu aux entreprises. Pour autant, des règles strictes doivent être respectées, afin d'éviter le contournement des normes nationales et internationales qui le régulent.

La politique de la France s'appuiera sur trois principes :

– *assurer, au sein de l'État, et à tous les niveaux – interministériels et ministériels – la séparation des fonctions de contrôle et de soutien des exportations,* laquelle garantit l'absence de conflit d'intérêts ;

– *poursuivre dans la voie de la rigueur et de la rationalisation de ses procédures de contrôle* (*cf.* encadré) ;

Principaux pays exportateurs d'armement (2003-2006)

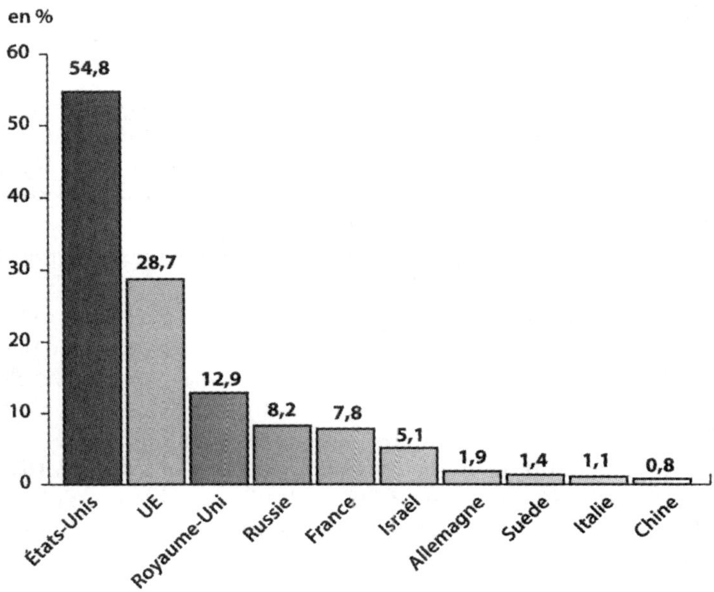

Source : rapport au Parlement 2007 et données officielles du ministère de la Défense/ DGA.

– *dynamiser ses exportations d'armement*, en renforçant les actions de soutien aux entreprises, pour les opérations préalablement autorisées (*cf.* encadré) et dans le respect des règles partagées avec ses partenaires européens et internationaux.

S'agissant du contrôle des exportations, les efforts seront poursuivis pour simplifier et hiérarchiser les procédures, notamment afin de réduire les délais de traitement des demandes. Les contrôles des transferts entre les pays européens engagés dans des programmes de coopération devront être abolis.

De nombreux équipements pouvant avoir des applications duales, un traitement plus rigoureux du contrôle à l'exportation des biens à double usage sera mis en place. Il s'appuiera sur une organisation et des procédures s'apparentant à celles qui sont en vigueur pour le contrôle de l'exportation des matériels de guerre. La France mettra aussi en place une législation sur le courtage. Par ailleurs, la France soutiendra activement le projet de traité international sur le commerce des armes discuté dans le cadre des Nations unies.

Dans le domaine nucléaire, les grandes orientations politiques en matière d'exportation sont arrêtées par le conseil de politique nucléaire.

S'agissant du soutien des exportations, la France promouvra la présence et l'offre de ses entreprises sur les marchés extérieurs.

L'action de l'État dans le domaine des exportations doit être coordonnée, afin de présenter plus systématiquement aux pays clients une *offre globale*, c'est-à-dire couvrant à la fois l'aide à la définition du besoin, le financement des projets, le suivi et le contrôle de l'exécution des contrats, la formation des personnels, l'assistance en matière d'entretien des équipements exportés. Dans certains cas, l'État pourra prendre part à la transaction, selon des modalités similaires à ce que font les États-Unis. La France exploitera aussi les possibilités ouvertes par le marché des matériels d'occasion.

Dès la préparation des programmes, les perspectives d'exportation des équipements seront prises en compte.

Par ailleurs, la France et l'Europe devront renforcer leur influence en matière de normalisation. Celle-ci peut constituer un levier permettant de placer en bonne position, *via* les normes, des technologies d'origine européenne sur des marchés à fort potentiel.

Enfin, la France œuvrera, avec ses partenaires européens, à l'établissement des conditions d'une concurrence saine et loyale. La France est signataire de la Convention OCDE de 1997, dont l'objet est de lutter contre la corruption d'agents publics étrangers dans les transactions commerciales internationales. Or il existe des disparités souvent importantes dans l'application des dispositions de cette convention par les pays signataires. Ces déséquilibres pénalisent la France et l'Europe sur les marchés à l'exportation.

Le dispositif public de soutien aux exportations d'armement préalablement autorisées

Le dispositif de soutien public aux exportations d'armement préalablement autorisées est interministériel. Les services du ministère de la Défense y prennent une part importante, tant au niveau de l'administration centrale qu'à l'étranger, par l'intermédiaire du réseau des attachés de défense et des attachés d'armement. Il implique également le ministère des Affaires étrangères ainsi que le ministère chargé de l'Économie.

La création de la *commission interministérielle d'appui aux grands contrats internationaux* répond notamment à la volonté de l'État d'optimiser et de dynamiser le dispositif de soutien public aux exportations d'armement préalablement autorisées. Présidée par le directeur de cabinet du Premier ministre, elle réunit l'ensemble des organismes compétents et a vocation à statuer sur les moyens permettant à l'État de soutenir les projets les plus importants. Pour ce qui concerne l'armement, elle inscrit son action dans le cadre du plan stratégique de soutien aux exportations de défense, qui fixe les objectifs et les priorités à moyen terme de l'État, à la fois géographiques et sectoriels.

Développer une logique d'influence

La construction d'une industrie de défense européenne pourra nécessiter une évolution de la relation entre les États et les industriels. D'une logique de détention patrimoniale des entreprises, l'État évoluera, autant que de besoin, vers une logique d'influence sur les comportements des acteurs industriels. En effet, l'État dispose de nombreux instruments qui lui permettent de peser directement sur les orientations stratégiques des entreprises dont il est client : en particulier l'importance du chiffre d'affaires qu'il représente, la mise en place de partenariats public-privé, ou le soutien institutionnel qu'il met en œuvre.

En outre, à l'instar de plusieurs pays européens, la France s'est dotée d'un régime de contrôle des investissements étrangers dans onze secteurs économiques « protégés ». Ce mécanisme lui permet de s'opposer à la prise de contrôle d'une entreprise française détenant des actifs stratégiques, ou de poser des conditions préservant ses intérêts de sécurité.

L'ensemble de ces capacités permettra à l'État d'orienter l'évolution des entreprises et de veiller aux intérêts de la sécurité nationale dans ce secteur de l'industrie.

Investissements étrangers : onze secteurs d'activité soumis à autorisation

Les onze secteurs d'activité dans lesquels un investissement étranger doit faire l'objet d'une autorisation préalable du ministre chargé de l'Économie sont :
1° les jeux d'argent ;
2° la sécurité privée ;
3° la recherche, le développement ou la production de moyens destinés à faire face à une attaque terroriste chimique ou bactériologique ;
4° les matériels conçus pour l'interception des correspondances et la détection à distance des conversations ;
5° l'évaluation de la sécurité offerte par les produits et les systèmes des technologies de l'information ;
6° la sécurité des systèmes d'information d'une entreprise opérant dans le domaine des secteurs d'activité d'importance vitale ;
7° les biens et les technologies à double usage ;
8° les moyens et les prestations de cryptologie ;
9° les activités exercées par les entreprises dépositaires de secrets de la défense nationale ;
10° la recherche, la production et le commerce de matériels de guerre ;
11° l'étude et la fourniture d'équipements au profit du ministère de la Défense.

Le contrôle des exportations d'armement

Le contrôle des exportations d'armement répond à une triple nécessité :
– de *sécurité nationale*, afin de garantir la protection de nos forces et de celle de nos alliés et de nos partenaires, engagées en opérations ;
– *politique et juridique*, afin de garantir le respect des engagements internationaux souscrits par la France : code de conduite européen, arrangement de Wassenaar, conventions internationales relatives à la lutte contre la prolifération, embargos de l'ONU et de l'Union européenne ;
– *économique et industrielle*, afin d'assurer la maîtrise des transferts de technologies les plus sensibles.

Le système français de contrôle des exportations de matériels de guerre et assimilés est fondé sur les principes généraux :
– d'*interdiction*, sauf dérogations accordées par l'administration ; ce principe, justifié par la nature particulière du commerce des armes, est de nature législative (art. L 2335-2 et 3 du code de la défense) ;
– d'*interministérialité* : le contrôle des exportations est mis en œuvre sous la responsabilité du Premier ministre.

Une opération d'exportation requiert deux autorisations successives. La première est un agrément préalable, qui permet à l'industriel de présenter ses matériels et de prendre une commande ; la seconde, l'autorisation d'exportation des matériels de guerre, est nécessaire pour que les matériels franchissent la frontière et soient transférés jusqu'au client du pays destinataire. Cette procédure est fixée par l'arrêté du 2 octobre 1992 relatif à l'importation, à l'exportation et au transfert des matériels de guerre, armes et munitions et des matériels assimilés.

L'agrément préalable est donné par le Premier ministre après avis de la commission interministérielle pour l'étude des exportations de matériels de guerre (CIEEMG). Sous la présidence du secrétaire général de la défense nationale (SGDN), cette commission réunit des représentants des ministères chargés de la Défense, des Affaires étrangères, de l'Économie et des Finances. Elle apprécie les projets d'exportation en fonction de critères opérationnels, politiques, déontologiques, économiques et industriels. Le cas échéant, ses avis sont assortis de réserves, telles que l'insertion dans le contrat d'une clause de non-réexportation, par laquelle l'acheteur s'engage à ne pas vendre ou céder à un tiers, sans l'accord préalable des autorités françaises, les matériels et rechanges objet du contrat.

L'autorisation d'exporter est délivrée par le ministre chargé des douanes après avis des ministres chargés de la Défense, des Affaires étrangères, de l'Économie et des Finances et du SGDN.

CHAPITRE 17

L'EFFORT FINANCIER

L'effort financier en faveur de la sécurité nationale doit être cohérent avec l'analyse des intérêts de sécurité de la France, des risques qui pèsent sur elle et de la définition des moyens nécessaires.

Pour être crédible, il doit aussi tenir compte d'un contexte particulièrement difficile. Le niveau élevé des besoins contraste avec la rareté des ressources financières qu'impose à court terme le nécessaire redressement des finances publiques engagé par le pays.

Des mécanismes permettant de mieux garantir la prévision des dépenses futures et d'accroître leur efficacité, à partir de la leçon des gestions passées, doivent impérativement être mis en place.

Redéfinir l'effort de défense de la nation

La situation des dépenses de défense en 2008

La professionnalisation des armées, lancée en 1996, fut assise sur la réalisation d'un modèle d'armée à l'horizon 2015, qui devait être atteint par trois lois de programmation successives. En 2007, le ministère de la Défense estimait que les besoins en équipements à financer pour atteindre ce modèle supposaient, par rapport à la dotation 2008, un surcroît de 6 milliards d'euros annuels en moyenne pendant six ans, à verser à partir de 2009. Ces montants auraient représenté une hausse de 40 % des dépenses annuelles d'études, d'entretien et d'acquisition des équipements, qui s'élèvent en 2008 à 15,6 milliards d'euros.

Cette situation résulte de multiples causes.

Les deux lois de programmation militaire 1997-2002 et 2003-2008 n'ont pas pu garantir le financement de l'investissement au niveau prévu.

Les ressources effectivement disponibles sur la période 1997-2002 ont été notablement inférieures à la programmation, tant du fait d'un niveau de crédits en loi de finances initiale en retrait par rapport aux enveloppes annuelles prévues, qu'en raison de l'exécution budgétaire. (redéploiement interministériel, financement des opérations extérieures). L'écart est évalué au total à environ 13 milliards d'euros, montant proche d'une annuité entière sur les six programmées par la loi. Cette situation s'est traduite par des annulations de programmes, des diminutions de cibles et des décalages calendaires de livraisons de matériels. L'entretien des matériels, des infrastructures et l'acquisition de munitions ont été fortement pénalisés par ce déficit.

Au cours de la période 2003-2008, alors que les budgets étaient plus élevés que dans la période précédente, les financements ouverts par les lois de finances successives ont été nettement plus proches de ceux prévus par la loi de programmation. L'écart total constaté en fin de période s'élève à un peu plus d'un milliard d'euros, sur 88 milliards.

Cependant, les dépenses d'équipement n'ont pu être financées comme prévu car elles n'avaient pas été évaluées à leur juste niveau lors de la programmation initiale. Ces sous-évaluations concernent le lancement de programmes nouveaux, le maintien en condition opérationnelle des matériels et les coûts des programmes en cours.

L'exécution budgétaire des deux périodes a été également marquée par le financement de dépenses qui ne relevaient pas du périmètre de ces lois de programmation. En ce qui concerne les opérations extérieures, l'amorce, dès 2005, du provisionnement de leurs surcoûts en loi de finances initiale a permis d'atténuer progressivement le poids des annulations de crédits en cours d'année résultant de la prise en compte des opérations. Mais cette pratique n'a pu être entièrement abandonnée, en raison notamment du coût total de ces opérations.

Nota : la part des surcoûts restée à la charge du ministère de la Défense et financée par les crédits d'équipements a évolué de la manière suivante (*cf.* tableau ci-dessous) :

Part des surcoûts OPEX financés par des crédits d'équipements

	1998	1999	2000	2001	2002	2003	2004	2005	2006	2007	Total
en % du coût total OPEX	82 %	62 %	73 %	71 %	68 %			78 %	31 %	45 %	
en M€ courants	261	429	364	374	460	0	0	429	184	310	2 811

Opérations extérieures (Opex)
Évolution du financement des surcoûts de 1998 à 2008

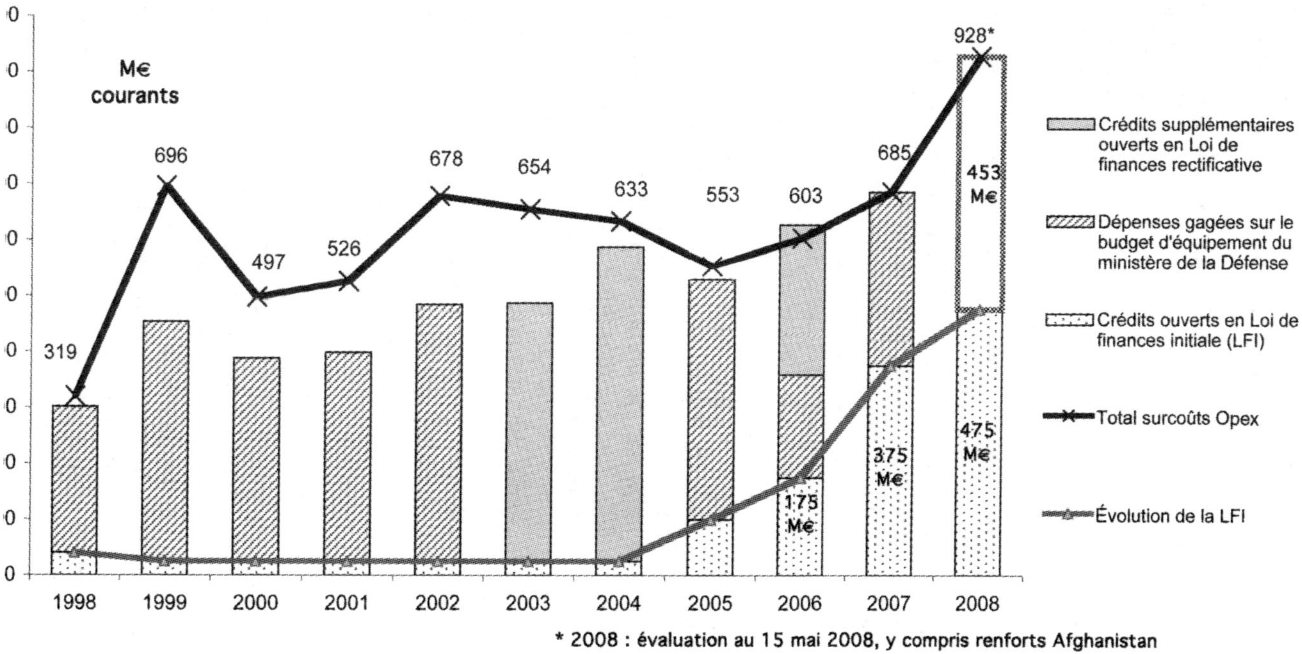

Source : ministère de la Défense

Au total, en tenant compte de l'ensemble des facteurs mentionnés ci-dessus, l'écart de crédits par rapport aux ressources correspondant aux objectifs physiques des deux programmations s'élève à *environ 24 milliards d'euros*.

Ces évolutions ont eu pour effet de retarder le renouvellement des matériels et d'allonger les phases de conception, de développement ou de fabrication. Finalement, de nombreux engagements ont été reportés sur 2009 et les années suivantes, c'est-à-dire à des échéances sans programmation arrêtée. Sur le plan opérationnel, des matériels anciens sont restés en service, avec des problèmes de réparation et d'entretien qui se sont accrus compte tenu de leur âge. Les livraisons des nouvelles générations de matériels se juxtaposent désormais beaucoup plus que dans les prévisions de la planification 2015.

Dans le même temps, les *effectifs* du ministère, et leur traduction financière en dépenses de personnels et de fonctionnement, n'ont pas baissé. La loi de programmation militaire pour 2003-2008 prévoyait une augmentation des effectifs d'environ 10 000 postes. Environ 5 000 emplois ont été supprimés dans les armées entre 2003 et 2007. Mais l'effectif total du ministère est resté stable à environ 430 000 agents civils et militaires. La gendarmerie nationale a bénéficié de la création de 6 500 emplois nouveaux au titre de la loi de programmation de la sécurité intérieure. Des efforts financiers d'amélioration de la condition militaire ont accompagné la professionnalisation. *Globalement, entre 2003 et 2007, le bloc des dépenses de rémunérations et de fonctionnement a augmenté d'environ 4 %*, soit à un rythme moyen proche de celui de la hausse des crédits d'équipements. Dès lors, les aléas conjoncturels ont été largement imputés aux ressources qui devaient servir à l'équipement, condamnant une grande part des armements à une vétusté croissante.

Ainsi, le renouvellement des matériels anciens et la poursuite simultanée de l'évolution à la hausse des autres dépenses de la défense, tels qu'ils étaient planifiés à la fin de la période 2003-2008, conduisaient à une situation financière pour le moins périlleuse.

La stratégie générale des finances publiques

La stratégie générale du gouvernement pour les finances publiques a été annoncée dans le projet de loi de finances initiale pour 2008 et le programme de stabilité adressé aux partenaires européens de la France.

Elle consiste, pour revenir à l'équilibre du budget à l'issue de la période 2009-2012, à limiter la progression des dépenses de l'ensemble des administrations publiques à un taux de 1,1 % par an. C'est un effort considérable, la progression moyenne des dix années précédentes s'étant élevée à 2,25 % par an. Toutes les composantes de la dépense publique sont appelées à y contribuer.

Les dépenses de l'État, sur un périmètre comprenant désormais les prélèvements sur recettes au profit des collectivités territoriales et de l'Union européenne, devront rester stables en volume, c'est-à-dire que leur augmentation annuelle sera limitée à la compensation de l'inflation. Parmi ces dépenses, les charges obligatoires des pensions et de la dette tendent à augmenter, sous l'effet de l'accroissement annuel du montant de la dette, de la hausse des taux d'intérêt et des flux importants de départs en retraite.

Dans ces conditions, l'ensemble des dépenses de l'État, hors pensions, dette et prélèvements sur recettes, doit nécessairement être stabilisé en valeur pendant la période 2009-2012, c'est-à-dire être reconduit dans les mêmes montants, sans compensation des effets de l'inflation.

L'effort de maîtrise des dépenses de l'État sera donc beaucoup plus important que par le passé. Il doit être partagé entre tous les ministères et toutes les catégories de dépenses, régaliennes ou non, en fonctionnement, personnels, intervention et investissement.

Les décisions prises

La France continuera de consacrer un effort majeur à sa défense. En termes financiers, la défense demeurera le deuxième poste de dépenses du budget général de l'État, après les dépenses de l'Éducation nationale (hors les dépenses obligatoires correspondant aux intérêts de la dette).

Le budget de la « mission *Défense* » était, en 2008, de 36,8 milliards d'euros, décomposés comme suit :

Budget 2008 de la mission *Défense*[1]
(en milliards d'euros 2008)

Rémunérations	11,6
Maintien en condition opérationnelle des matériels	3,4
Recherche et technologie	0,9
Autres dépenses de fonctionnement	3,5
Dépenses d'investissement	10,5
Subventions et contributions internationales	0,2
Pensions	6,7

1. Ces montants concernent les seuls crédits de la mission budgétaire *Défense* au sens de la loi organique sur les lois de finances, et non les dépenses totales du ministère qui s'imputent également sur les missions *Sécurité* pour la gendarmerie, *Anciens combattants, Mémoire et Lien avec la nation* pour la politique de la mémoire, et *Recherche et Enseignement supérieur* pour la contribution du ministère au budget civil de la recherche.

Dans un premier temps, l'effort de défense consistera à maintenir ces ressources annuelles, hors charges de pensions, en volume, c'est-à-dire en prenant en compte la compensation des effets de l'inflation. Des financements exceptionnels pourront être mobilisés. *Dans un second temps*, dès 2012, cet effort sera accru au rythme de 1 % par an, en volume.

Cet ensemble de ressources représente, hors pensions, une masse financière globale de 183 milliards d'euros 2008 sur les six ans à venir, et 377 milliards sur douze années. La dotation annuelle hors pensions passera ainsi de 30,2 milliards d'euros en 2008 à environ 31 milliards en 2014 et un peu plus de 33 milliards en 2020 (exprimés en euros de 2008).

Le maintien, puis l'accroissement en volume, de la dépense de défense, représente un *effort particulièrement élevé de la nation* dans les prochaines années, par rapport à l'évolution des crédits des autres politiques publiques. *Les crédits de la mission* Défense *dérogeront à la règle générale de reconduction des budgets de l'État en euros courants, sans compensation de l'inflation.*

Cet engagement financier est indispensable pour atteindre les objectifs de sécurité nationale qui ont été exposés, et pour doter les armées des moyens nécessaires à leurs missions. Il aura pour conséquence le maintien, voire l'accroissement, de la part de la défense dans les budgets publics. Cette décision est cohérente avec la volonté affirmée par la France de voir les Européens assurer leur propre défense et de relancer l'Union européenne dans le domaine de la défense et de la sécurité.

Les restructurations et la réforme du ministère de la Défense iront de pair avec l'effort financier consenti par la nation. Elles permettront d'aboutir à des capacités et à un format à la fois soutenables au vu des ressources et cohérentes pour que la part des investissements et de l'entretien du matériel puisse augmenter dans le budget.

L'ensemble conduit à une redistribution de l'emploi des ressources consacrées à la défense.

Les options stratégiques exposées précédemment se traduisent par l'augmentation ou le maintien du financement de certaines dépenses d'équipement : connaissance et anticipation, dissuasion, protection contre les nouveaux risques, inclusion des besoins de la lutte informatique, protection des forces, maintien en condition opérationnelle, recherche en amont. Elles conduisent par ailleurs, comme on l'a vu (IIIe Partie, chapitre 13), à resserrer et réorienter les *formats opérationnels* de la prévention ou de l'intervention. Les programmes d'armement seront redéfinis, des équipements et des effectifs mutualisés pour plusieurs fonctions ou réduits, par exemple pour les parcs existants d'avions de combat ou de frégates de premier rang.

Par ailleurs, les économies identifiées par la révision générale des politiques publiques dans le soutien logistique et administratif seront exploitées par des réorganisations et des réductions d'effectifs, organisées sur une durée de six à sept ans. L'ensemble aboutit à une réduction de 54 000 postes au ministère de la Défense, 46 500 en ce qui concerne les armées et 7 500 pour le personnel civil et militaire des directions du ministère (direction générale de l'armement, secrétariat général pour l'administration...). Cette réduction sera accompagnée par des mesures spécifiques concernant les personnels (*cf.* chapitre 14). *Les économies engendrées par les restructurations seront intégralement réutilisées pour la défense*, ce qui est justifié à la fois par l'enjeu pour la sécurité de la nation et par l'ampleur de l'effort de restructuration entrepris.

La dépense de défense sera, dès lors, *rééquilibrée au profit des crédits d'investissement*. À condition que la réorganisation soit menée comme prévu, *les crédits disponibles chaque année pour l'équipement seront, dans les deux programmations à venir, nettement supérieurs à ceux qui ont été consentis annuellement durant les deux dernières lois de programmation*. Les annuités programmées pour l'investissement ont été en effet de 13,8 milliards d'euros pour la période 1997-2002, et 15,5 milliards d'euros pour la période 2003-2008. À périmètre comparable, au terme de l'ensemble des restructurations, elles atteindront 18 milliards d'euros par an pour la période 2009-2020 (données en euros 2008, constants). Ces montants financeront les équipements nouveaux, équipements majeurs comme équipements de cohérence, mais aussi l'entretien des matériels. C'est dans ces conditions que l'effort de financement national sera utilisé au mieux.

Dans un premier temps cependant, les *mesures de restructuration appelleront nécessairement un besoin de financement particulier*. Ces mesures concernent les personnels (*cf.* chapitre 14) et le soutien à des projets de développement économique locaux, susceptibles de prendre le relais de la présence d'unités militaires ou d'établissement de défense sur un territoire. L'accompagnement économique en faveur de ces territoires sera l'une des clés de l'acceptabilité sociale et de la réussite des restructurations. Il requiert la mise en place d'un dispositif gouvernemental associant les délégations interministérielles à l'aménagement et à la compétitivité du territoire, sous l'autorité du Premier ministre, et des délégations aux restructurations du ministère de la Défense. Le dispositif sera relayé au niveau local par des comités territoriaux autour des préfets. Les mesures concrètes favoriseront la cession des emprises immobilières et le financement de l'implantation d'activités économiques nouvelles. L'ensemble des mesures définissant l'effort de défense aura pour objet à la fois la modernisation des équipements et l'amélioration des conditions de vie et d'entraînement des personnels. Leur effet se fera sentir nettement au bout de trois ou quatre ans.

La contribution de la sécurité intérieure à la sécurité nationale

La première loi de programmation pour la sécurité intérieure a permis un accroissement sensible des moyens de la police et de la gendarmerie nationales en termes d'équipements et d'effectifs.

Les financements affectés au ministère de l'Intérieur pour intégrer la nouvelle stratégie de sécurité nationale seront amplifiés dans la période qui s'ouvre, au niveau requis par l'analyse des menaces et des besoins. Ils résulteront des réformes et des redéploiements.

Les capacités qui concourent à l'objectif de sécurité nationale et sur lesquelles le ministère de l'Intérieur doit investir de façon prioritaire, concernent notamment le renseignement, les dispositifs de conduite opérationnelle des crises, l'alerte et l'information des populations, la prise en charge des risques nucléaires, bactériologiques et chimiques, la lutte contre le terrorisme, tout comme les renforcements en hommes et en équipements dans certaines zones (par exemple l'outre-mer, qui pourra faire l'objet d'un traitement financier spécifique).

Les montants financiers correspondant à ces renforcements représentent pour l'État environ 300 à 400 millions d'euros d'investissements dans les cinq années à venir. Ils comprennent notamment 80 millions pour la modernisation du réseau d'alerte à la population et 220 millions pour améliorer la prévention des risques NRBC (centre commun de formation, équipements de protection des personnels, capacités de détection et d'identification mobiles, unités de décontamination, etc.).

Ces efforts ciblés bénéficieront en particulier aux dépenses d'investissement du ministère de l'Intérieur. Ils seront intégrés dans la loi de programmation et de performance de la sécurité intérieure, qui sera mise en œuvre à partir de 2009.

Par ailleurs, la responsabilité du financement de la sécurité civile demeurera partagée entre les collectivités territoriales et l'État, les collectivités assumant une part majeure des dépenses. Un véritable partenariat pour atteindre les objectifs de la sécurité nationale et diffuser à tous les niveaux les données de la nouvelle stratégie devra être organisé.

L'amélioration de la gestion de la dépense de défense et de sécurité nationale

Dans la plupart des pays industrialisés, les grands programmes de dépenses publiques dans le domaine de la défense ou de la sécurité donnent lieu à des dérives. Des sous-évaluations ont également été constatées en France. Elles ont gravement obéré la transparence et la prévisibilité de la dépense publique. Leurs effets nuisent à l'efficacité opérationnelle des forces. De même, les à-coups constatés en gestion peuvent-ils déséquilibrer les efforts programmés.

Des améliorations très sensibles sont indispensables pour conserver son utilité à la programmation pluriannuelle des dépenses, mieux respecter le vote du Parlement et faciliter son contrôle.

En premier lieu, l'État doit prendre en compte, dans ses procédures d'acquisition, non seulement le coût d'achat, mais aussi, durant toute la durée de vie du matériel, les coûts de fonctionnement, d'entretien, et de démantèlement en fin de vie (chapitre 16).

Les ministères exploreront systématiquement les possibilités d'améliorer les prestations, tout en économisant les ressources publiques au moyen de *partenariats avec des entreprises privées*, rendant le même service à l'État qu'une opération en régie, notamment pour le maintien en condition opérationnelle. L'État réalisera ces économies chaque fois que des possibilités se présenteront, étant entendu que sera recherchée la neutralisation des effets de la TVA.

La budgétisation complète, lors de l'élaboration du projet de loi de finances, du surcoût des dépenses prévisibles occasionné par les *opérations militaires extérieures* devra être menée à bien. Elle permettra une gestion budgétaire mieux planifiée et préservera les crédits nécessaires aux équipements.

Le *suivi de l'application des décisions* et des orientations en matière de sécurité nationale, notamment leurs conséquences financières, sera opéré par une structure permanente et indépendante des ministères. Les évolutions conjoncturelles des années à venir ne doivent pas brouiller des orientations conçues pour une mise en œuvre s'étendant sur une longue période. Le futur secrétariat général de la défense et de la sécurité nationale exercera ce suivi.

Enfin, la *visibilité pluriannuelle* indispensable à la programmation en matière de défense, de sécurité intérieure et de sécurité civile résultera du nouveau budget triennal et des programmations sectorielles, qui sont soumis au vote au Parlement et à son contrôle.

Étant donné les calendriers longs de livraison de matériels militaires et de mise en œuvre des réformes ministérielles, l'instrument de la loi de programmation pluriannuelle propre à chaque ministère sur six années, continuera à être utilisé. Cette programmation sera plus évolutive que les précédentes : elle donnera lieu à une révision intermédiaire au bout de quatre ans et, à ce moment, à une nouvelle loi elle-même recalée sur six années.

Dans l'esprit de la loi organique de 2001 relative aux lois de finances, qui incite à donner une liberté de gestion sur une masse suffisante de crédits, le périmètre des lois de programmation ministérielles cessera d'être borné aux dépenses d'investissement. Il sera élargi à l'ensemble de la politique publique concernée (mission *Défense* par exemple).

Cet élargissement rendra aussi plus aisé le suivi de l'exécution de la programmation et sa description aux parlementaires et aux citoyens.

Enfin, l'*actualisation du Livre blanc* devra précéder chaque nouvelle loi de programmation.

La connaissance de l'effort global de sécurité nationale

L'EFFORT DE DÉFENSE ET LES COMPARAISONS INTERNATIONALES

Dans les statistiques internationales, la dépense de défense de la France est définie conventionnellement comme le total de toutes les dépenses du ministère de la Défense, y compris les charges de pensions et le budget de la gendarmerie nationale. Cet indicateur est celui qu'avait retenu le Livre blanc sur la défense de 1994.

Sa définition est plus large que la seule mission budgétaire *Défense* au sens de la loi organique sur les lois de finances, car est aussi comptabilisée une partie des crédits de trois autres missions : *Sécurité ; Anciens Combattants, Mémoire et Lien avec la nation ; Recherche et Enseignement supérieur*.

Pour presque tous les principaux pays européens, la part du PIB consacrée à la défense ainsi définie décroît régulièrement depuis les dernières années de la guerre froide. Entre 1984 et 2007, le budget français est passé de 4 % à 2,4 % du PIB – au moment du Livre blanc de 1994, il était de 3,38 % – le budget allemand de 3,2 % à 1,3 %, le budget britannique de 5,2 % à 2,3 %, le budget espagnol de 2,4 % à 1,2 %. Seul le budget italien est resté quasi stable, autour de 2 %.

Cette baisse en part de richesse nationale est allée de pair avec une stabilité ou une croissance modérée, en monnaie constante, des budgets annuels.

Évolution de l'effort de défense en Europe exprimé en points de PIB
(périmètre OTAN, gendarmerie et pensions comprises, hors anciens combattants)

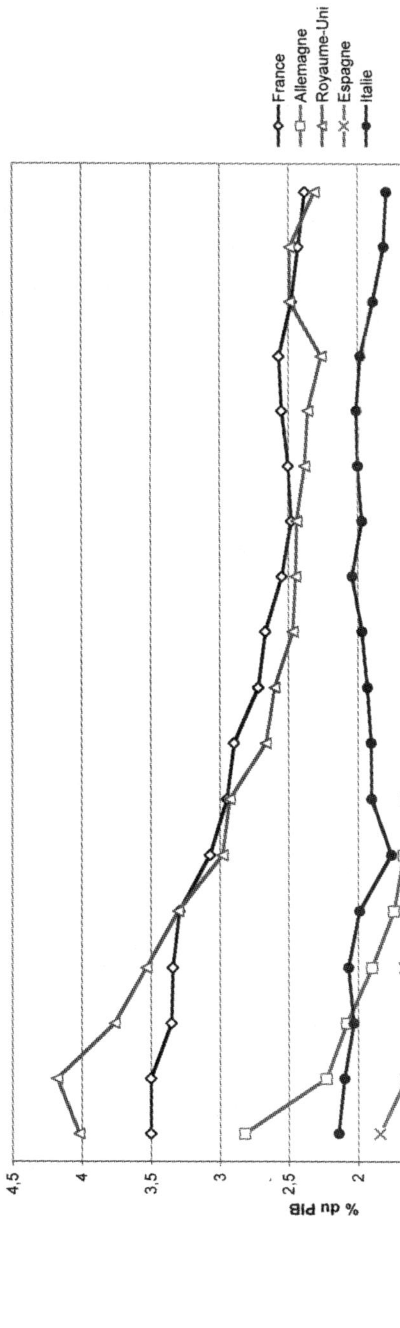

Source : OTAN.

Évolution des dépenses de défense – Prix constants – Base 100 de 1990
(périmètre OTAN, gendarmerie et pensions comprises, hors anciens combattants)

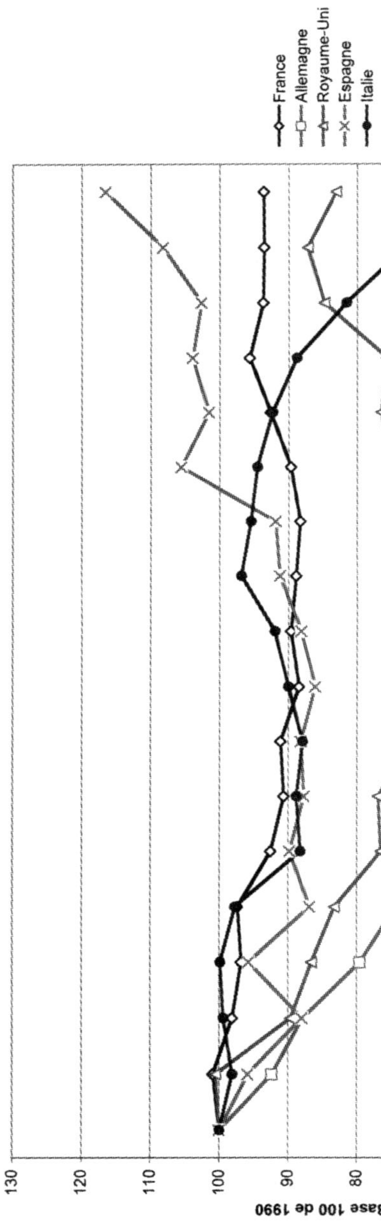

Source : OTAN.

Dépenses de défense des pays européens
exprimées en parité de pouvoir d'achat* en millions d'euros constants 2007
(Nomenclature OTAN = dépenses de défense + pensions exécutées)

	1998	2002	2007
France	41 694	42 281	44 283
Royaume-Uni	39 875	40 948	45 077
Allemagne	32 602	33 306	31 430
Italie	27 188	30 377	30 019
Espagne	10 779	13 218	14 561

* Voir glossaire.

À partir de l'année 2008, la trajectoire financière retenue pour l'effort de défense à l'horizon 2020 représentera une *hausse modérée de la dépense annuelle de la France en valeur absolue*. Elle poursuivra la *tendance d'ensemble au regard de la richesse nationale* mesurée en part du produit intérieur brut. Le rapport entre dépenses de défense et PIB français passera de 2,3 % en 2008 à environ 2 % du PIB en 2020, tout en accroissant le montant des ressources annuelles en monnaie constante et, au sein du budget, la part des crédits d'équipement.

Que la dépense soit exprimée financièrement ou en part de richesse nationale, la *trajectoire financière retenue maintiendra la France dans le peloton de tête des pays européens* en matière de défense, avec le Royaume-Uni. Les deux États représentent 42 % de la dépense totale de l'Union européenne (données 2006).

Toutefois, les comparaisons internationales doivent aussi prendre en compte les différences dans la structure des dépenses nationales. L'effort global de la France se traduit ainsi par une proportion de dépenses pour l'équipement et le fonctionnement des forces moindre que celle du budget britannique. Hors gendarmerie et pensions, ce dernier présente un pouvoir d'achat supérieur de plusieurs milliards d'euros à celui de la France dans ces domaines.

	Répartition des dépenses de défense 2007 par catégories			
en %	Personnels hors pensions	Pensions	Équipement	Fonctionnement et autres
France	35,8	20,1	22,4	21,7
Allemagne	39,3	17,4	15,3	28,1
Royaume-Uni	35,6	5,6	24,1	34,7
Espagne	34,6	17,7	22,0	25,7
Italie	55,5	24,1	10,9	9,5

Source : OTAN.

L'effort global de sécurité nationale

L'effort global de sécurité nationale est constitué par des financements apportés à plusieurs politiques publiques, au-delà de la politique de défense, et inscrits dans des missions budgétaires distinctes, ce qui sera maintenu pour conserver leur lisibilité aux informations financières et aux performances.

Hors les ministères de la Défense et de l'Intérieur, la coopération de défense et de sécurité restera financée au sein de la mission budgétaire *Action extérieure de la France,* placée sous la responsabilité du ministre des Affaires étrangères et européennes. L'action du secrétariat général de la défense nationale, devenu secrétariat général de la défense et sécurité nationale, et les crédits interministériels qu'il gère, continueront de ressortir à la mission *Direction de l'action du gouvernement.*

L'information du Parlement et des citoyens sera donc assurée par la création d'un *document de politique transversale,* qui accompagnera chaque projet de loi de finances. Ce document, réalisé sous l'autorité du Premier ministre, appuyé par le secrétariat général de la défense et de la sécurité nationale, apportera une vision complète de l'action de l'État, de ses résultats et de ses projets.

CHAPITRE 18

L'ADHÉSION DE LA NATION

L'adhésion de la nation est la condition de l'efficacité de l'appareil de défense et de sécurité et de la légitimité des efforts qui lui sont consacrés. La société française doit aujourd'hui s'approprier les réformes majeures rendues nécessaires par la nouvelle donne internationale et par la nature des risques auxquels le pays est confronté. Le développement d'une stratégie de sécurité nationale, la redéfinition du format de nos armées, la capacité de celles-ci à se concentrer sur des axes stratégiques correspondant aux risques à venir, la priorité accordée à l'anticipation et à la gestion des crises avec tous les moyens de sécurité intérieure et de sécurité civile sont des choix porteurs d'implications lourdes. Les raisons de ces choix doivent être expliquées et rendues compréhensibles à tous les citoyens.

L'adhésion de la nation procédera de la conviction que tout est mis en œuvre par les pouvoirs publics pour que ceux-ci assument la tâche centrale de protection de l'indépendance et de la liberté du pays. Sans dramatiser les risques encourus, préparer la nation à l'éventualité d'une crise grave, prendre conscience que le pays peut être la cible d'événements, intentionnels ou naturels, bouleversant sa vie quotidienne sont des conditions déterminantes de la capacité de la population à faire face.

La confiance dans l'action des pouvoirs publics vient alors au premier rang. L'information doit être précédée d'un travail régulier de sensibilisation et de formation de l'opinion. Une meilleure connaissance des données de la défense et de la sécurité doit rendre le citoyen apte à mieux évaluer l'événement lorsqu'il se produit et à le mettre en perspective. Elle requiert aussi l'existence d'une mémoire collective, partagée au sein de la société française et, de plus en plus, au sein de l'espace européen.

La prise de conscience collective des enjeux de défense et de sécurité

S'il existe aujourd'hui une conscience commune diffuse du changement d'échelle et de nature des menaces, l'instabilité et l'imprévisibilité du monde contemporain tendent à renforcer le sentiment que les enjeux de défense et de sécurité internationale sont peu compréhensibles. Les risques militaires sont souvent perçus comme lointains. La réalité de menaces pourtant bien concrètes, comme la menace terroriste, suscite couramment une certaine incrédulité. Pourtant, l'interpénétration croissante des risques intérieurs et extérieurs renforce une inquiétude qu'alimente la capacité des adversaires potentiels à contourner les défenses classiques.

Par ailleurs, la professionnalisation des armées a pu accréditer chez beaucoup l'idée que la défense était désormais une affaire d'experts, ou au moins de spécialistes, creusant imperceptiblement un écart entre la population civile et l'armée.

L'information claire du grand public sur la stratégie de sécurité nationale et les politiques de défense et de sécurité intérieure doit être une préoccupation permanente du gouvernement.

LA FORMATION

La formation de ceux qui ont une mission particulière d'éducation – enseignants, élus locaux, journalistes, réservistes, responsables associatifs – revêtira un caractère prioritaire.

La formation des jeunes

La politique de formation doit s'adresser avant tout aux futures générations de la société française. Elles doivent être conscientes que les orientations prises en matière de défense et de sécurité engagent leurs conditions de vie personnelle et la protection de la souveraineté comme des institutions républicaines de leur pays.

La formation de tous les jeunes aux enjeux de la défense et de la citoyenneté repose aujourd'hui sur un « parcours citoyen » en quatre étapes : l'enseignement de défense en classes de troisième et de première, le recensement, la journée d'appel et de préparation à la défense (JAPD) et l'appel éventuel sous les drapeaux.

Seule la JAPD a acquis une réelle visibilité pour l'ensemble de la population ; elle concerne chaque année l'ensemble d'une classe d'âge,

Journée d'appel et de préparation à la défense (JAPD)

Instituée en 1998, après la suspension du service national, la JAPD est obligatoire pour les garçons et les filles entre la date du recensement effectué à l'âge de 16 ans et l'âge de 18 ans. Elle touche chaque année une classe d'âge complète, soit environ 780 000 jeunes.
La JAPD comprend une sensibilisation des jeunes à leurs devoirs envers la nation et un enseignement sur les principes généraux de la défense et les moyens qui lui sont consacrés. Ces enseignements sont dispensés par des cadres militaires d'active ou de réserve.
Elle offre à la communauté militaire une occasion de présenter les métiers offerts au sein des armées, qu'il s'agisse d'emplois civils ou militaires. Elle comporte un module d'initiation à des gestes de secours et des tests de lecture qui permettent de déceler l'illettrisme.
Le certificat de participation est nécessaire pour que les jeunes puissent s'inscrire aux examens et concours soumis au contrôle de l'autorité publique ainsi qu'au permis de conduire.
Le coût complet de la journée par personne est estimé à 195 euros en 2008.
La JAPD sera rénovée et centrée sur sa mission fondamentale de sensibilisation des jeunes aux nouveaux enjeux de défense et de sécurité.

ce qui justifie sa confirmation. Elle devra être rénovée et recentrée sur sa mission fondamentale de sensibilisation de tous les jeunes au nouvel environnement de notre défense et de notre sécurité. Elle gardera l'objectif de leur donner des repères pour comprendre ce qu'est un citoyen responsable, avec ses droits et ses devoirs. Dans sa forme nouvelle, elle soulignera l'attractivité des métiers des armes. À cette fin, le recours plus large aux témoignages de professionnels sera privilégié et de nouveaux outils pédagogiques seront mis à la disposition des formateurs. La durée actuelle d'une journée sera maintenue.

Les jeunes doivent être préparés à cette journée grâce à « l'enseignement de défense » en classes de troisième et de première. Or cet enseignement est aujourd'hui inégalement dispensé par un corps enseignant peu formé à l'exercice, qui ne dispose pas de supports pédagogiques adaptés et qui en perçoit mal la pertinence. L'introduction d'objectifs appropriés dans les missions assignées aux chefs d'établissement sera étudiée, en liaison avec le Haut Conseil de l'Éducation.

La réflexion sur la formation des jeunes est enfin liée à celle qui porte sur les politiques de mémoire et la rénovation des pratiques commémoratives : l'association des jeunes à des manifestations elles-mêmes renouvelées est, en effet, une dimension importante de l'élaboration d'une culture commune en matière de défense.

La formation des élus locaux

La connaissance concrète des questions de défense et de sécurité des élus locaux doit être renforcée, car leur proximité avec la population les prédispose à jouer un rôle majeur dans la préservation de la cohésion nationale.

Toujours impliqués lorsque survient une crise, ils peuvent être à la fois pédagogues et mobilisateurs. Ils doivent donc être mieux associés à la conception des plans locaux de crise et à l'ensemble des exercices et doivent être pleinement informés de l'organisation de l'État en temps de crise.

Le rôle des « correspondants de défense », aujourd'hui présents dans la presque totalité des communes a besoin d'être davantage reconnu et valorisé. Au titre de leur mission de sensibilisation, les « correspondants défense » devront rendre compte chaque année, devant le conseil municipal, des actions conduites.

Réformer les instituts intéressant la défense et la sécurité

Les milieux socioprofessionnels, les secteurs public et privé, les médias en particulier devront être sensibilisés aux enjeux de la sécurité nationale.

Les grands instituts (Institut des hautes études de la défense nationale, Centre des hautes études de l'armement, Institut d'études et de recherche pour la sécurité des entreprises, Institut national des hautes études de sécurité) joueront un rôle important de formation et d'interface entre d'une part les cadres militaires et policiers, d'autre part les responsables de la société civile. Leur contribution à la sensibilisation des professionnels des médias et des jeunes est déjà substantielle

Ainsi, depuis sa création en 1936, l'Institut des hautes études de la défense nationale a pour mission de contribuer, largement et de façon originale, à l'esprit de défense. Il organise des sessions « nationales », « régionales », « jeunes » et de multiples séminaires qui s'adressent à un public de plus en plus diversifié. Ses missions futures, notamment dans le cadre de la prochaine réforme des instituts, devront renforcer encore sa contribution aux efforts menés en direction de toutes les catégories socioprofessionnelles.

D'ici à l'automne 2009, ces instituts seront réorganisés en deux pôles : un pôle « défense-affaires étrangères » d'une part, et un pôle « sécurité intérieure » d'autre part. Dans leur forme actuelle, puis dans la nouvelle configuration qui leur sera donnée à partir de 2009, ils sont appelés à diversifier et ouvrir aux niveaux national et international leur champ de formation et à proposer des offres adaptées à des publics différenciés, au bénéfice des jeunes et des élus en particulier.

Pour un nouveau service civique

La question du service civique n'entretient qu'indirectement un lien avec les questions de défense et de sécurité. Néanmoins, l'engouement que suscite ce projet est lié au souvenir de l'ancien service militaire et de ses fonctions sociales.

L'intérêt qui suscite aujourd'hui, sous réserve des réactions des jeunes, l'idée d'instaurer un service civique est inséparable de la place que le service militaire a occupée et occupe encore dans la construction de l'imaginaire national. Rituel initiatique, l'« expérience du service militaire » a constitué, pendant un siècle au moins, un élément important de l'identité masculine. Au-delà de sa fonction proprement militaire et de la vision patriotique de la « nation en armes » héritée de la Révolution, le service militaire était investi d'autres fonctions sociales et éducatives majeures. « Faire l'armée », c'était, pour beaucoup, la découverte du monde extérieur, notamment pour une jeunesse rurale encore peu mobile. C'était aussi, en principe, l'occasion de rencontrer des jeunes issus de toutes les classes sociales. C'était enfin l'occasion de faire face à des carences culturelles non comblées par l'école, d'apprendre, s'il en était besoin, à lire ou à écrire.

La suspension d'un service militaire devenu inégalitaire a été favorablement accueillie par la majorité des Français et n'a pas compromis l'image positive d'une armée de plus en plus associée à des missions de maintien de la paix ou humanitaires. Par ailleurs, l'allongement de la scolarité obligatoire d'une part, la généralisation de la mobilité d'autre part, l'élargissement de l'expérience sociale des jeunes enfin, semblaient pouvoir relayer les fonctions anciennement dévolues au service militaire. Mais beaucoup estiment que ces relais n'ont pas fonctionné, ou pas autant qu'on pouvait l'attendre. Au contraire, les barrières sociales se sont plutôt renforcées, et le fonctionnement de l'école n'a pas su l'empêcher. Les inégalités sociales n'ont pas augmenté, contrairement à une idée reçue, mais elles se sont assorties de phénomènes de ségrégation, territoriale notamment, plus marqués.

Le service civique voudrait fournir une réponse sociale à ces inquiétudes.

Il faut prendre au sérieux cette demande et les expressions favorables à un service civique obligatoire. C'est pourquoi une mission particulière a été confiée sur cette question par le Premier ministre à M. Luc Ferry, président délégué du conseil d'analyse de la société, qui rendra prochainement ses conclusions. La réponse aux interrogations qui précèdent ne saurait en effet être trouvée sur le seul terrain de la contrainte financière, aussi importante qu'elle soit, ni sur celui de la difficulté matérielle d'organisation d'un tel service. Mais il apparaît difficile que le service civique soit capable, à lui seul, d'apporter les solutions espérées aux problèmes immenses qui viennent d'être évoqués. Aucune formule unique, homogène et universelle ne peut prendre en charge la complexité des enjeux de l'intégration des jeunes à la société. La transformation de l'école et l'organisation de l'entrée de tous les jeunes sur le marché du travail sont des cibles majeures de l'action gouvernementale. Au regard de ces objectifs, il faut éviter que la formule qui sera retenue pour le service civique ne déçoive.

En outre, il faut rappeler qu'un service civique destiné à la fois à ancrer les jeunes dans un socle de valeurs communes et à assurer leur bonne intégration sociale n'aurait de sens qu'à la condition d'être universel et obligatoire. Il concernerait 500 à 600 000 jeunes par an. Il devrait être rendu compatible avec la diversité et les contraintes des parcours et calendriers scolaires et universitaires précédant l'entrée sur le marché du travail. Il impliquerait, si l'on veut donner à tous les jeunes concernés des missions socialement utiles, formatrices et intégrantes, que les administrations civiles, le système associatif et les ministères en charge de la sécurité nationale soient capables d'absorber, de former et d'encadrer chaque année un volume très important de jeunes ou de moins jeunes.

En tout état de cause, un service civique devrait tenir compte de la capacité réelle d'intégration des différentes structures d'accueil potentielles. Les jeunes qui effectueraient un service civique devraient en effet bénéficier de bonnes conditions d'accueil matérielles et professionnelles.

Un service civique devrait concerner un ensemble de tâches repérables, socialement valorisées, que le jeune lui-même puisse aisément faire valoir en tant qu'expérience humaine et sociale. Ces tâches devront impérativement *être d'intérêt public ou au moins collectif, reconnues comme telles par la collectivité*. Elles seraient identifiées dans des secteurs d'activité dans lesquels tous les jeunes, quelles que soient leur origine sociale et leur formation, sont susceptibles de s'impliquer utilement, par exemple : protection civile, secourisme, aide aux personnes âgées, lutte contre la solitude hospitalière, service écologique. L'organisation à définir devrait éviter la création de filières nobles et de filières moins nobles, avec leurs effets contre-productifs de ségrégation sociale et culturelle.

Ces tâches devraient être proposées et organisées par *des entités d'accueil diversifiées et décentralisées* (collectivités territoriales, administration, établissements publics, associations reconnues), s'engageant à assurer la formation et l'encadrement selon un cahier des charges précis. Les missions devraient faire l'objet d'une indemnité.

Une organisation souple devrait être envisagée, avec des horaires adaptables.

L'organisation pratique de ce service *ne saurait incomber à un seul ministère*, en particulier s'agissant du ministère de la Défense, dont ce n'est pas la mission. Elle nécessiterait une coopération entre administrations, établissements publics et collectivités territoriales, impliquant un dispositif de coordination à l'échelon central, ou régional, ou académique.

Il est aussi de première importance, pour encourager les vocations, que les jeunes puissent valoriser les expériences effectuées et services rendus dans le cadre d'un tel service. Un « livret de service civique », par exemple, permettrait de rendre compte du parcours des individus, et servirait de référence pour l'ouverture de droits (priorité pour l'inscription dans telle ou telle filière universitaire, validation professionnelle des acquis).

Enfin, une communication forte devrait accompagner la définition du nouveau service civique, afin qu'elle soit connue de tous.

Le recours aux volontariats

Les volontariats permettront à tous les citoyens de s'engager dans une tâche de solidarité active en faveur de leurs concitoyens. Les membres de la Croix-Rouge, de la protection civile et de la Société nationale de sauvetage en mer démontrent chaque jour la volonté d'engagement personnel d'un grand nombre de nos concitoyens au profit de la collectivité.

Le développement du volontariat – dans la diversité de ses formes – est un mouvement général qu'il convient d'encourager et d'organiser. Il peut jouer un rôle important dans le renforcement de la sécurité nationale. *La refonte de la réserve citoyenne* s'inscrira dans ce mouvement.

Celle-ci constitue, depuis la professionnalisation des forces armées en 1996, la deuxième composante de la réserve militaire, aux côtés de la réserve opérationnelle. Elle est composée de femmes et d'hommes qui ne disposent pas des capacités techniques ou du temps nécessaires pour intégrer la réserve opérationnelle, mais qui sont désireux de s'investir au service de l'armée. Ils méritent, à cet égard, une vraie reconnaissance, car ils participent déjà à la cohésion nationale et à la résilience de la nation.

Sociologiquement importante, la réserve citoyenne pâtit d'un manque de visibilité et de clarté des objectifs qui lui sont assignés. L'appellation de réserve ne correspond pas à la vocation de ce corps citoyen, dès lors qu'il n'a pas pour objectif de participer à des opérations en tant que renfort opérationnel. La mise en place d'un *volontariat de la sécurité nationale* correspondrait mieux à la réalité et aux besoins, tout en prenant en compte le désir d'engagement. Ces volontaires pourraient contribuer à l'encadrement de la JAPD, être sollicités en cas de besoin massif sur le territoire national à l'occasion d'une crise et participer aux actions permettant de faire connaître les armées et les différents services, forces et administrations contribuant à la sécurité nationale. Il pourrait également être fait appel à ces volontaires lors des commémorations nationales.

Les instruments de la recherche et de la prospective

Investir dans le domaine de la recherche de haut niveau et des formations supérieures, c'est aussi contribuer à une bonne compréhension de l'appareil de défense et de sécurité par la société. Aujourd'hui, les investissements de recherche et les dispositifs de formation sont dispersés entre de multiples établissements, universités, grandes écoles, établissements publics de recherche ou instituts spécialisés de formation supérieure.

Pour réorganiser efficacement ce secteur, il est nécessaire de considérer l'ensemble des domaines de recherche qui intéressent la défense et la sécurité nationale : recherche scientifique fondamentale et recherche technologique associée, recherche stratégique, sciences de l'homme et de la société.

Quatre axes d'action seront privilégiés.

La recherche scientifique et technologique

Dans le domaine des « sciences dures », des liens sont déjà établis entre les instances des ministères de la Défense et de l'Intérieur et les principaux acteurs de la recherche – universités, organismes de recherche publics et privés, agences –, à la fois sur des sujets à la frontière de la connaissance, et dans des domaines d'application d'intérêt direct pour ces deux ministères (*cf.* chapitre 16).

Toutes les opportunités de financement devront être utilisées, avec pour objectif le renforcement et le développement de cette coopération par la mise en réseau des organismes, le renforcement des pôles géographiques dédiés et les appels à projets de l'Agence nationale de la recherche (ANR) sur des thèmes ciblés en fonction des priorités de la défense et de la sécurité nationale.

La recherche universitaire en sciences sociales de la défense et de la sécurité

Peu représentées au sein du monde universitaire, les recherches en sciences humaines et sociales dédiées aux questions de défense et de sécurité contribuent aujourd'hui insuffisamment à la construction d'une culture scientifique dans ce domaine. Il convient donc de leur donner toute leur place, aux côtés de la recherche scientifique et technologique et de la recherche stratégique.

Si certains centres et formations traitent de questions de défense et de sécurité et fournissent à la « recherche experte » les ressources fondamentales dont elle a besoin, on ne connaît en France aucun pôle universitaire autonome susceptible de s'inscrire dans la concurrence internationale dans ces domaines, au contraire de ce qui existe à l'étranger (la National Defense University de Washington, l'Universität der Bundeswehr en Allemagne...). Cette situation ne favorise pas le dialogue et la synergie indispensables entre la recherche experte et les sciences humaines et sociales.

Il est donc urgent de mettre en place un pôle universitaire interdisciplinaire identifiable et de haut niveau, capable de fédérer les forces de recherche existante.

La constitution de ce pôle académique en sciences humaines et sociales devrait permettre d'assurer une prise en charge interdisciplinaire des questions touchant au fait militaire, au fait guerrier et aux nouvelles formes de violence dans le monde contemporain. Histoire, sociologie, anthropologie, science politique, droit, psychologie et psychopathologie, économie, philosophie, sciences cognitives, etc. doivent pouvoir y trouver les espaces de dialogue que requièrent leur confrontation et leurs échanges avec la recherche stratégique. Ce pôle académique constituera, en même temps, un lieu d'interface avec les autres sciences impliquées dans tous les aspects de la politique de défense et de sécurité.

Sa construction implique de mettre en réseau des ressources universitaires existantes et de faire progresser par étapes les relations intellectuelles entre des univers souvent éloignés les uns des autres. La *progressivité* de la démarche est une condition du succès de l'opération. Trois étapes peuvent être définies :

– La première est la création – entre les lieux où la recherche sur les questions de défense et de sécurité se fait et s'enseigne déjà – d'un réseau scientifique permanent, sous la forme souple d'un *groupement d'intérêt scientifique* (GIS), régulant les projets et les productions et s'appuyant sur quelques universités et établissements, parmi les plus impliqués.

– La deuxième est la construction d'*une série d'appels à projets*, coordonnée entre tous les acteurs, y compris le ministère de l'Enseignement supérieur et de la Recherche, *sous l'égide de l'ANR*. Cette phase devrait permettre d'activer les échanges entre chercheurs et équipes de recherche relevant d'établissements différents, et de faire monter en puissance les partenariats au sein du GIS. Elle devrait, parallèlement, favoriser le développement des projets d'enseignement et de formation à la recherche dans le domaine des sciences sociales et humaines de la défense et de la sécurité, et créer ainsi, dans les établissements et entre les établissements, le support de filières doctorales menant à des masters.

– La troisième étape, plus ambitieuse, est la transformation du GIS en *Fondation de recherche et de coopération scientifique*, selon les dispositions prévues par la loi de programmation sur la recherche de 2006. Cette fondation devrait avoir vocation à devenir le support d'une *École doctorale européenne* spécifiquement dédiée à la recherche sur les questions de défense et de sécurité.

La formation permanente

La réforme déjà évoquée des quatre grands instituts (IHEDN, CHEAr, INHES, IERSE) en deux ensembles opérationnels sera mise en œuvre d'ici l'automne 2009. De nouvelles synergies devront être trouvées, afin de valoriser le potentiel d'ores et déjà fermement ancré sur le réseau des anciens auditeurs. Les instituts devront mutualiser leurs ressources documentaires et créer une plate-forme numérique commune.

Par ailleurs, les systèmes de validation de stage et de recherche seront homogénéisés pour permettre aux participants de suivre des cursus de formation plus diversifiés et encourager la reconnaissance de ces périodes.

La recherche stratégique

La recherche stratégique française, si on la compare à celle de nombre de nos grands partenaires n'est pas assez développée. Cette situation est peu favorable à la variété et à l'ancrage scientifique des travaux. Il est indispensable de donner à ce secteur un nouvel élan (*cf.* chapitre 8).

Le devoir de mémoire

UNE POLITIQUE DE COMMÉMORATION ADOSSÉE À UNE MÉMOIRE NATIONALE PARTAGÉE

La France de 2008 est caractérisée par un double mouvement d'addition et de fragmentation des mémoires.

La sédimentation des mémoires est liée, pour une part, à l'éloignement dans le temps du souvenir des grands conflits armés et au reflux de l'émotion collective attachée à leur souvenir. Les lectures qui en sont faites reflètent aussi la propension des différentes communautés à revendiquer la singularité de « leur » mémoire, faisant ainsi échapper de plus en plus la mémoire des guerres et la mémoire militaire à un encadrement officiel.

Une politique de mémoire doit assurer le dialogue entre ces mémoires, en créant les conditions de leur confrontation à l'arbitrage de l'Histoire. Plus qu'aucune autre, la mémoire des guerres relève de cet arbitrage.

La politique des commémorations, définie chaque année par le Haut Conseil de la mémoire combattante, rencontre aujourd'hui un certain nombre de difficultés : à la disparition des témoins et à la difficulté de toucher les jeunes générations, s'ajoute la montée des contestations, en particulier lorsqu'est en jeu la mémoire douloureuse des guerres coloniales. On assiste aujourd'hui à une montée des demandes de commémoration. Or, la multiplication des occasions commémoratives, qui ne rassemblent plus *in fine* que les acteurs officiels, est la moins bonne des réponses à ces difficultés. Quant à la réduction du nombre de grandes commémorations existantes, elle est difficilement envisageable. En tout état de cause, il faut *donner tout leur éclat aux dates du 8 Mai, du 18 Juin et du 11 Novembre*.

Dans ce contexte, *la commémoration de la fin du premier conflit mondial* conserve une capacité mobilisatrice qui fait mentir l'hypothèse selon laquelle le recul chronologique des faits commémorés contribue inéluctablement à l'affaiblissement de la mémoire collective. La *signification nationale et européenne* de l'armistice constitue, en France, un repère majeur. Dotée de lieux de mémoire incontestés, sur un territoire qui porte encore les cicatrices du conflit (monuments aux morts et champs de bataille), la célébration de la fin de la guerre de 1914-1918 est représentative d'une aspiration à l'unité de la nation et donne peu de prise aux conflits des mémoires.

Cette célébration doit donc prendre un relief particulier, en s'attachant à la qualité et au contenu symbolique de l'événement, inscrit dans un moment précis de l'histoire nationale, européenne et mondiale. La compétence des élus, des « correspondants défense » et des autorités publiques en charge de la célébration sera à cet égard renforcée par la mise à disposition d'outils pédagogiques spécifiques.

Plus généralement, un effort pédagogique est nécessaire en direction des jeunes générations, mais aussi de l'ensemble des citoyens. Les expériences pédagogiques innovantes seront encouragées. Les lieux de mémoire qui permettent à un vaste public de se familiariser avec une approche historique des événements, en même temps que de s'imprégner de leur force symbolique, seront dotés en matériel pédagogique spécifique.

Une réflexion interministérielle sera menée sur l'usage à des fins pédagogiques des occasions commémoratives dont la France se dote chaque année. Certaines d'entre elles peuvent servir de vecteur à une pédagogie dans laquelle les thèmes de la paix et de la guerre, de la nation et de la patrie, de la sécurité nationale, du rôle de l'État pourraient être efficacement mis en scène.

La réflexion sur les commémorations ainsi que sur le mode de transmission de la mémoire en direction des jeunes générations doit intégrer une dimension européenne, eu égard au rôle éminent de l'Union européenne dans la construction d'un espace de paix durable, dans une Europe autrefois déchirée par les guerres internes.

Enfin, il convient de tenir compte de la *force mobilisatrice des rituels militaires* que l'opinion apprécie. On assiste aujourd'hui à une redécouverte de l'importance des rituels dans la vie civique. Ces manifestations populaires ont leur place sur le terrain de l'adhésion collective, mais aussi sur celui de la connaissance du monde militaire.

Valoriser le patrimoine militaire

Le ministère de la Défense et les armées disposent d'un important patrimoine : immeubles à valeur historique et architecturale, archives détenues par le service historique de la défense, bibliothèques, collections des musées nationaux (musée de l'Armée, musée national de la Marine, musée de l'Air et de l'Espace), collections des « musées de tradition » conservées par les unités et les écoles.

Ce patrimoine permet de mieux comprendre notre histoire nationale à travers l'histoire militaire. C'est pourquoi un effort vigoureux doit être fait pour le valoriser et faciliter son accès au plus grand nombre.

La nouvelle stratégie de sécurité nationale offre un cadre cohérent pour la prévision, la préparation et l'action. Elle s'appuie sur la capacité de la France à agir sur la scène internationale, pour prévenir ou gérer les crises et influencer les évolutions du système international dans un sens favorable aux intérêts de la France et de l'Europe.

Au Moyen-Orient, en Afrique, à l'égard de l'Asie, dans le cadre des Nations unies ou de l'Alliance Atlantique, notre pays restera un partenaire majeur. Ses analyses, ses capacités, sa médiation sont recherchées et sans cesse sollicitées. Au sein de l'Union européenne, la France entend porter haut l'ambition d'une Europe stratégique, apte à devenir un acteur de sécurité global, capable de davantage assumer ses responsabilités internationales dans la gestion des crises, de manière autonome comme en partenariat avec les États-Unis.

Le dimensionnement de nos capacités a été modifié pour répondre aux priorités stratégiques et au souci légitime d'économie de la dépense publique. Avec elles, la France figurera dans le peloton de tête des puissances stratégiques à vocation mondiale. Elle ne le pourra cependant que si elle réussit la restructuration indispensable du soutien général et de l'administration de ses forces armées et si elle consent les modifications de structures et de mode de gestion qui permettront de dégager les économies nécessaires au financement de son effort d'investissement, d'entretien du matériel et des activités d'entraînement.

S'agissant de la méthode, une même exigence d'adaptation s'impose. La stratégie de sécurité nationale sera révisée avant chaque loi de programmation militaire, pour au moins trois raisons :

– la rapidité des évolutions internationales, d'une part, et notamment les possibilités de surprises stratégiques ou de ruptures majeures :

cette nouvelle donne impose en effet de vérifier régulièrement la pertinence et l'adaptation de notre stratégie afin d'y apporter, lorsque nécessaire, les ajustements qui s'imposent ;

– le rythme de notre démocratie, d'autre part : il paraît en effet normal que le Président de la République fasse procéder au réexamen de la stratégie de sécurité française lorsqu'il engage une programmation pluriannuelle ;

– enfin, la nécessité de renforcer l'adhésion de la collectivité nationale à la stratégie de sécurité française : elle rend nécessaire l'organisation de débats réguliers sur ce sujet.

Afin de préparer et faciliter cette actualisation régulière de la stratégie, un processus de suivi des orientations du Livre blanc sera institué, au niveau du gouvernement, de la représentation nationale et des ministères responsables. Ce processus inclura notamment :

– un point annuel d'actualisation en Conseil de défense et de sécurité nationale, réunissant l'ensemble des ministères et administrations concernés. Sa préparation associera le conseil consultatif de la défense et de la sécurité nationale placé auprès du Président de la République (*cf.* chapitre 15) et sera animée par le secrétariat général de la défense et de la sécurité nationale ;

– un échange de vues annuel avec les commissions compétentes du Parlement, sur l'application des orientations du Livre blanc ;

– un séminaire annuel de réflexion et de débat sur la stratégie de sécurité nationale, organisé conjointement par les instituts réunis autour de l'IHEDN et de l'IHESI.

Cette méthode nouvelle répond à des exigences essentielles pour le succès de la stratégie de sécurité nationale : la souplesse et l'adaptabilité ; la transparence et l'appropriation démocratique. Alors que l'incertitude stratégique est devenue une donnée fondamentale de notre environnement, l'organisation, à échéance régulière, d'un débat sur les grandes orientations de la politique de défense et de sécurité est nécessaire pour développer l'intérêt, l'adhésion et, au besoin, la capacité de résilience de la nation.

L'ensemble de ces décisions forme une réponse aux conséquences de la mondialisation dans le domaine de la sécurité. Les capacités militaires et les moyens de sécurité intérieure et de sécurité civile constituent pour notre pays un atout majeur. Au-delà de leurs fonctions premières de défense et de protection de la population et des intérêts français, ils sont aussi un vecteur d'influence internationale pour la France et sont conformes à sa volonté de tenir son rang dans les évolutions stratégiques en cours. Ils sont et resteront un élément fondamental pour l'image positive que la nation a d'elle-même, de sa vocation, comme de sa spécificité sur la scène internationale.

RELEVÉ DE CONCLUSIONS

1. Depuis 1994, date du précédent Livre blanc sur la défense, le monde a profondément changé, notamment sous l'effet de *la mondialisation*. L'accélération foudroyante de la diffusion de l'information, la vitesse des échanges des biens comme de la circulation des personnes transforment, à la fois positivement et négativement, notre environnement économique, social et politique, comme les données de la sécurité nationale et internationale. La hiérarchie des puissances se modifie et va encore évoluer. Le monde n'est pas nécessairement plus dangereux, mais il est devenu plus instable, plus imprévisible. Des possibilités nouvelles d'interconnexion des crises, en particulier du Proche-Orient au Pakistan, apparaissent. La France et l'Europe sont dans une situation de *plus grande vulnérabilité directe* : le terrorisme se réclamant du djihadisme les vise explicitement ; leur territoire sera, à l'horizon 2025, à la portée de missiles balistiques développés par de nouvelles puissances ; des risques nouveaux sont apparus, de nature intentionnelle comme les attaques informatiques, ou non intentionnelle comme les crises sanitaires ou écologiques, amplifiées par la dégradation de la biosphère. Le Livre blanc dresse une analyse stratégique pour les quinze ans à venir et en tire les conséquences pour l'élaboration d'une nouvelle politique de défense et de sécurité.

2. Innovation majeure par rapport au précédent, ce Livre blanc appréhende de façon globale nos intérêts de sécurité, sans les limiter exclusivement aux questions de défense. Il définit une *stratégie de sécurité nationale* qui apporte des réponses à « l'ensemble des risques et menaces susceptibles de porter atteinte à la vie de la nation ». Le champ de la sécurité nationale inclut la politique de défense, mais ne s'y limite pas. Pour mieux assurer la défense des intérêts de la France et les missions de protection de sa population, la stratégie de sécurité

nationale est servie par la politique de sécurité intérieure – pour tout ce qui ne relève pas de la sécurité individuelle des personnes et des biens ou du maintien de l'ordre – et par la politique de sécurité civile. D'autres politiques, telles que la politique étrangère et la politique économique, contribuent aussi directement à la sécurité nationale.

3. La stratégie de sécurité nationale s'articule autour de *cinq fonctions stratégiques dont les forces de défense et de sécurité doivent avoir la maîtrise* : la connaissance et l'anticipation, la prévention, la dissuasion, la protection et l'intervention. La combinaison de ces cinq fonctions doit être souple et pouvoir évoluer au fil du temps, en s'adaptant aux modifications de l'environnement stratégique. En conséquence, le Livre blanc sera *régulièrement actualisé*, avant chaque nouvelle loi de programmation militaire comme de sécurité intérieure.

4. *La connaissance et l'anticipation* constituent une nouvelle fonction stratégique, érigée en priorité. Dans un monde caractérisé par l'incertitude et l'instabilité, la connaissance constitue notre *première ligne de défense*. C'est elle qui garantit notre autonomie de décision et permet à la France de conserver l'*initiative stratégique*. Elle doit offrir, aussi bien aux décideurs politiques qu'aux chefs militaires et aux responsables de la sécurité intérieure et de la sécurité civile, les moyens de disposer, le plus en amont possible, d'éléments de prévision et d'éclairage de l'action. Le renseignement dans toutes ses dimensions, y compris spatiales, et la prospective acquièrent ainsi une importance majeure.

5. La *protection* de la population et du territoire français revient au cœur de notre stratégie, en raison de l'apparition des nouvelles vulnérabilités auxquelles ils sont directement exposés. L'objectif est de protéger la nation face à des crises de grande ampleur, tout en augmentant sa capacité de résilience. Celle-ci se définit comme la « capacité des pouvoirs publics et de la société française à répondre à une crise majeure et à rétablir rapidement leur fonctionnement normal ». Renforcer la résilience exige de faire évoluer les moyens et les méthodes de surveillance des espaces nationaux, dans leurs dimensions terrestre, maritime, aérienne et désormais spatiale, et de développer une capacité de réaction plus rapide et plus large des pouvoirs publics. Le dispositif de communication, d'information et d'alerte de la population sera placé au centre de la préparation et de la gestion des crises. Nouveauté importante, des objectifs opérationnels sont assignés conjointement, désormais, aux moyens de sécurité intérieure et de sécurité civile, ainsi qu'aux forces armées pour ces missions de protection. La coordination entre les dispositifs civils et militaires est en effet l'un des principes fondamentaux de la nouvelle stratégie.

6. S'agissant de nos capacités de *prévention des conflits* et *d'intervention*, le Livre blanc préconise leur *concentration sur un axe géogra-*

phique prioritaire, allant de l'Atlantique jusqu'à la Méditerranée, au golfe Arabo-Persique et à l'océan Indien. Cet axe correspond aux zones où les risques impliquant les intérêts stratégiques de la France et de l'Europe sont les plus élevés. Il permet aussi de prendre en compte *l'importance croissante de l'Asie* pour la sécurité internationale et favorise des actions de présence et de coopération dans cette direction à partir de l'océan Indien. Parallèlement, la France conservera une capacité de prévention et d'action sur les façades occidentale et orientale du *continent africain,* ainsi que dans la bande sahélienne, notamment pour lutter contre les trafics ou les actes de terrorisme. Elle convertira radicalement le système actuel des accords de défense et la coopération militaire pour *évoluer vers un partenariat entre l'Europe et l'Afrique et une coopération de défense et de sécurité,* favorisant la montée en puissance des capacités africaines de maintien de la paix. Les armées disposeront aussi de moyens importants dans la *zone Antilles-Guyane,* au bénéfice du Centre spatial de Kourou et de la lutte contre les narcotrafics. La gendarmerie nationale et la sécurité civile seront renforcées dans les DOM-COM. Le Livre blanc définit également une série de *principes directeurs pour l'intervention des forces françaises.*

7. *La dissuasion nucléaire demeure un fondement essentiel de la stratégie de la France.* Elle est la garantie ultime de sa sécurité et de son indépendance. Elle a pour seul objet d'*empêcher une agression d'origine étatique contre les intérêts vitaux* du pays, d'où qu'elle vienne et quelle qu'en soit la forme. Face à la diversité des situations auxquelles nous pourrions être confrontés à l'heure de la mondialisation, la crédibilité de la dissuasion repose sur la possibilité pour le chef de l'État de disposer, de façon indépendante, d'*une gamme d'options suffisamment large et de moyens suffisamment diversifiés.* Cela implique de moderniser les deux composantes, missile balistique et missile aéroporté. Même si aucune menace d'agression directe ne pèse aujourd'hui sur la France, la capacité de notre pays à conserver sa liberté d'action face à toute forme de chantage contre nos intérêts vitaux doit être garantie. La France disposera des moyens de pérenniser ses capacités aussi longtemps que les armes nucléaires seront nécessaires à sa sécurité. Pour autant, la France a pris et continuera de prendre des initiatives dans le domaine du *désarmement nucléaire.* Elle sera particulièrement active dans la *lutte contre la prolifération* des armes nucléaires, biologiques et chimiques, ainsi que des missiles susceptibles de les emporter.

8. *L'ambition européenne* constitue une priorité. Faire de l'Union européenne un acteur majeur de la gestion des crises et de la sécurité internationale est une composante centrale de notre politique de sécurité. La France souhaite que les Européens se dotent des capacités militaires et civiles correspondantes. Le Livre blanc propose *plusieurs*

objectifs concrets pour l'Europe de la défense dans les prochaines années :

– une *capacité d'intervention globale effective de 60 000 hommes*, déployables pendant un an sur un théâtre éloigné, avec les composantes aériennes et maritimes nécessaires ;

– la capacité de déployer pour une durée significative, *deux à trois opérations de maintien ou de rétablissement de la paix*, et *plusieurs opérations civiles* moins importantes, sur des théâtres différents ;

– une montée en puissance des *capacités européennes de planification et de conduite* d'opérations, militaires et civiles, parallèle au développement des interventions extérieures de l'Union.

– la dynamisation de *l'industrie* de défense européenne.

En outre, le Livre blanc met l'accent sur quatre domaines prioritaires pour la *protection des citoyens européens* : le renforcement de la coopération contre le terrorisme et la criminalité organisée, la mise en place de capacités européennes de protection civile, la coordination de la défense contre les attaques informatiques et la sécurisation des approvisionnements en énergie et matières premières stratégiques.

Enfin, il se prononce en faveur d'un Livre blanc européen de la défense et de la sécurité.

9. Le Livre blanc souligne la *complémentarité entre l'Union européenne et l'Alliance Atlantique*. La France s'engagera en faveur de la *rénovation de l'OTAN*, notamment à l'occasion du 60e anniversaire de l'Alliance qui aura lieu en 2009.

Depuis 1966 et la décision du général de Gaulle de retirer la France du commandement militaire intégré de l'OTAN, depuis le précédent Livre blanc de 1994, *l'Europe et l'Alliance Atlantique ont beaucoup changé*. L'Union européenne est devenue un acteur majeur de la communauté internationale. L'OTAN, tout en conservant sa responsabilité pour la défense collective des Alliés, rappelée dans le traité de Lisbonne, est aussi un instrument du maintien de la paix (Afghanistan, Kosovo). Il n'y a pas concurrence entre l'OTAN et l'Union européenne mais complémentarité : nous avons besoin des deux pour faire face aux menaces et aux crises.

Ces réalités conduisent à préconiser *une pleine participation de la France aux structures de l'Organisation Atlantique*. Ce mouvement ira de pair avec le renforcement de l'Union européenne dans le domaine de la gestion des crises et la recherche d'un nouvel équilibre entre Américains et Européens au sein de l'Organisation. En ce qui concerne la place de la France, le Livre blanc rappelle *trois principes*, dans la continuité de ceux fixés par le général de Gaulle : *l'indépendance complète de nos forces nucléaires* ; *la liberté d'appréciation des autorités françaises*, qui implique une absence d'automaticité dans nos engagements militaires et le maintien des moyens de l'autonomie stratégique, notamment par l'accroissement de nos capacités de renseignement ; enfin, *la liberté permanente de décision*, qui suppose qu'*aucune force française ne soit placée en permanence, en temps de paix, sous le commandement de l'OTAN.*

10. Le Livre blanc définit un effort de défense cohérent, avec le *double souci d'améliorer sans tarder la disponibilité et la modernisation des équipements les plus utilisés* en opérations et de *lancer les programmes liés au renseignement et à la préparation de l'avenir*. Il préconise donc le renforcement, prioritaire, de la *protection de nos soldats* dans les forces terrestres, navales et aériennes (protection individuelle du combattant, véhicules blindés, maintien en condition opérationnelle des matériels, capacités de protection antiaérienne et antimissiles de croisière des bâtiments de la marine). Il prévoit, dans le même temps, le *lancement de programmes nouveaux*, en particulier dans le domaine de la connaissance-anticipation (observation, écoute électronique, *alerte avancée*), à terre, sur mer et dans les airs, avec notamment le développement des *drones* de surveillance et des drones armés, ainsi que des capacités de *lutte informatique*, offensive et défensive.

11. *Les nouveaux formats des forces armées* sont déterminés à partir des objectifs opérationnels retenus par le gouvernement sur proposition de la Commission du Livre blanc. Les principaux chiffres à retenir sont les suivants :

– une *force opérationnelle terrestre* de *88 000 hommes*, autorisant une projection à distance de 30 000 hommes déployables en six mois, un dispositif d'alerte permanent de 5 000 hommes et une capacité mobilisable sur le territoire national, en appui des autorités civiles, de 10 000 hommes en cas de crise majeure ;

– un *groupe aéronaval*, avec son groupe aérien complet, *18 frégates de premier rang*, ainsi que *6 sous-marins nucléaires d'attaque*, et une capacité à déployer un ou deux groupes navals, amphibie ou de protection du trafic maritime ;

– un parc unique de *300 avions de combat* (Rafale et Mirage 2000 D modernisés), air et marine, autorisant une présence permanente sur le territoire d'environ 5 escadrons, une projection à l'extérieur du territoire national de 70 avions, des moyens de prévention prépositionnés et un dispositif d'alerte opérationnelle de l'ordre de 10 avions.

12. La France consacrera à sa défense un *effort financier majeur et cohérent avec les choix retenus pour ses capacités militaires*. Ainsi, les crédits de défense ne baisseront pas. Dans un premier temps, les ressources annuelles (hors charges de pensions) seront maintenues en volume, c'est-à-dire croissant au rythme de l'inflation. Elles pourront comporter des ressources exceptionnelles. Dans un *second temps, dès l'année 2012*, le budget sera accru au rythme de *1 % par an, en volume,*

c'est-à-dire de 1 % en plus de l'inflation. D'ici 2020, l'effort total consenti pour la défense, hors pensions, s'élèvera à *377 milliards d'euros*. En parallèle, les restructurations se traduiront par une diminution importante des effectifs sur six à sept ans et une réduction des coûts de fonctionnement du ministère et des armées. Les marges qui seront dégagées seront intégralement réinvesties au profit de la condition du personnel, mais surtout au profit du budget d'équipement qui passera de 15,5 milliards d'euros par an en moyenne en 2003-2008 à *18 milliards d'euros en moyenne par an pour la période 2009-2020*.

13. *Européaniser l'industrie est un impératif*. La maîtrise nationale de toutes les capacités technologiques n'est plus à la portée des pays européens. La France doit garder un domaine de souveraineté, concentré sur les capacités nécessaires au maintien de l'autonomie stratégique et politique de la nation : la dissuasion nucléaire, le secteur des missiles balistiques, les sous-marins nucléaires d'attaque, la sécurité des systèmes d'information font partie de ce premier cercle. Pour l'ensemble des autres technologies et capacités qu'elle souhaite acquérir, la France considère que c'est le cadre européen qui doit être privilégié : avions de combat, drones, missiles de croisière, satellites, composants électroniques, etc., étant entendu que la politique d'acquisition doit inclure aussi une dimension d'achat sur le marché mondial.

14. *Une réorganisation des pouvoirs publics* s'impose pour tenir compte de cette nouvelle stratégie de sécurité nationale. Un *Conseil de défense et de sécurité nationale*, présidé par le Président de la République, sera créé. Le Conseil national du renseignement en sera l'une des formations majeures. Le Premier ministre dirigera l'application de l'ensemble des décisions prises dans ces formations. Une *réforme de l'ordonnance de 1959* portant organisation générale de la défense sera entreprise, afin de traduire cette nouvelle organisation dans les textes. Par ailleurs, *le rôle du Parlement* sera considérablement renforcé, notamment en ce qui concerne l'intervention des forces françaises dans des opérations extérieures, le suivi des orientations du Livre blanc et la politique concernant les accords de défense. La représentation nationale joue en effet un rôle de premier plan pour matérialiser le soutien de la nation à la stratégie de sécurité nationale.

15. La sécurité de la nation repose sur des hommes et des femmes qui ont choisi de servir leur pays et leurs concitoyens. L'objectif de la stratégie est de leur permettre d'atteindre le plus *haut degré de professionnalisme*, dans tous les secteurs, civils et militaires, et pour tous les contrats d'engagement. La mutualisation des formations, la synergie entre les politiques de recrutement des différents ministères seront recherchées autant que possible. Une filière particulière aux métiers du renseignement sera organisée. Dans toutes les catégories de la fonction publique, la sensibilisation aux questions de sécurité nationale sera

renforcée, en particulier pour les élèves de trois grandes écoles (ENA, ENSP, ENM). Un principe de mobilité dans les administrations civiles sera institué pour les officiers présentant un haut potentiel.

16. *L'adhésion de la nation* est la condition de l'efficacité de la stratégie de sécurité nationale. Le Livre blanc préconise de donner une impulsion nouvelle dans plusieurs domaines : la formation des jeunes comme des élus locaux ; la rénovation de la journée d'appel et de préparation à la défense (JAPD) ; la création d'un *service civique* ; une organisation cohérente et attractive des volontariats susceptibles d'être mobilisés au service de la sécurité de la France ; la *recherche stratégique*, tant au niveau national qu'au niveau européen ; la création d'une fondation de coopération scientifique, qui aura vocation à devenir le support d'une *École doctorale européenne* ; la formation permanente qui, actuellement dispensée par quatre grands instituts, sera réorganisée en deux pôles (défense-affaires étrangères ; sécurité intérieure).

COMPOSITION DE LA COMMISSION DU LIVRE BLANC SUR LA DÉFENSE ET LA SÉCURITÉ NATIONALE

Président

M. Jean-Claude Mallet, conseiller d'État.

Secrétariat général

M. Francis Delon, secrétaire général de la défense nationale.

Membres

Au titre de la représentation nationale

Mme Patricia Adam, députée du Finistère[1] ;
M. Didier Boulaud, sénateur de la Nièvre[2] ;
M. André Dulait, sénateur des Deux-Sèvres[3] ;
M. Guy Teissier, député des Bouches-du-Rhône, président de la commission de la défense nationale (Assemblée nationale) ;
M. Serge Vinçon, sénateur du Cher, président de la commission des affaires étrangères et de la défense (Sénat)[4].

---

1. Démissionnaire le 7 avril 2008.
2. Démissionnaire le 7 avril 2008.
3. Successeur de Serge Vinçon, sénateur du Cher, président de la commission des affaires étrangères et de la défense (Sénat), décédé.
4. Décédé le 16 décembre 2007.

AU TITRE DES ADMINISTRATIONS

Ministère de l'Intérieur, de l'Outre-mer et des Collectivités territoriales

La secrétaire générale du ministère, Mme Bernadette Malgorn ;
Le directeur général de la police nationale, M. Frédéric Péchenard ;
Le directeur général de la gendarmerie nationale, le général d'armée Guy Parayre.

Ministère des Affaires étrangères et européennes

Le directeur général des affaires politiques et de sécurité, M. Gérard Araud.

Ministère de l'Économie, des Finances et de l'Emploi

Le directeur général du trésor et de la politique économique, M. Xavier Musca.

Ministère de l'Enseignement supérieur et de la Recherche

Le directeur de la stratégie à la direction générale de la recherche et de l'innovation, Mme Laure Reinhart.

Ministère de la Défense

Le chef d'état-major des armées, le général d'armée Jean-Louis Georgelin ;
Le délégué général pour l'armement, M. François Lureau ;
Le secrétaire général pour l'administration, le contrôleur général des armées Christian Piotre ;
Le directeur général de la sécurité extérieure, M. Pierre Brochand ;
Le directeur chargé des affaires stratégiques, M. Michel Miraillet.

Ministère du Budget, des Comptes publics et de la Fonction publique

Le directeur du budget, M. Philippe Josse.

Au titre des personnalités qualifiées

M. Benoît d'Aboville, conseiller maître à la Cour des comptes, ancien ambassadeur de France à l'OTAN et en République tchèque ;

M. Nicolas Baverez, avocat ;

M. Olivier Darrason, président de l'IHEDN ;

M. Olivier Debouzy, avocat ;

M. Alain Delpuech, directeur, conseiller de l'administrateur général du Commissariat à l'énergie atomique ;

Mme Thérèse Delpech, directrice des affaires stratégiques au Commissariat à l'énergie atomique ;

M. Jean-Martin Folz, ancien président directeur-général de PSA Peugeot Citroën ;

Le général de corps d'armée Pierre Garrigou-Grandchamp, commandant de la formation de l'armée de terre ;

M. François Heisbourg, conseiller spécial, Fondation pour la recherche stratégique ;

Mme Danièle Hervieu-Léger, président de l'École des hautes études en sciences sociales ;

Le général de corps aérien Patrice Klein, commandant de la région aérienne Sud et directeur central du matériel de l'armée de l'air ;

M. Thierry de Montbrial, président de l'IFRI ;

M. Bernard Pêcheur, conseiller d'État, ancien secrétaire général du ministère des Finances, ancien directeur général de la Fonction publique ;

M. Maurice Quénet, recteur de l'académie de Paris ;

Mme Christine Roger, ambassadrice, représentante permanente de la France auprès de l'Union de l'Europe occidentale et représentante permanente de la France au Comité politique et de sécurité de l'Union européenne à Bruxelles ;

M. Bruno Racine, conseiller maître à la Cour des comptes, président de la Bibliothèque nationale de France ;

L'amiral Édouard Scott de Martinville, chargé de mission auprès du ministre de la Défense ;

M. François Sureau, avocat, écrivain[1] ;

M. Bruno Tertrais, maître de recherche à la Fondation pour la recherche stratégique et chercheur associé au Centre de recherches et d'études internationales.

1. Démissionnaire le 26 novembre 2007.

GLOSSAIRE

Accord de défense	Texte intergouvernemental qui prévoit l'aide ou l'assistance militaire d'un pays auprès d'un autre en cas de menace ou d'agression.
Accord de sécurité	Texte intergouvernemental qui permet l'échange d'informations classifiées entre deux parties.
Biométrie	Ensemble des techniques permettant l'identification automatique d'un individu à partir de caractéristiques physiques (empreintes digitales, forme de la main) ou comportementales (signature).
Brigades interarmes, brigades spécialisées	Unités interarmes de base, comprenant de 2 000 à 6 000 hommes, chargées de conduire les actions de combat et de relation avec le milieu.
Capacité	Ensemble constitué d'hommes équipés, organisés, entraînés et employés en application d'une doctrine.
Capteurs (techniques...)	Moyens ou équipements, relevant principalement de la fonction connaissance et anticipation, destinés à recueillir du renseignement en détectant les objets et les activités.
Conseil de politique nucléaire	Institué par décret en avril 2008, il définit les grandes orientations de la politique nucléaire et veille à leur mise en œuvre, notamment en matière d'exportation et de coopération internationale, de politique industrielle, de politique énergétique, de recherche, de sûreté, de sécurité et de protection de l'environnement.
Contre-ingérence	Opération visant à déceler et à neutraliser toute menace contre la sécurité résultant des activités des services de renseignement, d'organisations ou d'agents se livrant à l'espionnage, au sabotage, à la subversion ou au terrorisme.

Correspondant défense	Conseiller municipal nommément désigné pour être en charge des questions de défense et de sécurité avec un rôle d'information auprès des populations et notamment des jeunes (recensement, JAPD).
Coût de possession	Coût qui comprend, non seulement le coût d'acquisition de l'équipement, mais également les coûts d'exploitation, d'entretien, de modernisation et de démantèlement de celui-ci.
Défense civile	La défense civile, au sens de l'ordonnance du 7 janvier 1959, regroupe la sécurité des pouvoirs publics, l'ordre public, la sécurité générale du territoire et la sécurité civile (protection civile et secours aux populations).
Délégation parlementaire au renseignement	Instance établie par la loi n° 2007-1443 du 9 octobre 2007 qui a pour mission de suivre l'activité générale et les moyens des services de renseignement relevant des ministres chargés de la Sécurité intérieure, de la Défense, de l'Économie et du Budget, et d'adresser des recommandations et des observations au Président de la République et au Premier ministre.
Dispositifs de sécurité intérieure et sécurité civile	Ensemble des moyens concourant à la sécurité sur le territoire national : forces et administrations chargées de l'ordre public, renseignement, moyens nationaux de sécurité civile (alerte, moyens aériens, unités d'instruction et d'intervention, déminage) et moyens territoriaux (sapeurs-pompiers civils, brigade des sapeurs-pompiers de Paris, bataillon des marins-pompiers de Marseille), moyens des autres ministères (santé, transports...).
Drone	Engin aérien piloté à distance.
Dual (recherche, technologie...)	Susceptible d'avoir une application tant militaire que civile.
Eaux internationales	Zone maritime qui n'est située sous la souveraineté d'aucun État côtier et qui commence au-delà de la limite extérieure de la zone économique exclusive (ZEE), à 200 milles nautiques de la côte.
Engins explosifs improvisés (EEI)	Dispositif explosif connu en anglais sous le sigle IED et de conception le plus souvent rudimentaire conçu pour détruire, handicaper ou ralentir un adversaire. Le plus souvent camouflé en objet d'apparence anodine.
Euros (ou autre monnaie) constants	Les euros constants sont les euros en valeur réelle, c'est-à-dire corrigés de la hausse des prix par rapport à une donnée de base ou de référence.
Euros (ou autre monnaie) courants	Les euros courants sont les euros tels qu'ils sont indiqués à une période donnée. Ils sont dits en valeur nominale.

Forces d'urgence	Forces terrestres destinées à répondre aux situations de crise inopinée, constituées à partir d'un réservoir de forces en alerte, soit sur le territoire métropolitain, soit à partir d'une force prépositionnée proche.
Forces multirôles	Forces terrestres représentant un compromis entre la rapidité de projection et la capacité à participer à des opérations de moyenne ou haute intensité. Disposant d'une gamme étendue de moyens, elles peuvent s'adapter aux évolutions de la mission.
Forces de décision	Forces terrestres correspondant à l'échelon de force nécessaire pour emporter la décision tactique sur le terrain. Dans le contexte d'une opération de haute intensité, il s'agit de forces « lourdes » concentrant les armes de haute létalité, portée et précision.
Forces de sécurité civile	Unités et services spécialisés de sécurité civile pilotés par le ministère de l'Intérieur : unités d'instruction et d'intervention, service du déminage, moyens aériens de sauvetage et de lutte contre les feux de forêts, sapeurs-pompiers militaires, professionnels et civils.
Forces de sécurité publique	Ensemble des forces consacrées à la sécurité quotidienne des personnes et des biens (police-sécurité publique, gendarmerie nationale) ainsi que les forces de maintien de l'ordre (CRS et gendarmerie mobile).
Forces de présence	Forces déployées en permanence sur le territoire d'États ayant signé avec la France des accords bilatéraux ou dans les zones maritimes.
Forces de souveraineté	Forces stationnées sur le territoire national non métropolitain assurant, dans les zones de responsabilité permanente confiées aux commandements supérieurs, des missions de protection.
Génération de forces	Processus visant à constituer la force nécessaire à la réalisation d'une opération.
Grille indiciaire	Grille constituée d'une échelle d'indices utilisée pour la rémunération. L'indice dépend de la catégorie, du corps ou cadre d'emploi de l'agent, de son grade et de son échelon.
Groupe aérien embarqué	Ensemble constitué des aéronefs embarqués sur le porte-avions.
Interopérabilité	Capacité de plusieurs systèmes, unités ou organismes à opérer ensemble grâce à la compatibilité de leurs organisations, doctrines, procédures, équipements et relations respectives.

Législation d'urgence Ensemble des textes organisant les régimes juridiques dérogatoires susceptibles d'être mis en application dans certaines situations de crise majeure. En sus des pouvoirs exceptionnels prévus par l'article 16 de la Constitution, les principaux régimes d'exception existant en France sont l'état de siège et l'état d'urgence.

Ligne (équipement) La ligne correspond aux matériels en dotation dans les unités. La quantité d'équipements en ligne est calculée de façon à permettre la réalisation des contrats opérationnels et l'activité d'entraînement.

Maîtrise d'œuvre Action du maître d'œuvre visant à garantir la conception et la bonne réalisation technique des solutions répondant aux besoins exprimés par le maître d'ouvrage.

Maîtrise d'ouvrage Action du maître d'ouvrage, qui définit l'objectif, le calendrier et le budget consacré à un projet, en maîtrise l'idée de base et représente à ce titre les utilisateurs finaux à qui l'objet du projet est destiné.

Missile aérobie Missile équipé d'un statoréacteur.

Missile balistique Missile dont une partie de la trajectoire est balistique, c'est-à-dire influencée uniquement par les forces de gravité et de traînée aérodynamique.

Missile de croisière Missile volant à grande vitesse et à très basse altitude, conçu pour rejoindre sa cible de façon autonome grâce à un système de guidage inertiel, topographique ou satellitaire.

Mission budgétaire Le budget de l'État est structuré en missions, ministérielles ou interministérielles. La mission regroupe un ensemble de programmes concourant à une politique définie (défense, sécurité, ville et logement, justice, médias...).

Nation-cadre État qui, s'étant porté volontaire, reçoit le mandat politique ou militaire d'assumer la responsabilité du commandement d'une opération, et fournit à ce titre la structure de commandement du niveau considéré et, en principe, le plus important volume de forces au regard de celles engagées.

Opératif (niveau) Niveau supérieur du commandement militaire projeté sur un théâtre ou responsable d'une zone géographique. Exercé par une autorité unique (commandant de théâtre), ce commandement recouvre des dimensions militaire, civilo-militaire et politico-militaire. Il est, par essence, interarmées.

Pandémie Épidémie qui se répand dans une proportion importante de la population d'un ou plusieurs continents ; ou épidémie s'étendant sur un vaste secteur géographique, voire à tous les continents, et touchant une grande partie de la population.

Parc (équipement) Correspondant aux matériels réellement possédés, le parc évolue en fonction des livraisons de matériels nouveaux, des retraits de service de matériels anciens et des pertes.

Parité de pouvoir d'achat La parité de pouvoir d'achat (PPA) est un taux de conversion monétaire qui permet d'exprimer dans une unité commune les pouvoirs d'achat des différentes monnaies. Ce taux exprime le rapport entre la quantité d'unités monétaires nécessaire dans des pays différents pour se procurer le même « panier » de biens et de services.

Partenariat public-privé Contrat de partenariat permettant à une collectivité publique de confier à une entreprise privée la mission globale de financer, concevoir tout ou partie, construire, maintenir et gérer des ouvrages ou des équipements publics et services concourant aux missions de service public de l'administration.

Programmes de stabilité Institués par le Pacte de stabilité et de croissance de l'Union européenne comme outil de surveillance multilatérale des politiques économiques, ces programmes projettent l'état des finances publiques sur cinq ans. Tous les membres de l'Union transmettent chaque année à Bruxelles, avant décembre, un programme de stabilité.

Radar (transhorizon, capacité d'observation radar...) Système de détection par ondes électromagnétiques dont les caractéristiques (fréquences, formes d'ondes) permettent de s'affranchir des limitations théoriques maximales de détection liées à la rotondité de la terre.

Réforme du secteur de sécurité Action consistant à soutenir l'autorité légitime d'un État après un conflit à travers notamment des institutions de sécurité et une justice impartiales.

Retournement temporel Procédé physique qui permet de retourner une onde, acoustique ou ultrasonore par exemple, vers sa source. Les applications de ce procédé sont très variées : elles vont de la thérapie et de l'imagerie médicale au contrôle non destructif, en passant par l'imagerie sous-marine et les télécommunications.

Révision générale des politiques publiques (RGPP) Lancée en juillet 2007, la révision générale des politiques publiques consiste à passer au crible les dépenses de l'État afin d'identifier les réformes qui permettront de les réduire, tout en améliorant l'efficacité de ces politiques.

Sémaphore Poste de surveillance des approches maritimes doté de moyens de détection, de suivi de situation maritime et de communication avec les navires. Les sémaphores implantés le long des côtes constituent la chaîne sémaphorique.

Société militaire privée (SMP) Organisme civil privé impliqué dans le cadre d'opérations militaires dans la fourniture d'aide, de conseil et d'appui militaire et offrant des prestations traditionnellement assurées par les forces armées nationales.

Sûreté (nucléaire) Ensemble des dispositions prises aux stades de la conception, de la construction, de la mise en service et du démantèlement visant à garantir le fonctionnement normal d'une installation nucléaire, à prévenir les accidents et à en limiter les effets.

Surveillance spatiale Système d'information composé de capteurs, de moyens de transmission et de moyens de commandement destiné à informer des risques et menaces s'exerçant sur ou à partir de moyens spatiaux ou transitant par l'espace.

VIS : Visa Information System Futur système d'échange d'informations en matière de visas entre les États membres de l'Union européenne qui a pour but de faciliter les contrôles aux frontières extérieures et dans les États membres.

Zone économique exclusive (ZEE) Désigne la zone qui s'étend jusqu'à 200 milles marins. L'État côtier y exerce des droits souverains.

Zone de défense et de sécurité Échelon territorial comportant plusieurs régions, dirigé par un préfet, assurant la coopération entre les autorités civiles et militaires, la coordination des moyens de sécurité civile, l'administration de moyens de la police nationale et de transmissions du ministère de l'Intérieur.

LISTE DES PRINCIPAUX ACRONYMES

AED	Agence européenne de défense
AFD	Agence française de développement
AIEA	Agence internationale de l'énergie atomique
AMX 10RC	Engin blindé roues-canon
ANR	Agence nationale de la recherche
ASEAN	Association of Southeast Asian Nations (Association des nations d'Asie du Sud-Est)
ASMPA	Missile air-sol moyenne portée amélioré
AWACS	Airborne Warning and Control System (Système de détection et de commandement aéroporté)
CAOC	Combined Air Operations Center (Centre multinational d'opérations aériennes)
CCDSN	Conseil consultatif sur la défense et la sécurité nationale
CDAOA	Commandement de la défense aérienne et des opérations aériennes
CDSN	Conseil de défense et de sécurité nationale
CEA	Commissariat à l'énergie atomique
CEMA	Chef d'état-major des armées
CHEAr	Centre des hautes études de l'armement
CHEM	Centre des hautes études militaires
CID	Collège interarmées de défense
CIEDES	Commission interministérielle pour les exportations de défense et de sécurité
CIEEMG	Commission interministérielle pour l'étude des exportations de matériel de guerre
CMI	Comité ministériel d'investissement
CNES	Centre national d'études spatiales

CNOA Centre national des opérations aériennes
CNR Conseil national du renseignement
CNRS Centre national de la recherche scientifique
COGIC Centre opérationnel de gestion interministérielle des crises de la sécurité civile
COSI Comité permanent pour assurer la promotion et le renforcement de la coopération opérationnelle en matière de sécurité intérieure
COVAC Centre opérationnel de veille et d'appui à la gestion des crises
CPCO Centre de planification et de conduite des opérations
CPI Cour pénale internationale
CRR-FR Corps de réaction rapide France
CRS Compagnie républicaine de sécurité
CSFM–CFM Conseil supérieur de la fonction militaire–Conseil de la fonction militaire
DAS Délégation aux affaires stratégiques
DCI Détachement central interministériel d'intervention technique
DCRI Direction centrale du renseignement intérieur
DGA Délégation générale pour l'armement appelée à devenir la Direction générale de l'armement
DGSE Direction générale de la sécurité extérieure
DNRED Direction nationale du renseignement et des enquêtes douanières
DOM-COM Départements et collectivités d'outre-mer
DPSD Direction de la protection et de la sécurité de la défense
DRM Direction du renseignement militaire
EMA État-major des armées
EMAA État-major de l'armée de l'air
EMAT État-major de l'armée de terre
EMM État-major de la marine
ENA École nationale d'administration
ENISA European Network and Information Security Agency (agence européenne chargée de la sécurité des réseaux et de l'information)
ENM École nationale de la magistrature
ENSP École nationale supérieure de la police
Europol Office européen de police
FED Fonds européen de développement
FHQ Force Headquarters (État-major de force)
FMI Fonds monétaire international
FRMARFOR Force française aéromaritime de réaction rapide
Frontex Agence européenne pour la gestion de la coopération opérationnelle aux frontières extérieures
GA Groupe amphibie

GAE	Groupe aérien embarqué
GAM	Groupe d'action maritime
GAN	Groupe aéronaval
GIGN	Groupe d'intervention de la gendarmerie nationale
GIH	Groupement interarmées d'hélicoptères
GIPN	Groupe d'intervention de la police nationale
GIS	Groupement d'intérêt scientifique
G8	Groupe informel de discussion entre les chefs d'État et de gouvernement des pays les plus industrialisés
HCECM	Haut comité d'évaluation de la condition militaire
IED	Improvised Explosive Device (Engin explosif improvisé)
IERSE	Institut d'études et de recherche pour la sécurité des entreprises
IGAD	Intergovernmental Authority on Development (autorité inter- gouvernementale pour le développement)
IHEDN	Institut des hautes études de défense nationale
INHES	Institut national des hautes études de sécurité
ISIS	Intranet sécurisé interministériel pour la synergie gouvernementale
ITAR	International Traffic in Arms Regulations (législation américaine)
JAPD	Journée d'appel de préparation à la défense
KFOR	Kosovo force (OTAN)
LIO	Lutte informatique offensive
LMJ	Laser mégajoule
LOPSI	Loi d'orientation et de programmation pour la sécurité intérieure
LPM	Loi de programmation militaire
MCO	Maintien en condition opérationnelle
MRTT	Multirole Tanker and Transport (avion multirôle de ravitaillement en vol et de transport)
MTCR	Missile Technology Control Regime (régime de contrôle de la technologie des missiles)
NRBC	Nucléaire, radiologique, biologique, chimique
NRF	NATO Response Force (Force de réaction rapide de l'OTAN)
NSG	Nuclear Suppliers Group (groupe des fournisseurs nucléaires)
OCCAr	Organisation conjointe de coopération en matière d'armement
OCDE	Organisation de coopération et de développement économiques
OHQ	Operation Headquarters (État-major multinational d'opération)
OMS	Organisation mondiale de la santé
ONERA	Office national d'études et de recherches aérospatiales
ONG	Organisation non gouvernementale

ONU	Organisation des Nations unies
OSCE	Organisation pour la sécurité et la coopération en Europe
OTAN	Organisation du traité de l'Atlantique Nord
PA	Porte-avions
PCO	Programme de cohérence opérationnelle
PCRD	Programme cadre de recherche et de développement (union européenne)
PESC	Politique étrangère et de sécurité commune
PESD	Politique européenne de sécurité et de défense
PIB	Produit intérieur brut
PME	Petites et moyennes entreprises
PPP	Partenariat public-privé
PSI	Proliferation Security Initiative (Initiative de sécurité contre la prolifération)
R&D	Recherche et développement
R&T	Recherche et technologie
RAID	Recherche assistance intervention dissuasion
RESCO	Recherche et sauvetage au combat
RESEVAC	Évacuation de ressortissants
RGPP	Révision générale des politiques publiques
RNA	Réseau national d'alerte
ROEM	Renseignement d'origine électromagnétique
ROIM	Renseignement d'origine image
SACEUR	Supreme Allied Commander Europe (Commandant suprême des forces alliées en Europe) (OTAN)
SAMU	Service d'aide médicale d'urgence
SEAD	Suppression of Enemy Air Defence (Suppression des défenses aériennes ennemies)
SGDN	Secrétariat général de la défense nationale
SGDSN	Secrétariat général de la défense et de la sécurité nationale
SHAPE	Supreme Headquarters Allied Powers Europe (Grand Quartier général des puissances alliées en Europe) [Mons, Belgique] (OTAN)
SIPRI	Stockholm International Peace Research Institute
SMP	Société militaire privée
SNA	Sous-marin nucléaire d'attaque
SNLE	Sous-marin nucléaire lanceur d'engins
SOCC	Special Operations Component Command (commandement de composante « opérations spéciales »)
SRAS	Syndrome respiratoire aigu sévère
SSA	Service de santé des armées
TNP	Traité de non-prolifération nucléaire

TRACFIN	Traitement du renseignement et action contre les circuits financiers clandestins
Traité FCE	Traité sur les forces conventionnelles en Europe
UA	Union africaine
UE	Union européenne
VAB	Véhicule de l'avant blindé
VIS	Visa Information System (système d'information sur les visas)
VBCI	Véhicule blindé de combat d'infanterie
ZEE	Zone économique exclusive

ANNEXES

LE PRÉSIDENT DE LA RÉPUBLIQUE

2 6 JUIL. 2007

Monsieur le Conseiller d'Etat,

Depuis 1994, des évolutions considérables ont bouleversé l'environnement international et les données stratégiques de notre défense et de notre sécurité : attentats du 11 septembre, émergence de nouveaux pôles de puissance régionale, prolifération, effets de la mondialisation et des évolutions technologiques. Parallèlement, la professionnalisation de notre armée et la fin de la conscription ont entraîné des mutations radicales de notre outil de défense. Enfin, aujourd'hui, des choix décisifs pour la défense du pays vont devoir être opérés, et devront se traduire dans la prochaine loi de programmation militaire. Celle-ci devra asseoir la crédibilité de notre défense, dans le respect des contraintes financières qui s'imposent à l'Etat.

Pour prendre en compte l'ensemble de ces paramètres dans une démarche cohérente, j'ai décidé d'engager une réflexion approfondie sur notre politique générale de défense. Elle devra aboutir à l'établissement d'un nouveau Livre blanc. Ces travaux seront conduits sous l'égide d'une commission dont j'ai décidé de vous confier la présidence.

Le futur Livre blanc définira un concept de défense globale de notre pays et de ses intérêts. Il portera sur les domaines de la défense et de la sécurité. Il devra couvrir une perspective d'une quinzaine d'années, tout en ayant vocation à être actualisé régulièrement.

Vous fonderez vos travaux sur l'analyse des nouvelles données du contexte international, économique et stratégique, l'évaluation des risques et menaces potentielles, dans le souci constant d'assurer la protection des populations et du territoire, mais également des Français de l'étranger, de garantir l'indépendance du pays et la préservation de ses intérêts stratégiques dans leurs acceptions les plus larges.

Sur cette base, votre étude, ainsi que les propositions que vous serez amené à formuler, devront concerner notamment l'évolution de nos alliances, de nos accords de défense et l'examen des conditions d'emploi de nos armées en opérations extérieures. Je vous demande d'accorder une attention particulière au renforcement de la dimension européenne de notre politique de défense et de sécurité ainsi qu'à notre contribution à la sécurité de l'Alliance atlantique dans son ensemble.

Vous examinerez les conditions de la crédibilité de notre force de dissuasion. Vous étudierez la pertinence du format des armées et de leurs implantations, la cohérence de l'effort de renseignement, de l'effort industriel, technologique et scientifique nécessaire à notre capacité de défense, les conditions d'organisation de la défense civile et de la défense économique et le renforcement de leur coordination avec la défense militaire, dans le souci d'assurer le fonctionnement régulier des pouvoirs publics, de développer les moyens de lutte contre le terrorisme et la prolifération, et d'améliorer la prévention et la gestion des crises. Les conséquences économiques et sociales des orientations proposées devront être examinées. Enfin, il vous est également demandé de formuler des propositions sur le renforcement de l'implication du Parlement dans la définition et la mise en œuvre de notre politique de défense.

Votre réflexion sera conduite sans préjugé ; elle permettra d'aborder de façon ouverte et transparente les choix auxquels nous serons confrontés pour adapter notre outil de défense, pour renforcer le lien entre la Nation et ses armées, et pour organiser la mutation de l'appareil industriel et de recherche dans un cadre national comme européen. Elle s'inscrira dans une démarche visant à maintenir et à conforter un effort de défense d'environ 2% du PIB.

Dans vos travaux, vous veillerez donc à tenir compte étroitement des constats qui seront établis dans le cadre de la révision générale des politiques publiques, tout particulièrement s'agissant de la revue stratégique des programmes d'armement.

Vous vous appuierez sur une Commission faisant largement appel à des personnalités de la société civile, incluant des représentants du Parlement désignés par les présidents de l'Assemblée Nationale et du Sénat, ainsi que les responsables civils et militaires des administrations concernés. Compte-tenu de la priorité que j'entends donner à l'Europe de la défense, je vous demande d'organiser les échanges appropriés avec nos principaux partenaires européens au cours des travaux.

Le secrétariat général de la commission sera assuré par le secrétaire général de la défense nationale. Je donne instruction aux différents ministres concernés de vous apporter leur plein concours et celui de leurs administrations.

Je souhaite disposer du futur Livre blanc début mars 2008. Il devra être précédé d'un point d'étape à la fin de l'année 2007.

Je vous prie de croire, monsieur le Conseiller d'Etat, à l'assurance de mes sentiments les meilleurs.

Nicolas SARKOZY

DÉCRET

Décret n° 2007-1144 du 30 juillet 2007 portant création d'une commission chargée de l'élaboration du Livre blanc sur la défense et la sécurité nationale.

NOR : PRER0710784D
version consolidée au 4 juin 2008

Le Président de la République,

Sur le rapport du Premier ministre,

Article 1
Il est créé, auprès du Président de la République, une commission chargée de l'élaboration du livre blanc sur la défense et la sécurité nationale.

La commission peut entendre ou consulter toute personne de son choix.

Article 2
M. Jean-Claude Mallet, conseiller d'État, est nommé président de la commission instituée par le présent décret.

Article 3
Le secrétaire général de la défense nationale est secrétaire général de la commission.

Article 4

Sont membres de la commission :

1) Deux députés et deux sénateurs désignés par le président de leur assemblée respective.

2) Au titre des administrations :

a. - Ministère de l'Intérieur, de l'outre-mer et des collectivités territoriales :

Le secrétaire général du ministère ;

Le directeur général de la police nationale.

b. - Ministère des Affaires étrangères et européennes :

Le directeur général des affaires politiques et de sécurité.

c. - Ministère de l'Économie, des Finances et de l'Emploi :

Le directeur général du trésor et de la politique économique.

d. - Ministère de l'Enseignement supérieur et de la Recherche :

Le directeur de la stratégie à la direction générale de la recherche et de l'innovation.

e. - Ministère de la Défense :

Le chef d'état-major des armées ;

Le directeur général de la gendarmerie nationale ;

Le délégué général pour l'armement ;

Le secrétaire général pour l'administration ;

Le directeur général de la sécurité extérieure ;

Le directeur chargé des affaires stratégiques.

f. - Ministère du Budget, des Comptes publics et de la Fonction publique :

Le directeur du budget.

3) Les personnalités qualifiées suivantes :

M. Benoît d'Aboville, conseiller maître à la Cour des comptes, ancien ambassadeur de France auprès de l'OTAN et auprès de la République tchèque ;

M. Nicolas Baverez, avocat ;

M. Olivier Darrason, président de l'Institut des hautes études de défense nationale ;

M. Olivier Debouzy, avocat ;

M. Alain Delpuech, directeur, conseiller de l'administrateur général du Commissariat à l'énergie atomique ;

Mme Thérèse Delpech, directrice des affaires stratégiques au Commissariat à l'énergie atomique ;

M. Jean-Martin Folz, ancien président-directeur général de PSA Peugeot Citroën ;

M. le général de corps d'armée Pierre Garrigou-Grandchamp, commandant de la formation de l'armée de terre ;

M. François Heisbourg, conseiller spécial, Fondation pour la recherche stratégique ;

Mme Danièle Hervieu-Léger, présidente de l'École des hautes études en sciences sociales ;

M. le général de corps aérien Patrice Klein, commandant de la région aérienne Sud et directeur central du matériel de l'armée de l'air ;

M. Thierry de Montbrial, président de l'Institut français des relations internationales ;

M. Bernard Pêcheur, conseiller d'État ;

M. Maurice Quénet, recteur de l'académie de Paris ;

Mme Christine Roger, ambassadrice, représentante permanente de la France auprès de l'Union de l'Europe occidentale et représentante permanente de la France au Comité politique et de sécurité de l'Union européenne à Bruxelles ;

M. Bruno Racine, conseiller maître à la Cour des comptes, président de la Bibliothèque nationale de France ;

M. l'amiral Édouard Scott de Martinville, chargé de mission auprès du ministre de la Défense ;

M. François Sureau, avocat, écrivain ;

M. Bruno Tertrais, maître de recherche à la fondation pour la recherche stratégique et chercheur associé au Centre de recherches et d'études internationales.

Article 5

Le Premier ministre est chargé de l'exécution du présent décret, qui sera publié au Journal officiel de la République française.

Par le Président de la République :
Nicolas Sarkozy

Le Premier ministre,
François Fillon

TABLE DES CARTES ET GRAPHIQUES

TABLE

Troisième partie
Une nouvelle stratégie pour l'action

• • • SAGIM • CANALE • • •

Achevé d'imprimer en juin 2008
sur rotative Variquik
à Courtry (77181)

Cet ouvrage a été transcodé et mis en pages
chez Nord Compo (Villeneuve-d'Ascq)

Imprimé en France

N° d'édition : 7381-2185-X
Dépôt légal : juin 2008
N° d'impression : 10912

L'imprimerie Sagim-Canale est titulaire de la marque
Imprim'vert®